Zu diesem Buch

Die Takla Makan in China: 338000 Quadratkilometer Sandwüste. Extreme Temperaturschwankungen von mehr als 60 Grad und verheerende Sandstürme machen sie zu einem der feindseligsten und zugleich faszinierendsten Orte. Der erste, der sich an eine Durchquerung wagte, war 1895 der schwedische Entdecker Sven Hedin. Obwohl er seine Karawane ins Verderben führte, wurde er zum Mythos, sein Buch »Durch Asiens Wüsten« zum Welterfolg und Klassiker, trotz aller Widersprüche und Rätsel. Bruno Baumann hat das lebensgefährliche Unternehmen wiederholt und seine eigene Expedition dokumentiert. Auf erschütternde Weise legt er offen, wie das Wüstendrama damals wirklich verlaufen sein muß. Seine Recherchen fördern nicht nur neue Zeugnisse Hedins zutage, sondern auch überraschende Aussagen von Nachfahren der einheimischen Expeditionsteilnehmer von 1895.

Bruno Baumann, geboren 1955, studierte Ethnologie und Geschichte, bereist seit Jahrzehnten den Himalaya und gilt als einer der besten Kenner Tibets und der Wüsten Asiens. 1989 gelang ihm die Durchquerung der Takla-Makan-Wüste zu Fuß, 1994 die Durchquerung der Gobi. Bruno Baumann lebt als Autor, Fotograf und Filmemacher in München. Viele erfolgreiche Buchveröffentlichungen, zuletzt »Seidenstraße – Mythos und Gegenwart« und »Kailash – Tibets heiliger Berg«. Weiteres zum Autor: www.bruno-baumann.de

Bruno Baumann

Karawane ohne Wiederkehr

Das Drama in der Wüste Takla Makan

Mit 135 Farbfotos

Ein **MALIK** Buch

Piper München Zürich

Fotonachweis:
The Sven Hedin Foundation: S. 10, 12, 16, 20, 21, 23, 24, 27, 29, 31, 33, 34, 35, 78, 96, 98, 104, 145, 167
Helmut Moser: S. 170, 227, 235, 239, 240, 245, 246, 292, 293, 296
Alle übrigen Aufnahmen: Archiv Bruno Baumann

Von Bruno Baumann liegen in der Serie Piper vor:
Seidenstraße – Mythos und Gegenwart
(mit Claus Richter und Bernd Liebner, 3299)
Karawane ohne Wiederkehr (3754)

Ungekürzte Taschenbuchausgabe
Februar 2003
© 2000 Piper Verlag GmbH, München,
erschienen im Verlagsprogramm Malik
Umschlag / Bildredaktion: Büro Hamburg
Isabel Bünermann, Julia Martinez /
Charlotte Wippermann, Katharina Oesten
Foto Umschlagvorderseite: Bruno Baumann
Foto Umschlagrückseite: Archiv Bruno Baumann
Satz: Kösel, Kempten
Druck und Bindung: Clausen & Bosse, Leck
Printed in Germany   ISBN 3-492-23754-1

www.piper.de

Inhalt

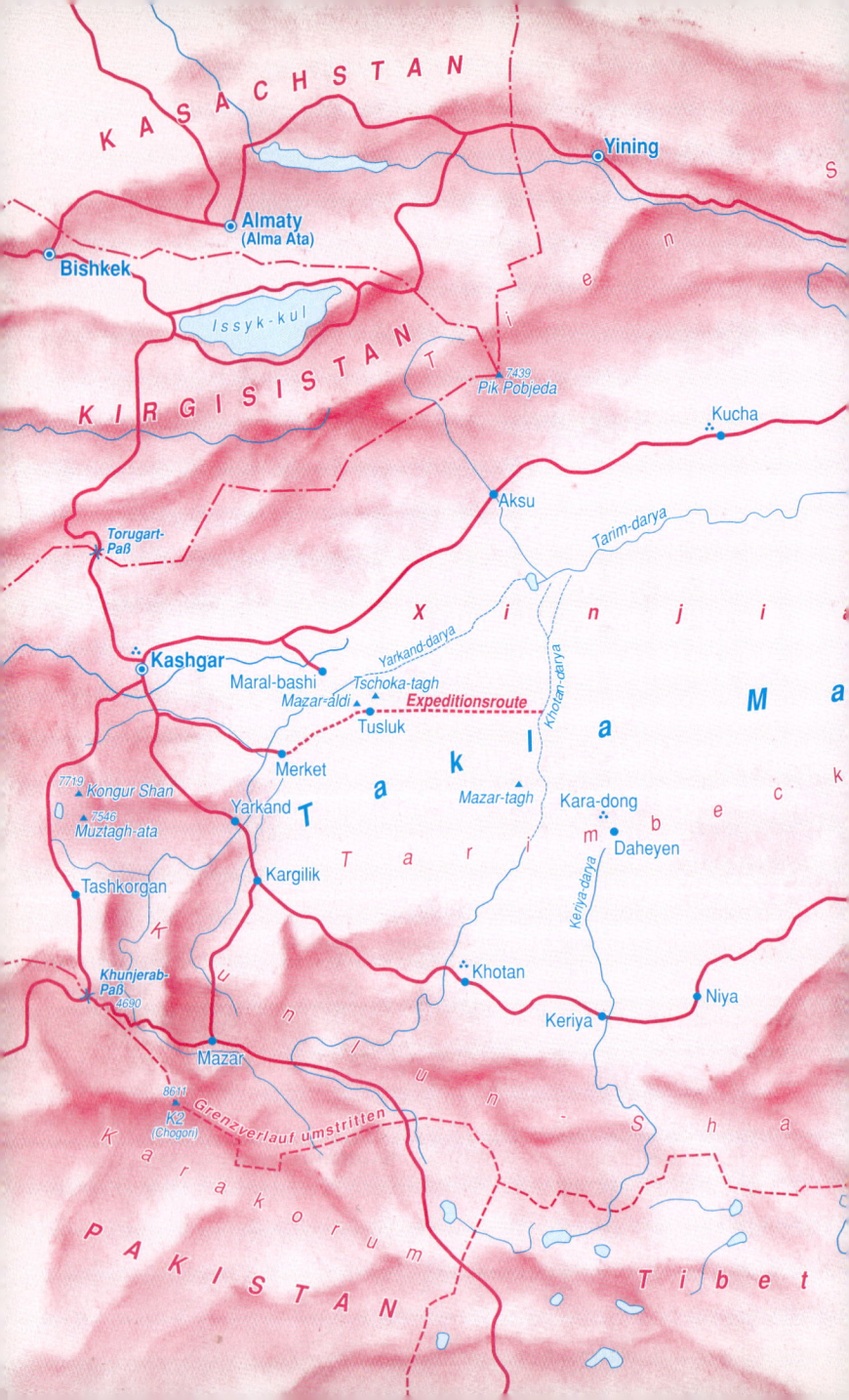

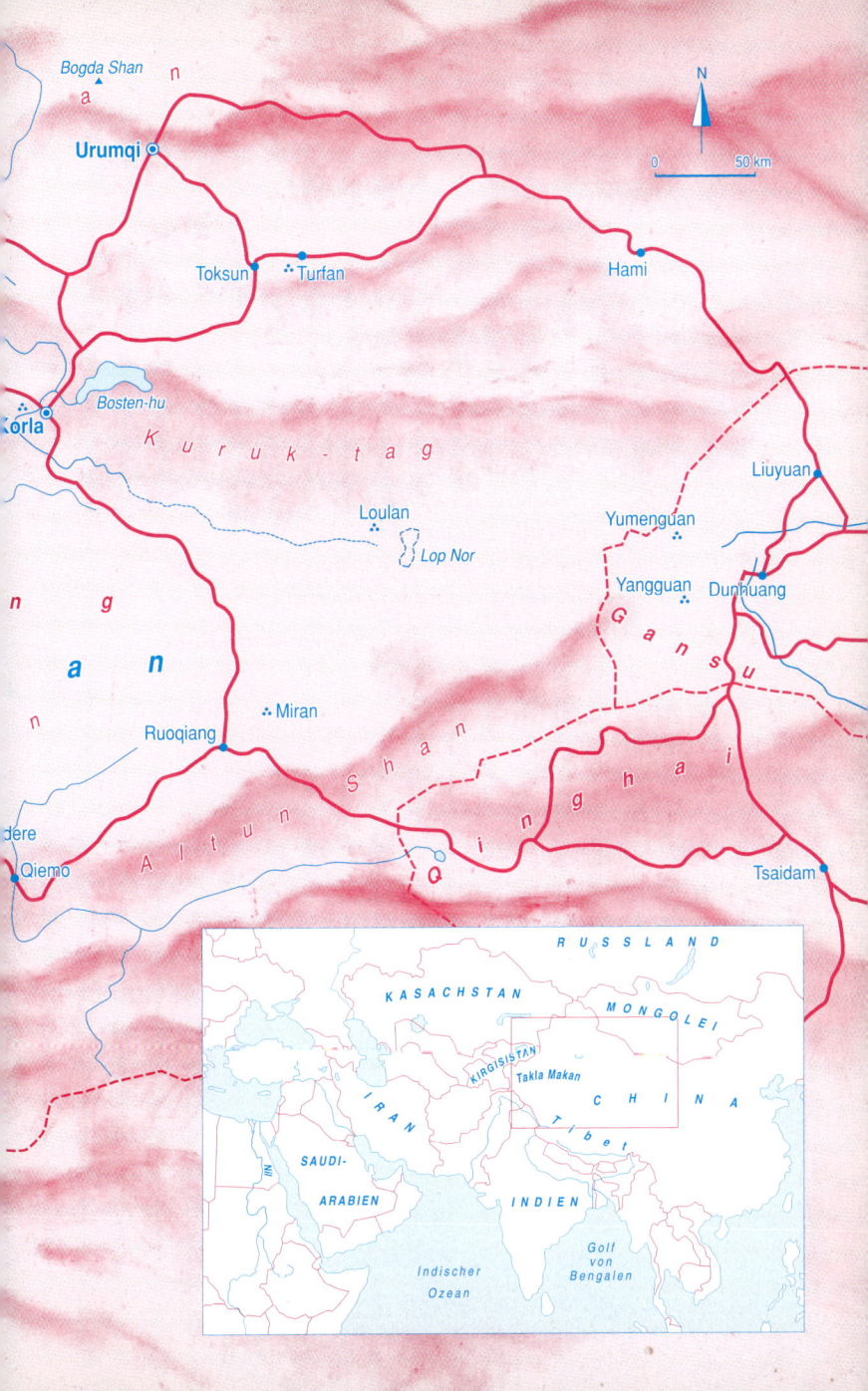

Und wenn Dir auch
Dein schönster Traum gefalle
und alle Träume, die vorübergehn,
das Leben, wenn wir es nur recht verstehn,
das Leben kommt und übertrifft sie alle.

Rainer Maria Rilke

»Die kommen nie wieder!«

Es liegt ein wilder, barbarischer Reiz
im Kampf mit dem Unmöglichen.
Und im übrigen – wo stand denn geschrieben,
diese Reise sei unmöglich?

Sven Hedin

Die Bewohner von Merket, einer kleinen Oase am Westrand der Takla-Makan-Wüste, gerieten in helle Aufregung: Niemand wollte es sich entgehen lassen, den seltsamen Fremdling zu begaffen, der es wagte, in jenen Teil der Wüste einzudringen, den sie gemeinhin mieden. *Yaman-kum*, der schlimme Sand, wie sie das unfruchtbare Dünenmeer nannten, das sich als Raum ozeangleicher Weite vom Dorfrand in Richtung Osten erstreckte, galt in ihren Augen als Todeszone, weil die aufgehäuften Sandmassen selbst für Kamele unüberwindbar waren.

Außerdem, so war man überzeugt, herrsche dort *Telesmat*, Zauberei. Gerate man in einen Sturm, dann werde man unweigerlich unter dem wandernden Sand bei lebendigem Leib begraben. Ganze menschliche Siedlungen lägen gleichsam im öden Wüstensand verborgen. Dort gäbe es Gold und andere Schätze zuhauf. Zuweilen würde man auch verlockende wohlbekannte Stimmen hören. Doch wer ihnen folge, sei verloren, denn er würde von den Geistern der Wüste in die Irre geleitet und komme elendiglich um.

9

Sven Hedin auf seiner ersten Zentralasienreise im Winter des Jahres 1890/91. Er überquerte dabei den Hohen Pamir und kam bis Kashgar. Der schwedische Armeerevolver war einer jener beiden Ausrüstungsgegenstände, die Hedin auf allen seinen Reisen begleiteten – der andere war die Bibel.

Der Schwede Sven Hedin gehörte zweifellos nicht zum Typus Mensch, der sich durch solche Geschichten abschrecken ließ – im Gegenteil, sie beflügelten eher noch seine Phantasie.

»Nein, das Wüstenmeer erschien mir unendlich schön«, verkündete er schwärmerisch vor dem Aufbruch in die Wüste. »Sehnsucht nach dem Unbekannten hieß die Zaubermacht, die mich unwiderstehlich in das Reich des Wüstenkönigs zog, wo ruhmreiche Entdeckungen und verborgene Sagenschlösser auf mich warteten.«

Der knapp Dreißigjährige war davon überzeugt, den Gefahren und Schwierigkeiten der Wüste gewachsen zu sein. Immerhin war es ihm erst wenige Monate zuvor gelungen, den Hohen Pamir, das Dach der Welt, zu überqueren, mitten im Winter, allen Warnungen zum Trotz. Auf dieser »via dolorosa«, wie er den Trip nannte, wühlten er und seine Begleiter sich durch grundlosen Neuschnee, froren vor Kälte in der sauerstoffarmen Luft, krochen auf eisigen Pfaden über Abgründe, wo Pferde zu Tode stürzten, über deren Kadaver sich hungrige Wölfe hermachten.

Auch in der Takla Makan schlug er alle Warnungen in den Wind. Zur ungünstigsten Jahreszeit, mitten in der Zeit der Sandstürme, zog er los. Hedin beabsichtigte, von Merket aus die Wüste von Westen nach Osten zu durchqueren, bis zum Mazar-tagh, einem Bergmassiv am Ufer des Khotan-darya, dessen ausgetrocknetes, von Pappelwäldern gesäumtes Flußbett das Sandmeer durchschneidet. Anschließend wollte er dem Khotan-darya nach Süden folgen und über das Kunlun-Gebirge, gewissermaßen durch die »Hintertür«, in das damals verbotene Tibet vordringen. Die zu überwindende Wüstenstrecke bis zum Khotan-darya, wenn sie in direkter Linie nach Osten marschierten, berechnete Hedin mit Hilfe seiner russischen Karten auf 287 Kilometer. Obwohl er davon ausging, die Strecke in 15 Tagen zurückzulegen, nahm er für 25 Tage Wasser mit. Alles in allem 455 Liter, in vier Blechbehältern und sechs Ziegenschläuchen abgefüllt. Abgesehen vom lebenswichtigen Wasservorrat umfaßte seine Ausrüstung mehrere Holzkisten, vollgepackt mit Vermessungsinstrumenten, Photoapparate mit insgesamt 100 Platten, Waffen samt Munition. Dazu kamen noch Zelte, ein Feldbett, Bücher, ein ganzer Jahrgang schwedischer Zeitungen, von denen er jeden Tag eine lesen wollte, Teppiche, Gastgeschenke und vor allem Verpflegung für einen mehrmonatigen Aufenthalt in Tibet.

Seine Karawane bestand aus vier einheimischen Begleitern – von denen einer behauptete, die Wüste gut zu kennen –, acht Kamelen, zwei Wachhunden und einer Art »lebender Speisekammer« aus drei Schafen, zehn Hühnern und einem Hahn. Am 10. April 1895 zog die Karawane von Merket los.

»Die Kamele waren schwer beladen, und die Bronzeglocken läuteten wie zu einem Begräbnis«, erinnerte sich Hedin später an den Aufbruch. Zu ihrem Abschied hatten sich die Oasenbewohner in den Straßen und auf den Dächern der Häuser versammelt. »Die kommen nie wieder«, riefen sie ihnen hinterher.

»Die Heimat der Grabes-stille« nannte Hedin das Sandmeer der Takla Makan, und das Läuten der Kamelglocken erinnerte ihn an ein Begräbnis.

Kaum hatten sie die letzten Lehmhäuser des Dorfes hinter sich gelassen, rissen sich zwei Kamele los und rannten, die abgeworfenen Lasten hinter sich her schleifend, davon. Die Folge: Einige Gepäckstücke wurden beschädigt, was aber noch schlimmer war, in einem der Wasserbehälter klaffte ein Leck. Von da an wurden die kostbaren Wasservorräte nur noch den geduldigsten Kamelen aufgebürdet. Je vier Kamele waren zu einer Gruppe zusammengebunden, die von je einem der Männer geführt wurde. Hedin ritt auf dem ersten Kamel der zweiten Gruppe, weich gebettet auf Teppichen und Filzdecken, die man zwischen die Höcker gebreitet hatte, »so daß ich wie in einem Lehnstuhl saß«.

Bei dieser Art der Fortbewegung konnte er am besten seiner Hauptbeschäftigung nachgehen, nämlich dem Vermessen und Kartographieren. Er zählte die Schritte seines Kamels, bestimmte Richtung und Route, machte Notizen und Skizzen, die er später in seine Kartenwerke übertrug. Mit dem letzten Pappelwall, der die Felder der Oase vor der Versandung schützte, begann die Wüste. Zuerst eine flache Steppe, mit Kameldorn und vereinzelten *Toghraks*, wilden Pappeln, überwachsen. Der Boden war mit mehlfeinem Staub überzogen, in den die schwerbeladenen Tiere tief einsanken. Der Wind kam böenartig und ließ meterhohe Sandspiralen über die Oberfläche tanzen.

Sie schlugen zunächst einen östlichen Kurs ein, und es dauerte nicht lange, bis sich die ersten niedrigen Sanddünen zeigten. Sie verdichteten sich rasch und wuchsen höher. Auf einer flachen Stelle zwischen den Dünen errichteten sie ihr erstes Lager. Die einheimischen Begleiter begannen sofort, einen Brunnen zu graben. Schon in einem halben Meter Tiefe wurde der Sand feucht, in einem Meter Tiefe sprudelte Wasser hervor. Es schmeckte zwar salzig, wurde aber von den Tieren begierig getrunken. Einer der Begleiter, Kasim Akhun, den sie »Jolltschi«, den »Wegweiser«, nannten, weil er als Goldsucher diesen Teil der Wüste kannte, riet dringend davon ab, den Weg nach Osten fortzusetzen. Statt dessen schlug er vor, den hohen Sand zunächst zu meiden und in Richtung Norden zu ziehen, stets entlang dem breiten Steppengürtel zwischen dem Yarkand-darya und der Sandwüste, wo es genügend Wasser gebe. Außerdem erzählte er Hedin von einem großen Süßwassersee, an dem sie vorbeikommen würden und in dessen unmittelbarer Nähe sich ein Gebirge erhebe, das ebenfalls Mazar-tagh heiße. Offensichtlich beabsichtigte Jolltschi, mit der Karawane so lange am Rande der Wüste entlangzumarschieren, bis sie auf den Khotan-darya stießen, an dem ein uralter Karawanenweg entlangführte, dem sie bequem nach Süden folgen konnten. Obwohl der Vorschlag von Jolltschi, gemessen an der direkten Route durch die Wüste, einen enormen Umweg bedeutete, ging Hedin bereitwillig darauf ein. Er vermutete nämlich, daß jener Mazar-tagh im Norden mit dem Mazar-tagh am Khotan-darya in Verbindung stand und womöglich ein bisher unerforschter Bergzug die Wüste als gebirgiges Rückgrat durchzog.

Die Entscheidung fiel um so leichter, als sie am nächsten

Tag hilflos zusehen mußten, wie zwei der Wasserkamele beim Überqueren eines Dünenkammes abstürzten und erst wieder auf die Beine zu bringen waren, nachdem man ihnen die Packlasten vom Rücken geschnitten hatte. Jolltschi erklärte daraufhin, daß es ein aussichtsloses Unterfangen sei, weiter ostwärts zu marschieren, weil dort lauter *Tschong-kum,* großer Sand, liege. So hielten sie die nächsten Tage stets einen sicheren Abstand zum »großen Sand«, wobei sie in nordöstlicher Richtung zogen und sich dem Yarkand-darya bis auf eine Tagesetappe näherten.

»Die Hitze war ungeheuer«, klagte Hedin, »und man mußte in jeder Stunde ein paarmal trinken.« Einmal kletterten die Temperaturen auf 50 Grad und ließen etwas vom herannahenden Sommer erahnen, der die Wüste in einen einzigen Backofen verwandelt und sie für Mensch und Tier unbegehbar macht. An Wasser litten sie jedoch keinen Mangel – noch nicht, denn die Landschaft wurde immer belebter. Anfangs gab es noch vereinzelt flache Sanddünen, dann wechselten salzverkrustete waagerechte Flächen und mit Kamisch, einem trockenen Schilfgewächs überwucherte Steppe einander ab. Hier und da sichteten sie Spuren von wilden Kamelen, einmal zeigte sich eine ganze Herde Antilopen. Schließlich trat die Wüste ganz zurück, und sie bewegten sich durch ein sumpfiges Schilfdickicht mit kleinen Tümpeln, die die Karawane immer wieder zu Umwegen zwangen, weil die schwerbeladenen Kamele im aufgeweichten Boden zu versinken drohten. »Schon jetzt kam es zu einem heftigen Zwist zwischen Islam Bai und Jolltschi«, notierte Hedin. »Islam ritt auf dem ersten Kamel, hatte daher bessere Aussicht als der zu Fuß gehende Wegweiser und schlug mehrfach eine andere Richtung vor, als dieser gehen wollte.«

Am Ostersonntag, es war der 14. April, machte ihnen die Natur ein besonderes Geschenk. Sie entdeckten eine Quelle mit »kristallklarem, vollkommen süßem Wasser«. Obwohl sie an diesem Tag erst 18,5 Kilometer zurückgelegt hatten, schlugen sie dort Lager Nr. 5 auf und gönnten sich einen Rasttag. Hier wurden sämtliche Wasserbehälter aufgefüllt, Sättel und Riemenzeug ausgebessert und große Wäsche gehalten. Der sandige Boden erhitzte sich zwar auf 45 Grad, wie Hedin feststellte, »aber dafür konnten wir alle trinken, soviel wir wollten, und man sah Kamele und Hunde förmlich aufschwellen. Selbst die Hühner nahmen die Gelegenheit wahr, während des Rasttages vier Eier zu legen.«

Am 17. April tauchten vor ihnen schemenhaft die Umrisse eines Bergmassivs auf, das Jolltschi als den Mazar-tagh von Maral-bashi identifizierte. Der dunkle gezackte Kamm schien zum Greifen nahe, und Hedin gab sich der Hoffnung hin, bereits am Abend in seinem Schatten die Zelte aufzuschlagen. Doch der Schein trügte. Die flache Steppe, die sich einförmig bis zum Horizont ausdehnte, ließ Distanzen mühelos schmelzen und gaukelte falsche Entfernungen vor. Es war, als würden sie auf der Stelle treten. Stunde um Stunde bewegten sie sich auf das Gebirge zu und hatten das Gefühl, ihm nicht näher zu kommen.

Am nächsten Tag bemerkte Hedin, daß es sich nicht um einen einzigen geschlossenen Bergzug handelte, sondern um zwei voneinander getrennte Massive. Jetzt erst nahmen ihre Konturen Gestalt an, Farben und Formen traten aus dem flimmernden Dunst der Wüste hervor. Hedin entschied, die Gebirgsbarriere zunächst am nördlichen Rand zu umgehen, und befahl der Karawane, einen scharfen Schwenk in diese Richtung zu vollziehen. Bald darauf kamen sie in schilfbewachsene Sümpfe, die in einen See übergingen. Überall zeigten sich Menschen- und Pferdespuren sowie Reste von Feuerstellen, an denen einmal Jäger oder Fischer gelagert hatten, und Hedin vermutete, daß sie sich in unmittelbarer Nähe des Flußgebietes des Yarkand-darya befinden mußten. Das Schilfdickicht wich einem Pappelwald, der stellenweise so dicht war, daß sie sich wie durch einen Tunnel bewegten. Abends entzündeten sie ein großes Feuer in der Hoffnung, der Wider-

In Ufernähe eines Sees, unter den schattenspendenen Kronen von Toghraks, wilden Pappeln, schlug Hedins Karawane ihr Lager auf und legte einen Rasttag ein.

schein würde Menschen anlocken, die sich in der Nähe befanden. Sie warteten jedoch vergeblich, denn es ließ sich niemand blicken.

Gegen Abend des darauffolgenden Tages erreichten sie den Fuß des Gebirges und zogen an seiner Nordseite entlang. Wie Finger einer ausgestreckten Hand griffen die Ausläufer in den Sand hinein, der die zerborstenen Felsen ringförmig umschloß. Nach Norden hin breitete sich eine üppige Steppenlandschaft aus, mit zahlreichen Tümpeln und kleinen Seen, die silbern wie Sterne im Abendlicht aufblitzten. Zwischen diesen und den Ausläufern des Gebirges zog die Karawane ostwärts, bis sie einen kleinen Süßwassersee erreichte, an dessen Ufer Hedin und seine Männer unter schattigen Bäumen ihr Lager Nr. 9 aufschlugen. In der Abendkühle genossen sie in vollen Zügen die Idylle des Ortes. Die Feuchtigkeit stieg auf und bildete leichte Nebel, die die Berge wie Feen umtanzten. Aus den Tümpeln und Seen drangen das Quaken der Frösche und das ohrenbetäubende Geschnatter der Enten, durchbrochen vom dumpfen Klang der Kamelglocken, deren vierbeinige Träger sich an der fruchtbaren Steppenlandschaft schadlos hielten. Hier legten sie einen weiteren Rasttag ein. Wehmütig erinnerte sich Hedin später an diese letzte Oase: »Wenn ich an die beiden folgenden Wochen denke, will mir dieser Sommerabend noch immer wie ein Augenblick im Paradiese erscheinen!«

Das Drama in der Wüste

Der Weiterweg war nun klar vorgegeben. Nachdem sie den isolierten Bergstock nordwärts umgangen hatten, befanden sie sich in einer flachen, mehrere Kilometer breiten, versandeten Furche, die sich zwischen ihnen und dem weiter östlich gelegenen Mazar-tagh erstreckte. Sie wandten sich nun südwärts, und Hedin mußte bald feststellen, daß jener Berg, den sie fast vollständig umrundet hatten, sich in der Sandwüste verlor und keine Fortsetzung in Richtung Südosten hatte. Deshalb wandten sie sich nun dem *Mazar-tagh* zu, dessen südliches Ende noch nicht zu erkennen war. Bald kamen sie an das Ufer eines langgezogenen schmalen Sees, der sich parallel zum Mazar-tagh erstreckte. Hier wimmelte es von Menschen- und Tierspuren. Sie stießen sogar auf eine Binsenhütte und weidende Pferde, deren Besitzer bald gefunden war. Der verdutzte Mann, der aus dem Oasenort Maral-bashi stammte, war hier, um in den Bergen nach Steinsalz zu graben, von dem es dort reiche Vorkommen gibt. Auf die Frage, wie weit es bis zum Khotan-darya sei und ob sich der Mazar-tagh bis dorthin erstrecke, wußte er vom Hörensagen nicht mehr zu berichten, als daß es in diese Richtung nur Sand ohne einen Tropfen Wasser gäbe und daß die Wüste »Takla Makan« genannt werde, was soviel heißt wie: »Wer in sie hineingeht, wird nie mehr zurückkehren.«

Um endgültig Gewißheit darüber zu erlangen, daß es keine Verbindung zum Mazar-tagh am Khotan-darya gab, ließ Hedin die Karawane um den See herum bis zur Südspitze des Gebirges marschieren. Dort fanden sie einen Lagerplatz in unmittelbarer Nähe des Seeufers. Hedin stieg ein Stück auf den Bergkamm hinauf, um sich einen Überblick zu verschaffen. Was er sah, ließ keine Zweifel mehr zu: »Nach Südosten, Süden und Südwesten dehnte sich, so weit das Auge reichte, das öde Meer der Wüste aus«, stellte Hedin ernüchtert fest. »Wir befanden uns also auf dem südöstlichen Punkte des Mazar-tagh von Maral-bashi, und diese kleine Bergkette steht nicht in Zusammenhang mit dem Mazar-tagh des Khotan-darya.« Trotzdem beschloß er, den Wüstenmarsch in Richtung Südosten fortzusetzen. Die Gründe dafür hat er nicht verraten.

Da er ahnte, daß dies wohl die letzte Möglichkeit war, ausreichend Wasser aufzunehmen, entschied er, einen weiteren Rasttag einzulegen. Jolltschi, der Wegweiser, versicherte, daß es bis zum Khotan-darya nur vier Tagesmärsche seien. Die besten russischen Karten, die der Schwede dabeihatte, gaben eine Entfernung von 130 Kilometern an. Bei einer Tagesleistung von 20 Kilometern konnten sie den Khotan-darya in sechs Tagen erreichen, und höchstwahrscheinlich, so spekulierte Hedin, würden sie – ähnlich wie hier am Yarkand-darya – schon vorher Wasser finden. Dennoch befahl er, für zehn Tage Wasser aufzuladen. Vertrauensvoll überließ er diese heikle Aufgabe dem angeheuerten Führer. »Ich hörte das Wasser plätschern, als die Männer die Behälter füllten, dann schlief ich am Ufer dieses letzten Sees ein.«

Am nächsten Morgen zog die Karawane los. Es wurde ein glühend heißer Tag. An Stelle der flachen Steppe trat bald die Wüste, und schon um die Mittagszeit bewegten sie sich im Meer der Wanderdünen, die von Stunde zu Stunde höher wuchsen. Hedin ritt auf seinem weißen Kamel und staunte, mit welcher Geschicklichkeit es die steilen Abhänge hinaufkletterte, ohne die geringste Spur von Unsicherheit. Von oben bot sich ihm jedoch eine beklemmende Aussicht. »Daß ich nicht vor Entsetzen erbleichte, als mein Blick nach Osten schweifte, über dieses Meer von Riesenwogen aus feinem, gelben Sand, das uns jetzt überall umgab«, schrieb Hedin sichtlich beeindruckt vom ersten Anblick der Takla Makan, »kam wohl daher, daß ich nicht glauben konnte, mein Glücksstern, der stets so hell gestrahlt, würde jetzt erlöschen«. Als sie am Abend ihr Lager aufschlugen, fehlte Hamra, einer der beiden Hunde. Das kluge Tier hatte es offensichtlich vorgezogen, zum See zurückzulaufen. Damit die Kamele nicht auf ähnliche Gedanken kamen, band man sie vorsorglich während der Nacht an die Wasserkanister. »Es war ein eigentümliches, unerklärliches Gefühl, mit dem wir zum erstenmal in der ödesten aller Wüsten der Erde lagerten«, notierte Hedin an diesem Abend. »Die Leute sprachen nicht viel, und keiner lachte; es war ungewöhnlich still um das kleine Feuer herum, das mit den Wurzeln der Tamarisken unterhalten wurde.«

Seine ursprüngliche Absicht, den in Richtung Südosten liegenden Mazar-tagh am Khotan-darya anzusteuern, mußte Hedin schon am zweiten Tag aufgeben, als das Gelände so schwierig wurde, daß die Karawane nur noch mühsam vorankam. Nun wandten sie sich direkt nach Osten, dorthin also, wo die Entfernung zum Khotan-darya die kürzeste sein mußte. Gewöhnlich lief Islam Bai, der stärkste seiner Männer, mit dem Kompaß in der Hand voraus, während die Karawane im Zickzackkurs seiner Spur, so gut es ging, folgte. »Es machte einen niedergeschlagenen Eindruck«, erinnerte sich Hedin, »wenn Islam Bai bisweilen stehenblieb, auf einen pyramidenförmigen Gipfel stieg und, die Hand vor die Augen gelegt, nach Osten spähte, um einen Übergang zu finden.« Noch schlimmer aber war es, wenn er zurückkam und rief: »Hetsch joll jock!« – unmöglich durchzukommen – oder »Her taraf jaman kum!« – überall abscheulicher Sand. Dann waren

Islam Bai, ein Turki aus Osh, begleitete Hedin als Karawanenführer bereits bei der Winterüberquerung des Pamir. Treu folgte er nun seinem Herrn in die Todeswüste.

sie gezwungen, große Umwege nach Norden oder Süden zu machen. An manchen Stellen blieb ihnen nichts anderes übrig, als mit den Schaufeln vorauszulaufen, um den Kamelen einen gangbaren Weg zu ebnen.

Am 24. April wehte den ganzen Tag über ein orkanartiger Westwind. Er wirbelte den Sand meterhoch auf und trieb ihn wie Wolken gegen Osten, wo sich der Himmel verdunkelte. Über ihren Köpfen aber blieb der Himmel strahlend blau, und die Sonne brannte mit unverminderter Kraft auf Menschen wie Tiere nieder. Außer Hedin gingen alle zu Fuß; stumm, von der Hitze halb betäubt, stapften sie durch den Sand. Auch die Kamele ermüdeten zusehends. Wenn eines von ihnen an einem Steilhang stürzte, vermochte es ohne Hilfe nicht mehr aufzustehen. Sie hatten erst 13 Kilometer zurückgelegt, als sie beschlossen, an einer flachen Stelle zwischen den hohen Dünen zu lagern. Alle bekamen zu trinken – die Menschen, die Kamele, auch Jolldasch, der kleine Hund, der winselnd den Wasserkanister umkreiste, und das letzte Schaf, das blökend der Karawane hinterhertrottete. Nirgendwo zeigten sich mehr

Die Hitze und der »schlimme Sand« machten der Karawane bereits an den ersten Tagen schwer zu schaffen. Außer Hedin gingen alle zu Fuß. Islam Bai lief gewöhnlich voraus, und die Karawane folgte seiner Spur.

Spuren von organischem Leben, und selbst die wüstentauglichsten aller Pflanzen, die Tamarisken, waren verschwunden. Das Terrain erschien den Männern so trocken und unfruchtbar, daß sie nicht einmal den Versuch unternahmen, nach Wasser zu graben.

Am nächsten Morgen machte Hedin eine entsetzliche Entdeckung: »Ich hatte bemerkt, daß das Wasser in den eisernen Behältern recht hohl an die Wände schlug, und beschloß nachzusehen. Sie enthielten nur noch Wasser für zwei Tage!«

Er ergeht sich in Selbstvorwürfen, nicht selbst kontrolliert zu haben, daß genügend Wasser aufgeladen wurde. Die Schuld wurde Jolltschi in die Schuhe geschoben. Noch aber stand ihnen der Rückweg offen. Der »Wegweiser« erklärte, bis zum Khotan-darya wären es jetzt nur noch zwei Tagesmärsche. Da Hedin ebenfalls überzeugt war, daß es zum rettenden nächsten Wasser nach Osten nicht weiter sein würde als nach Westen, befahl er der Karawane, den Marsch in diese Richtung fortzusetzen. Ein verhängnisvoller Irrtum, wie sich bald herausstellen sollte.

Die kostbaren Wasserreserven wurden streng rationiert. Die Kamele bekamen keinen Tropfen mehr. Der Sandsturm des vorangegangenen Tages erwies sich als Glücksfall. Er hatte die Luft so dicht mit Staub geschwängert, daß die Sonne hinter einem weißen Schleier verschwunden war und nicht in gewohntem Maße ihre vernichtende Kraft entfalten konnte. Es blieb sogar den ganzen Tag relativ kühl, weil noch dazu beständig eine erfrischende Brise über die Dünen strich. Die Landschaft wirkte auf Hedin allerdings abschreckend. Kein Baum, kein Strauch, kein Trost für das Auge. Wie oft sie auch erwartungsvoll nach Osten spähten, sie sahen nur Sand – gestaffelte Sandberge, wohin sie auch blickten.

»Wir waren augenscheinlich im schlimmsten Teil der Wüste«, notierte Hedin in düsterer Vorahnung. Jetzt ging auch der Schwede zu Fuß, teils, weil er sein Kamel schonen wollte, teils, um seine Gefährten anzuspornen. Trotzdem kamen sie nur langsam voran, weil sich eines der Kamele immer wieder flach zu Boden legte. Schließlich wurden ihm der Sattel abgenommen und seine Last auf die anderen Kamele verteilt. Auf seinem Rücken klaffte eine große eiternde Wunde. Die Packlast hatte das Tier wund gescheuert. Es erhielt ein paar Liter Wasser und durfte das Heu fressen, mit dem sein eigener Sattel ausgestopft gewesen war. Mohammed Schah nahm sich des erschöpften Kamels an und sollte es langsam der Karawane hinterherführen. Das markerschütternde Gebrüll des verletzten Tieres war noch lange zu hören. Sie waren noch weit vom gesteckten Tagesziel entfernt, als sich das nächste Kamel – der »große Schwarze« – weigerte, auch nur einen Schritt weiterzugehen. Das zwang sie, das Lager Nr. 13 aufzuschlagen.

Schon bei Sonnenaufgang, lange bevor die Karawane zum Abmarsch bereit war, zog Hedin am nächsten Morgen allein

Als die Wasserreserven zur Neige gingen, versuchten die Männer in ihrer Verzweiflung, einen Brunnen zu graben. Vergeblich. Selbst in drei Meter Tiefe blieb der Sand trocken.

los. Kompaß und Feldstecher in der Hand, wanderte er ostwärts und – kaum zu glauben – zählte fortwährend seine Schritte. Die Stille ringsum erinnerte ihn an einen Friedhof, nur »die Kreuze der Gräber fehlten«. 100 Schritte kamen ihm wie eine Ewigkeit vor, nach 1000 Schritten legte er eine Rast ein. Gegen Mittag brach er auf der Höhe einer Düne vor Erschöpfung zusammen. Er legte sich mit ausgestreckten Armen und Beinen in den Sand, zog die Mütze über das Gesicht und versank in einen Halbschlaf. »Ich träumte, ich läge auf einem frischen Rasen im Schatten einer dichtbelaubten Silberpappel ... und ich hörte die Wellen am Ufer eines Sees plätschern«, erinnerte er sich später an diesen Augenblick.

Doch der schöne Traum währte nicht lange. Der dumpfe Klang der Kamelglocken, die die herannahende Karawane ankündigten, holte ihn wieder in die sorgenvolle Wirklichkeit zurück. Das Bild, das sich ihm bot, war alles andere als ermu-

Nach fünf Marschtagen, seit der letzten Wasserstelle am See, brachen die ersten beiden Kamele zusammen. Der »große Schwarze« und der »Alte« wurden zurückgelassen.

tigend: »Die Kamele nahten mit stolpernden Schritten. Ihre Augen blickten matt mit erlöschendem Glanz.« Es waren nur noch sechs Kamele, die von Islam Bai und Kasim geführt wurden. Die anderen zwei Männer waren bei den beiden ermatteten Kamelen zurückgeblieben, in der Hoffnung, sie würden wieder auf die Beine kommen.

Doch auch die Karawane schaffte nur noch wenige Kilometer an diesem Tag. Müde und vom vergeblichen Hoffen auf Wasser demoralisiert, beschlossen sie, schon früh zu lagern. Um nicht unnötig Kräfte zu vergeuden, verzichteten sie darauf, ihre Zelte aufzuschlagen, und schliefen alle unter freiem Himmel. Vom Durst gepeinigt versuchten sie verzweifelt, nach Wasser zu graben. In einem Meter Tiefe wurde der Sand feucht, in zwei Meter Tiefe so naß, daß sich Sandbälle formen ließen. Schon keimte Hoffnung auf, und sie verdoppelten ihre Anstrengungen. In den Pausen tranken sie unbekümmert von den letzten Wasservorräten, weil sie sicher waren, diese durch das Brunnenwasser wieder auffüllen zu können. Die Kamele kamen herbei und beschnupperten mit vorgestreckten Hälsen den feuchten Sand. Kasim war bereits ganz im Brunnenloch verschwunden und arbeitete wie ein Berserker. Plötzlich aber hielt er inne und stieß einen halb unterdrückten Schrei aus. »Der Sand ist trocken«, preßte er Augenblicke später gequält heraus. Es klang wie ein Todesurteil.

»Schlaff und willenlos sanken wir förmlich zusammen; tiefe, bittere Enttäuschung war auf jedem Gesicht zu lesen«, mit diesen Worten faßte Hedin die bittere Stunde zusammen.

Gegen Mitternacht kam einer der Männer mit den beiden zurückgelassenen Kamelen ins Lager. Es sollte das letzte Mal sein, daß die Karawane vollzählig versammelt war.

Am nächsten Morgen wurden die Kamellasten aussortiert. Alles an unnötigem Ballast wurde zurückgelassen, dazu zählten der Ofen, der für den Einsatz im kalten Tibet bestimmt war, Hedins Feldbett, ein Teppich und verschiedene Konserven. Der Inhalt der Reservesättel wurde an die Kamele verfüttert. Zusätzlich gab man ihnen noch einen Sack voll trockenem Brot mit etwas Öl, damit sie es leichter hinunterwürgen konnten. Dann untersuchte Hedin zusammen mit Islam Bai die verbliebenen Wasservorräte. Sie stellten fest, daß sie nur noch für einen Tag reichten. Um die drohende Wasserlosigkeit noch etwas hinauszuzögern, entschied Hedin, daß jeder der Männer nur noch zwei Becher täglich bekommen durfte. Auch Jolldasch und das Schaf sollten eine Schale pro Tag erhalten. Islam Bai ermahnte er, die kostbare Flüssigkeit wie Gold zu bewachen.

Hedin lief gewöhnlich der Karawane voraus. Auf jedem höheren Dünenkamm nahm er den Feldstecher und suchte erwartungsvoll den Horizont nach Osten ab. Vergeblich! Nirgendwo zeigte sich das geringste Anzeichen, daß das Wüstenmeer auch eine Küste hatte.

Die Dünen erreichten neue Rekordhöhen von bis zu 60 Metern. Die Männer marschierten, bis die Kamele nicht mehr weiterkonnten. Kaum hatten sie ihr Lager Nr. 15 aufgeschlagen, »auf allen Seiten von abscheulichem Terrain umgeben«, wie Hedin vermerkte, tauchte Mohammed Schah auf. Er berichtete, daß er die beiden Kamele schon zu Beginn des Tagesmarsches hatte zurücklassen müssen, weil sie sich geweigert hätten weiterzugehen. Eines der beiden Tiere hatte sich sofort zu Boden gelegt, während der »große Schwarze« noch stand und der Karawane traurig hinterherblickte. Das Bild der sterbenden Kamele verfolgte Hedin wie ein Alptraum: »Ich entsetzte mich über den Gedanken, daß sie vielleicht noch mehrere Tage gelebt haben und von den Sandstürmen der folgenden Tage lebendig begraben worden sind.«

An den folgenden Tagen waren sie grausamen Wechselbädern der Gefühle ausgesetzt. Einmal sahen sie zwei Wildgänse, die nach Südwesten flogen. Schon wähnten sie sich dem Khotan-darya nahe. Ein andermal verdunkelte sich plötzlich der Himmel, und pechschwarze, regenschwere Wolken zogen auf. »Wir wurden förmlich hypnotisiert von diesem Anblick.« Sie hielten die leeren Wasserbehälter bereit, legten die Zeltleinwand aus, um das kostbare Naß aufzufangen – und warteten und warteten. Wie von Geisterhand lösten sich die Wolken über ihren Köpfen in nichts auf, und kein einziger Tropfen fiel vom Himmel. Mohammed Schah war sich sicher, daß sie unter *Telesmat* stünden, also verhext seien, und nie wieder aus der Wüste herauskommen würden. Jolltschi glaubte, der Kompaß würde lügen und sie im Kreise herumführen. Mit einer Gelassenheit, als sei es die natürlichste Sache der Welt, erklärte Islam Bai, daß zuerst ein Kamel nach dem anderen sterben würde, dann kämen die Menschen an die Reihe.

Aber soweit war es noch nicht.

Zu allem Unglück gerieten sie in einen *Kara Buran*, in einen der berüchtigten »schwarzen Sandstürme«. Alles war in einen milchigen, undurchdringlichen Schleier gehüllt, so daß die Kamele nur noch schemenhaft zu erkennen waren. Die Gruppe

26

Am 28. April gerieten sie in einen Kara Buran, einen der gefürchteten Sandstürme. Es wurde dunkel wie in der Nacht, und der Wind trieb den Sand wie Wolken über die Oberfläche. Im tobenden Sturm verloren sie ein weiteres Kamel.

blieb dicht beisammen. Wer die Karawane aus den Augen verlor, wäre rettungslos verloren gewesen, denn alle Spuren wurden augenblicklich verwischt. Manchmal wurde der Sturm so stark, daß sie zu ersticken drohten. Dann legten sich die Kamele flach auf den Boden, mit dem Hinterteil gegen den Wind, während die Männer hinter ihren massigen Leibern Schutz suchten. In diesem Inferno verloren sie ihr drittes Kamel. Das Tier war beim Aufstieg zu einer hohen Düne zusammengebrochen, zurückgeblieben und konnte nicht mehr gefunden werden. »Wir wurden allmählich gegen die Bitterkeit dieser Verluste abgestumpft«, rechtfertigte Hedin rückblickend die Gleichgültigkeit, mit der sie einfach weiterzogen. »Es galt jetzt nur zu suchen, unser eigenes Leben zu retten.«

Als der Sandsturm abgeflaut war, beschlossen sie, alles zurückzulassen, was nur irgendwie entbehrlich war. Pelze, Filzdecken, Bücher, der Pack Zeitungen, Petroleumvorrat,

Kochtöpfe und Geschirr sowie der größte Teil des Proviants, der für drei Monate berechnet war, wurden in Kisten verpackt und zwischen zwei Dünen gestellt, auf deren Spitzen man Holzstangen eingrub, in dem Glauben, später zurückzukehren, um die Ausrüstung zu bergen. Von den Konserven nahmen sie nur jene mit, die Flüssigkeit enthielten. Die Kamele bekamen das Heu der letzten Packsättel vorgesetzt, aber sie weigerten sich zu fressen, weil ihnen die Kehlen ausgetrocknet waren.

Der letzte kümmerliche Rest des Wassers, knapp zwei Liter, wurde in zwei eiserne Kannen gefüllt. Am nächsten Morgen war eine der Kannen leer. Jemand hatte sie in der Nacht ausgetrunken. Der Verdacht fiel auf Jolltschi, der sich wie ein Paria von den anderen fernhielt und der Karawane tagsüber allein hinterhertrottete.

Alle fünf Kamele konnten sich erheben und den Wüstenmarsch fortsetzen. Obwohl die Hitze wegen der staubgesättigten Luft erträglich blieb, kamen sie nur quälend langsam voran, mit unzähligen Unterbrechungen. Um die Mittagszeit des 30. April war das letzte Wasser verbraucht. Die letzten Tropfen reichten gerade noch, um die Lippen zu befeuchten. Eine Bachstelze, die zwitschernd über ihren Köpfen hinwegflog, ließ neue Hoffnung aufkeimen; sie erstickte aber bald wieder im »schlimmen Sand«, der sich vor ihnen aufbaute. Er war ungünstig geschichtet, denn die schroffen Leeseiten verliefen quer zur Marschrichtung. »Wenn man von einem hohen Kamme nach Osten schaut, trifft der Blick auf alle diese Seiten, und man glaubt, eine langsam ansteigende Treppe vor sich zu haben.«

Nachdem sie den ganzen Tag ohne einen Tropfen Wasser marschiert waren, waren sie am Ende ihrer Kräfte. Hedin machte seine, wie er schrieb, »letzte Eintragung« ins Tagebuch: »Rasteten auf einer hohen Düne, wo die Kamele umfielen … Sandberge auf allen Seiten, kein Grashalm, nichts Lebendiges.«

Nach einer kühlen Nacht dämmerte ein klarer, windstiller Tag herauf. Nach Sonnenaufgang kamen die Hitze und der Durst. Es war der 1. Mai, und Hedin erinnerte sich an das Frühlingserwachen in seiner schwedischen Heimat. Seine Wüstengefährten saßen stumm und traurig am Feuer und tranken den letzten Rest vom ranzigen Öl, das für die Kamele bestimmt war.

Nach neun Marschtagen waren sie am Ende ihrer Kräfte, einen Tag zuvor hatten sie die letzten Tropfen Wasser verbraucht. Zwei der Männer sanken in tiefe Bewußtlosigkeit. Hedin mußte erkennen, daß die Karawane verloren war, und beschloß, in diesem Todeslager alles zurückzulassen.

Auf der verzweifelten Suche nach Flüssigkeit griff Hedin zur Flasche mit chinesischem Branntwein, der als Brennstoff für den Kocher benutzt wurde und den seine muslimischen Begleiter nicht anrührten. Danach wurde ihm schwindelig, die Beine versagten den Dienst. Todmüde, halb gelähmt und von schrecklichem Durst gepeinigt, kroch und wankte er der Karawane hinterher. Sie entschwand seinen Blicken, das Läuten der Glocken erstarb, nur die Spur verriet ihm, daß es sich um eine reale Erscheinung handelte. Nach wenigen Kilometern hatte er sie jedoch wieder eingeholt, weil sich die Kamele vor Erschöpfung niedergelegt hatten.

Den Menschen ging es kaum besser. Mohammed Schah lag ausgestreckt im Sand, phantasierte und rief Allah um Hilfe. Kasim saß im Schatten eines Kamels und schnappte nach Luft. Nur Islam Bai schien noch einigermaßen bei Kräften. Er erbot sich, mit einer Kanne zum Khotan-darya zu laufen, um Wasser zu holen. Die Lage war katastrophal. Sie hatten an diesem Tag erst vier Kilometer zurückgelegt, und es war halb zehn Uhr vormittags. Hedin beschloß, um die tödliche Dehydration hinauszuzögern, tagsüber zu lagern und nur noch nachts zu marschieren. Gegen Abend hatte sich der Schwede so weit erholt, daß er aufzustehen vermochte. Auch Islam und Kasim waren bereit weiterzumarschieren. Mohammed Schah lag noch an der Stelle, an der er zusammengebrochen war, und befand sich im Delirium. Jolltschi kam zu Hedin ins Zelt gekrochen und flehte um Flüssigkeit.

Sie nahmen den Hahn, schnitten ihm die Gurgel durch und tranken sein warmes Blut. Das genügte nicht. Ihre begehrlichen Blicke fielen auf das Schaf, das ihnen bis dahin treu wie ein Hund gefolgt war. Hedin brachte es nicht fertig, das geronnene Blut hinunterzuwürgen. Zwei der Männer versuchten in ihrer Not sogar, Kamelurin zu trinken, worauf ihnen furchtbar übel wurde. Nur mit Mühe gelang es, die fünf Kamele noch einmal auf die Beine zu bringen. Sie wurden mit jenen Gegenständen beladen, die Hedin für unentbehrlich hielt. Alles andere ließ er zurück. Dann ging er zu Mohammed Schah und forderte ihn auf, ihrer Spur zu folgen, sobald er dazu imstande wäre, doch dieser reagierte nicht mehr. »Er atmete sehr langsam und stieß von Zeit zu Zeit Todesröcheln und Seufzer aus.« Auch von Jolltschi, ihrem »Wegweiser ins Verderben«, wie Hedin ihn inzwischen nannte, nahm er Abschied. »Er war greulich anzusehen. Ausgemergelt, mit blödsinnigem Gesichtsausdruck und starren Augen saß er vor dem Zelt und kaute an den feuchten Lungen des Schafes.«

Die beiden Sterbenden wurden zurückgelassen. Mit dem Mut der Verzweiflung wanderten die drei anderen durch Nacht und Sand. Um seine Kräfte zu schonen, ritt Hedin auf dem weißen Kamel. Aber sie kamen nicht weit. Nach wenigen Marschstunden stürzte ein weiteres Kamel. Sofort legte es sich in die

Jolltschi, der Wegweiser, und Mohammed Schah waren außerstande, sich zu erheben. Sie blieben ebenso zurück wie Islam Bai, der unter Krämpfen zusammenbrach, weil er vom geronnenen Blut des geschlachteten letzten Schafes getrunken hatte.

Sterbeposition – in Seitenlage, Hals und Beine weit ausgestreckt.

Dann war der Karawanenführer Islam Bai an der Reihe. Auf einer hohen Düne, wo sie wieder einmal vergeblich nach dem Khotan-darya Ausschau hielten, ließ er sich in den Sand fallen und erklärte, daß er hier sterben wolle. Hedin begriff nun, daß die Karawane endgültig verloren war, und beschloß, alles zurückzulassen, den Gefährten, die Kamele, die letzte Ausrüstung, um nur noch das nackte Leben zu retten. Beschwörend forderte er Islam Bai auf weiterzugehen, aber für ihn schien die letzte Stunde gekommen zu sein.

»Dieses Todeslager«, schrieb Hedin später, »war das Entsetzlichste, was ich auf allen meinen Wanderungen erlebt habe ... Ich warf noch einen letzten Blick auf die geduldigen Kamele und eilte von diesem schmerzlichen Schauplatz hinweg, wo ein Mensch mit dem Tode kämpfte und die Veteranen unserer vor kurzem noch so stattlichen Karawane ihre Wüstenwanderungen für immer beschließen sollten.«

Jetzt waren nur noch Hedin und Kasim übrig. In der Finsternis der Nacht schleppten sie sich von Düne zu Düne. Noch lange sahen sie den Widerschein der brennenden Laterne, die Hedin am »Todeslager« zurückgelassen hatte. Bei Tagesanbruch hoben sie mit dem Spaten zwei Löcher aus, entledigten sich ihrer Kleider und gruben sich bis zum Hals in den Sand ein. Die Kleider benutzten sie als Sonnenschirm, indem sie sie über den Spaten hängten. Am Morgen des dritten Tages, den sie ohne Wasser durchgestanden hatten, entdeckte Kasim eine einzelne Tamariske. Als sie sich in ihrem Schatten in den Sand fallen ließen, schöpften sie neue Hoffnung. Ihre wunderbar duftenden grünen Nadeln erschienen ihnen wie Boten des Lebens. Den ganzen Tag über, volle zehn Stunden, lagen sie dort wie tot, ohne ein Wort miteinander zu sprechen.

Mit der Abendkühle kehrten die Lebensgeister zurück, und sie setzten – halb kriechend, halb gehend – den Weg nach Osten fort. Plötzlich hielt Kasim inne, »Toghrak!« zischte er. Mit seinen scharfen Augen hatte er trotz der Dunkelheit eine einsame Pappel ausgemacht. Ihre Wurzeln mußten an Wasser gekommen sein. Sie nahmen den Spaten, doch es fehlte ihnen die Kraft, um nach dem rettenden Wasser zu graben. Der Spaten entglitt ihren Händen, und zu Füßen der Pappel versanken sie ermattet in eine Art Halbschlaf, aus dem sie erst die Nachtkälte erweckte. Und wieder schleppten sie sich weiter. Als es hell wurde, blieben sie wie erstarrt stehen. Statt des erhofften Pappelwaldes zeigte sich ihnen von neuem das vertraute Bild:

Jetzt waren nur noch Hedin und Kasim übrig. Mit dem Mut der Verzweiflung schleppten sie sich von Düne zu Düne, stets nach Osten Ausschau haltend.

nichts als gestaffelte gelbe Dünenkämme. Dann aber trafen sie auf Fußspuren. Sofort keimte Hoffnung auf, wähnten sie sich doch in unmittelbarer Nähe des Khotan-darya. Um so größer war die Enttäuschung, als sie merkten, daß es sich um ihre eigenen Spuren handelte. Sie waren im Kreis gelaufen!

Das gab Kasim den Rest. Hedin bleib nichts anderes übrig, als den Verdurstenden zurückzulassen, mit dem vagen Versprechen, er würde wiederkommen, sobald er Wasser gefunden hätte. Mühsam und unendlich langsam schleppte sich der Schwede weiter. Während einer langen Rast holte ihn Kasim unter Aufbietung seiner letzten Kräfte wieder ein. »Er sah schrecklich aus«, erinnerte sich Hedin. »Seine Zunge war weiß und geschwollen, die Lippen waren blau, die Wangen eingefallen und die Augen gläsern mit mattem Glanz. Eine Art Todesschlucken marterte ihn und erschütterte seinen ganzen Körper.«

Nachdem Hedin am rettenden Tümpel den ärgsten Durst gestillt hatte, füllte er seine Stiefel mit Wasser und kehrte zu Kasim zurück.

Noch einmal konnten sich die beiden Männer bei Tagesanbruch erheben und den Weg fortsetzen. Zum ungezählten Mal mühten sie sich auf einen hohen Dünenkamm hinauf. Sofort richtete sich der Blick sehnsuchtsvoll nach Osten. Da stießen sie einen Freudenschrei aus. »Der Wald!« Denn der Horizont zeigte sich nicht mehr wie in den vergangenen Tagen als gezackte Dünenreihe, sondern als waagrechte, dunkelgrüne Linie. Und Hedin fügte hinzu: »Der Khotan-darya! Wasser!«

Nun mobilisierten sie ihre letzten Reserven, taumelten dem rettenden Wald entgegen. Dort angekommen, brachen sie unter den ersten Bäumen zusammen. Nach Sonnenuntergang hatte sich Hedin so weit erholt, daß er aufzustehen vermochte. Kasim blieb zu Tode erschöpft liegen. Auch den letzten Gefährten zurücklassend, wankte Hedin weiter. Plötzlich brach der Pappelwald ab, als wäre er abgebrannt. Hedin Stand am Ufer des Khotan-darya. Doch welche Enttäuschung: Das Flußbett war staubtrocken wie die Wüste selbst, der er eben entronnen zu sein glaubte! Eine tiefe Resignation befiel

Mit dem Wasser in seinen Stiefeln konnte er Kasim retten, auch Islam Bai überlebte, aber von den anderen, so behauptete Hedin, hätte man nie wieder etwas gehört.

ihn. Er wollte sich jedoch nicht zum Sterben hinlegen, ehe er das Flußbett durchquert und sich mit eigenen Augen vergewissert hatte, daß keine Hoffnung auf Wasser bestand.

Mit enormer Willensanstrengung kroch er im Mondlicht durch das fast zwei Kilometer breite Flußbett. Das jenseitige Ufer bereits vor Augen, wo sich sein Schicksal besiegeln sollte, hörte er plötzlich das Geräusch eines Vogels, der sich mit plätscherndem Flügelschlag aus dem Wasser erhob. Augenblicke später stand er am Rande eines von Bäumen beschatteten Tümpels. Wie durch ein Wunder war er auf eines jener seltenen Wasserlöcher gestoßen, die von der letzten Schmelzflut übriggeblieben waren. An dieser Stelle hatte das Wasser Wirbel gebildet und daher den Boden tiefer ausgebaggert. »Dann trank ich und trank und trank... Mein ausgedörrter Körper sog die Feuchtigkeit auf wie ein Schwamm. Alle Gelenke wurden geschmeidig, die pergamentharte Haut wurde weich und meine Stirn feucht...

Dann trank ich wieder und streichelte das Wasser dieses gesegneten Tümpels, den ich Choda-verdiköll taufte, den ›von Gott geschenkten See‹.«

Nachdem er den ärgsten Durst gestillt hatte und seine Lebensgeister allmählich zurückgekehrt waren, füllte er seine Stiefel mit Wasser und eilte zu Kasim zurück. Erst im Morgengrauen fand er den Verdurstenden noch an der Stelle, an der er ihn zurückgelassen hatte. Die kostbare Flüssigkeit erweckte auch Kasim rasch wieder zum Leben. Später trafen sie auf Hirten, die ihnen Milch und Brot reichten. Groß war die Freude, als auch noch Islam Bai auftauchte. Er hatte sich ebenfalls bis zum Wald des Khotan-darya durchgeschlagen, das weiße Kamel im Schlepptau, das Hedins Instrumente und Aufzeichnungen trug. Am trockenen Flußbett angekommen, fiel Islam Bai in tiefe Bewußtlosigkeit, bis ihn zufällig vorbeikommende Kaufleute fanden und in letzter Minute vor dem Verdursten retteten. Der Versuch, das »Todeslager« noch einmal zu erreichen, scheiterte ebenso wie die Suche nach einem weiteren Kamel, das Islam Bai an jener einzelnen Pappel zurückgelassen hatte, wo Hedin und Kasim erfolglos nach Wasser gegraben hatten.

»Von allen anderen hat man nie wieder etwas gehört«, schrieb Hedin. Für ihn stand fest, daß sie in der Wüste umgekommen waren.

Lockruf der Wüste

Wir müssen Antworten haben,
sonst suchen wir nicht.
Es müssen immer mehrere Antworten sein;
denn wenn man keine Antworten hat,
hört man auf zu suchen.
Wenn man aber nur eine Antwort hat,
glaubt man, man hat die Antwort gefunden,
und sucht auch nicht mehr.

Odo Marquard

Ich kann mich nicht mehr genau entsinnen, wann und durch welche Umstände Sven Hedins Buch »Durch Asiens Wüsten« in meine Hände geriet, nur an den Zeitpunkt erinnere ich mich gut, als ich das Buch zum erstenmal aufschlug. Einmal mit dem Lesen begonnen, konnte ich es nicht mehr aus der Hand legen. Zu diesem Zeitpunkt wußte ich weder etwas über die Person des Autors noch über die Hintergründe des Werkes. Ich hatte keine Ahnung, daß das Buch zu seiner Zeit ein Bestseller war, der Hedin mit einem Schlag berühmt gemacht hatte, ihn in eine Reihe stellte mit Amundsen und Nansen, den Eroberern der Polargebiete, oder mit seinem Landsmann Nordenskiöld, der die Nordostpassage entdeckt hatte.

Hedins dramatische Schilderungen vom Untergang seiner Karawane berührten mich tief. Ich spürte, daß es hier um menschliche Grenzerfahrungen ging, die nicht erfunden waren, sondern authentisch erlebt; Erfahrungen, die auch an die Grenze der Mitteilbarkeit stießen. Kein anderes Werk Hedins, das ich später las, weder über seine Abenteuer in Tibet noch über die Erlebnisse in der Wüste Gobi, beschäftigte mich so wie dieses. Es war weniger die körperliche Leistung, die mich beeindruckte. Wie viele Kilometer er zurückgelegt hatte, zu Fuß oder auf dem Kamel reitend, und ob er mehr oder weniger Tage ohne Wasser überlebt hatte, interessierte mich damals wenig. Ich konnte es ohnehin nicht beurteilen, denn dazu fehlten mir zu dieser Zeit die Maßstäbe. Viel mehr bewegte mich das menschliche Drama, das ich hinter den Kulissen zu erahnen glaubte und das Hedin nur hier und da andeutete – die Todesängste, die Verzweiflung, die Schuldgefühle, die Fragen nach dem Warum. Es kam mir vor, als habe er es vermeiden wollen, über Emotionen und Motive zu schreiben. Die Helden-Story erlaubte keine Darstellung von Schwächen, schon gar nicht der eigenen.

Die Lektüre hinterließ noch in anderer Hinsicht ihre Spuren. Sie prägte in mir ein Bild der Wüste, dessen Entsprechung ich später immer wieder suchte. Zunächst fand ich sie nur in meinen Träumen. Dort erschien mir die Wüste gefährlich, aber faszinierend schön zugleich – und verlockend. Ich sah mich nachts durch das Sandmeer wandern, sah die Karawane ihres Weges ziehen, wie Schiffbrüchige im Gewirr der Wanderdünen.

Hedins Erfahrungen entstammten einer anderen Epoche, dem Jahrhundert der Entdecker, als die Welt noch nicht bis in die letzten Winkel erforscht und erschlossen war, als es noch Geheimnisse gab und das Reisen eine grundlegend andere Bedeutung hatte. Seine Erlebnisse betrachtete ich als eine Art »reales Märchen« aus längst vergangener Zeit, und ich bezweifelte, ob es in der Gegenwart überhaupt möglich war, derartige Abenteuer zu finden. Damals konnte ich freilich nicht ahnen, wie hautnah ich einmal eine ähnlich dramatische Situation durchleben sollte.

Als ich »Durch Asiens Wüsten« las, war ich gerade 17 Jahre alt und drauf und dran, meine ersten Reisen zu unternehmen. Ich besuchte noch das Gymnasium, hatte wenig Geld, lange Ferien und den Kopf voller Pläne. Die Hälfte der Sommer-

Das klassische Bild einer Dünenlandschaft prägte meine Vorstellung von einer Wüste. Die Kamelkarawane schien mir der angemessene Stil, sich ihr zu nähern.

ferien schuftete ich in einer Fabrik, und mit dem verdienten Geld wollte ich in der restlichen Zeit unterwegs sein. Die Mittel reichten gerade aus, um mir eine Bahnfahrkarte zu kaufen, mit der ich einen Monat lang kreuz und quer durch Europa und sogar Nordafrika reisen konnte. Nie werde ich das Gefühl von Freiheit vergessen, als ich in meinem Heimatbahnhof im steirischen Leibnitz in den Zug stieg und vor den Augen des verdutzten Schaffners als Zielort Marrakesch eintrug. Das war nämlich der am weitesten entfernte Bahnhof, für den mein Bahnpaß gültig war. Außerdem hatte ich gehört, daß es dort, weiter südlich, jenseits des Hohen Atlas, einen Wüstenstreifen mit Sanddünen gebe.

Meine Verwandtschaft hielt damals meine Reiselust für einen vorübergehende Laune, die sich mit der Zeit wieder legen würde, doch mir bedeutete sie viel mehr. Die Welt, in der ich lebte, war mir längst zu eng geworden, und ich

Buchdeckel der zweibändigen deutschen Ausgabe von »Durch Asiens Wüsten«. Schon die erste Auflage wurde gegenüber der schwedischen Originalausgabe empfindlich gekürzt. Das Werk wurde ein voller Erfolg und in weitere sechs Sprachen übersetzt.

träumte davon, ein Leben zu führen, das meiner Neugier und meinem Bedürfnis nach Unabhängigkeit und Freiheit entsprach. Wobei ich unter Freiheit vor allem die Freiheit des Unterwegsseins verstand, zu gehen, wohin ich wollte. Schon nach den ersten Reisen hatte ich insgeheim beschlossen, meine Passion zum Beruf zu machen, wenngleich ich nur vage Vorstellungen hatte, auf welche Art und Weise das gelingen sollte. Nach außen hielt ich meine Absichten geheim. Den drängenden Fragen meiner Eltern nach meinem Berufsziel wich ich so lange wie möglich aus. Als ich schließlich Farbe bekennen mußte, gab ich, wegen der vielen Ferien, Lehrer an.

In meiner Umgebung fühlte ich mich zunehmend unverstanden und fremd, deshalb flüchtete ich in die Welt der Bücher und Phantasie, verschlang alte Reise- und Abenteuerberichte wie meine Schulkameraden Comics. Zu Gleichaltrigen hatte ich wenig Beziehungen, zu verschieden waren die Interessen, und ihre Statussymbole bedeuteten mir nichts. Statt eines motorisierten fahrbaren Untersatzes kaufte ich mir von den ersten Ersparnissen eine Leica-Kamera und brach damit nach Neuguinea auf. Die Tropeninsel reizte mich, weil ich gehört hatte, daß sich dort über die dampfenden Urwälder eisbedeckte Gipfel erheben, die bis an 5000 Meter Höhe heranreichen. Außerdem fand ich es faszinierend, daß es angeblich noch Menschen geben sollte, die in der Steinzeit lebten und dennoch meine Zeitgenossen waren.

Als ich dort ankam, waren die vermeintlichen Steinzeitmenschen und Kopfjäger gerade im Begriff, das aufzugeben, wonach ich mich sehnte: nämlich die Einheit von Arbeit und Freizeit, Alltag und Religion. Der Regenwald aber übertraf all meine Vorstellungen – und zwar in jeder Hinsicht, sowohl in bezug auf das Klischeebild der »grünen Hölle« als auch das der »Tarzan-Romantik«. Ich fühlte mich in eine Zeit versetzt, als die Bäume noch die Könige auf diesem Planeten waren. In mehreren Stockwerken baute sich der Primärwald auf, unvergleichlich schön in seiner Pflanzenfülle, jedoch kaum begehbar für jemanden, der darin nicht aufgewachsen ist. Tagelang folgte ich den Einheimischen durch den Dschungel, mal wie ein Affe kletternd, mal auf allen vieren kriechend. Wir turnten auf umgestürzten Baumstämmen und schlüpfrigen Ästen, balancierten über schwankende, aus Lianen geflochtene Hängebrücken, die reißende Flüsse überspannten. Als mich der Urwald wieder entließ – zerstochen und zerkratzt, von Blutegeln malträtiert –, war mein Körper von eiternden Geschwüren überzogen. Die naive Unerschrockenheit, die mich damals beflügelte, war nicht ungefährlich. Ohne große Erfahrung stieg ich auf zwei der höchsten Gipfel der südlichen Hemisphäre. Meine Partner hatte ich erst in Neuguinea kennengelernt, als improvisierter Eispickel diente ein umgebautes Gartengerät, das mir Missionare borgten, und als »Bergseil« stand nur ein kurzer Strick zur Verfügung, den ich zuvor auf dem Markt erstanden hatte. Doch es ging gut.

Nach meiner Rückkehr schrieb ich mein erstes Buch und begann, öffentliche Vorträge zu halten. Die Wertschöpfung

In den Urwäldern Neuguineas, die ich auf dem Weg zum Carstensz-Gebirge durchqueren mußte, lernte ich die Fülle des Regenwaldes kennen, aber auch seine Verwundbarkeit durch den Menschen.

aus dem Kapital der eigenen Erfahrung erschien mir als die ideale Lebensform. Die Honorare steckte ich in neue Ideen und Projekte. So folgte ein Aufbruch dem anderen – nach Borneo, nach Alaska und immer wieder nach Neuguinea. Bereits Hedin hatte seine kostspieligen Expeditionen größtenteils mit der Vermarktung seiner Abenteuer finanziert und sich damit seine Freiheit erkauft. Er schaffte es, sich von Mäzenen und Gönnern unabhängig zu machen – und damit von fremden Einflüssen. Für mich war die erfolgreiche publizistische Verwertung eine Notwendigkeit, nur so konnte ich es mir leisten, die Hälfte des Jahres oder noch länger unterwegs zu sein.

Als es offenkundig war, daß ich statt des Berufswegs des beamteten Lehrers den eines Abenteurers einschlug, gab es heftige Widerstände. Unter »Abenteurer« verstand man so etwas wie einen Aussteiger, jemanden, der seine Zeit mit nutzlosem Tun verbringt. Ich jedoch empfand genau das Gegenteil. Ich fühlte mich als Einsteiger, der sein Leben selbst gestaltet, seiner Berufung folgt. Es waren die üblichen Vorbehalte einer auf Sicherheit bedachten Gesellschaft, die mir entgegengehalten wurden. Ich würde es später bereuen, keinen »ordentlichen Beruf« erlernt zu haben, prophezeite man mir. Mit dieser Art Tätigkeit könne man keine Existenz aufbauen, das sei zu unsicher und ich würde eines Tages ohne Altersversorgung dastehen, hieß es warnend von seiten meiner Verwandschaft. Sie redeten nur von morgen, als lebten sie nicht in der Gegenwart. Für mich zählte das Hier und Jetzt, denn die Gegenwart begründet die Zukunft und nicht umgekehrt. Ich wollte nicht warten, um irgendwann einmal das zu tun, was meinen Bedürfnissen, Neigungen und Ausdrucksmöglichkeiten entsprach. Ich wollte schon jetzt »artgerecht« leben, und ich nahm mir das Recht dazu.

Heute ist das Wort Abenteuer zum zeitgeistigen und gut vermarktbaren Begriff geworden, und eine ganze Sparte der Tourismusindustrie lebt vom konfektionierten Pseudoabenteuer. Ein echtes Abenteuer aber läßt sich weder planen noch buchen, geschweige denn kaufen und konsumieren. Der »All inclusive«-Anspruch schließt ein Abenteuer aus, denn Unbekannte und Unwägbarkeiten sind notwendige Voraussetzungen. Wer nicht bereit ist, die abgesicherte Komfortzone zu verlassen und sich auf Situationen einzulassen, die selbstverantwortliches Handeln und Kreativität erfordern, wird kein echtes Abenteuer erleben können. Die eigene Erfahrung steht dabei als Gegenpol zum kalkulierten Risiko.

»Echte Abenteuer«, schrieb der Himalayapionier Herbert Tichy, »lassen sich nicht in Kältegraden, Höhenmetern und Biwaknächten messen. Das sind Nebensächlichkeiten, die man bald vergessen hat. Was bleibt, ist das Wissen von einer großartigen Harmonie, die das eigene Ich mit den übrigen Dingen verbindet, das Wissen, das wie ein tröstender Freund immer gegenwärtig ist, wenn uns das Leben scheinbar hart anpackt.«

Tichy, der nicht mehr den kolonialen Forschertypus vom Schlage eines Hedin repräsentierte und wie kaum ein anderer

Abendländer seiner Zeit in die Seele Asiens eindrang, definierte den Begriff Abenteuer so: »Das Wort Abenteuer kommt aus dem Lateinischen – von advenire – und bedeutet Ankunft. Damit umgrenzt es seinen ganzen Inhalt – nach einem richtig bestandenen Abenteuer ist man angekommen: bei sich selbst.«

Quer durch die Takla Makan

Bei mir war es zunächst weniger Abenteuerlust, die mich in die Wüste trieb, sondern die Neugier. Als ich Mitte der achtziger Jahre zum erstenmal an den Rändern der Takla Makan entlangreiste, auf jenen legendären Routen, denen einstmals die Karawanen der Seidenstraße folgten, da war von der Wüste selbst nicht viel zu spüren. Das Reich des Sandes verbarg sich meistens hinter breiten Vegetationsgürteln, Randbergen oder im Dunst und konnte mehr erahnt als gesehen werden. Nur an wenigen Stellen traten die Sanddünen bis an die Straße heran. Diese flüchtigen Begegnungen genügten jedoch, um meine Phantasie zu beflügeln und den Wunsch zu wecken, sie zu betreten. Ich wollte die Wüste sinnlich erfahren, sie erspüren, durchwandern, um sie begreifen zu können. Ich war neugierig zu erfahren, wie es sich anfühlt, wenn man sich einer solchen Welt aus Sand aussetzt. Ich träumte davon, die Wüste so zu durchqueren, wie Menschen in früheren Zeiten Wüstenpassagen überwunden hatten: zu Fuß und in Begleitung einer Kamelkarawane. Doch die Zeit der Karawanen war längst vorbei, das Kamel weitgehend verschwunden. Nur in wenigen abgelegenen Oasenorten wurde das »Wüstenschiff« noch gezüchtet, vorwiegend wegen der Wolle, die sich gewinnbringend vermarkten läßt. Als Lasttier hatte das Kamel ausgedient, der Lastwagen hatte es längst ersetzt. Deshalb war es nicht ganz einfach, geeignete Tiere für eine Expedition aufzutreiben.

Eine der Oasen, in deren Nähe es noch genügend Kamele gab, war Keriya. Der Ort liegt am südlichen Rand der Takla Makan und diente in der Vergangenheit als wichtige Versorgungsstation an der Südroute der Seidenstraße, jener exponierten Wüstenroute, die allein des Handels wegen geschaffen wurde. Der Handel brachte Reichtum und der Reichtum kulturelle Blüte. Mit dem Untergang der Seidenstraße aber fiel Keriya wieder in die Bedeutungslosigkeit zurück, wurde zu einer verschlafenen Oase, ständig bedroht vom wandernden Sand, der sie zu allen Seiten umgibt. Daß die Oase noch nicht der Wüste anheimgefallen ist, verdankt sie dem Keriyadarya. Er ist neben dem Khotan-darya der einzige Fluß, der in die Wüste hineinfließt. Doch genau wie der Khotan-darya vermag er das Sandmeer heute nicht mehr zu durchdringen. Er versiegt, verdunstet, verschwindet irgendwo inmitten der Dünen.

Es war ein feierlicher Augenblick, als ich Anfang Oktober 1989 mit einer stattlichen Karawane dort loszog. Sie bestand aus 30 Kamelen, fünf uigurischen Kameltreibern, drei Chinesen und sechs Europäern. Je sechs Kamele waren zu einer Gruppe zusammengebunden und wurden von einem Karawanier geführt. Am Hals des prächtig aufgezäumten Leitkamels baumelte eine schwere Bronzeglocke, deren dumpfes, rhythmisches Geklingel mich an Kuhglocken auf einer Alm erinnerte. In einen Staubschleier eingehüllt, verließen wir die Oase und schlugen einen nördlichen Kurs ein, die generelle Marschrichtung für die ersten zwei Wochen. Ich plante, die Wüste von Süden nach Norden zu durchqueren, zunächst entlang des sterbenden Keriya-darya bis zu seinem Endpunkt, dann quer durch das Meer des Sandes westwärts zum Khotan-darya und schließlich im Bett des Khotan-darya zur Oase Aksu am nördlichen Rand der Wüste. Eine Strecke von ca. 540 Kilometern, von der wir zwei Drittel zu Fuß zurücklegen wollten. Wir folgten im wesentlichen der Route, die vor uns die Expeditionen von Sven Hedin und dem ungarisch-

◀ Bei meiner ersten Wüstenwanderung in der Takla Makan wurde ich nicht müde, die Karawane zu beobachten, wie sie sich im Sand fortbewegte. Wie auf einer Schnur aufgefädelt, zog sie dahin, unbeirrt und scheinbar unaufhaltsam.

britischen Archäologen Aurel Stein begangen hatten, um nach antiken Relikten aus der Zeit der Seidenstraße im öden Wüstensand zu suchen.

Hedin hatte diesen Teil der TaklaMakan-Wüste im Winter 1906 durchquert, ein Jahrzehnt nach seinen fatalen Erfahrungen auf dem Todesmarsch von Merket zum Khotan-darya. Obwohl wir uns weiter westlich dieser Todeszone befanden, hatten wir enormen Respekt vor der uns bevorstehenden Wüste. Wir kannten Hedins dramatische Schilderungen bis ins kleinste Detail, und um nicht in ähnliche Situationen zu geraten, hatten wir beträchtliche Flüssigkeitsreserven eingeplant und von Anfang an ein strenges Wassermanagement betrieben. Die latente Angst vor dem Verdursten war dennoch nicht aus dem Hinterkopf zu verbannen und trieb skurrile Blüten. So schlug einer meiner Partner ernsthaft vor, Waffen mitzunehmen, um gegebenenfalls den eigenen Vorrat vor den anderen zu schützen. Vorsichtshalber hatten wir bereits in Keriya den gesamten kalkulierten Wasserbedarf für 25 Tage, in Plastikkanister zu je 25 Litern abgefüllt, aufgeladen. Das war eine enorme Menge und überstieg beinahe die Kapazität der Karawane. Die Vorsichtsmaßnahme erwies sich als übertrieben, denn zunächst hatten wir Wasser im Überfluß. Bereits am zweiten Tag stießen wir auf den Keriya-darya, der sich in mächtigen Schleifen nordwärts schlängelte. Kurz davor waren wir an einem geheimen chinesischen Gefängnis vorbeigekommen, wo streng bewachte Häftlinge im Freien unter brütender Hitze Zwangsarbeiten verrichten mußten. Das jugendliche Alter vieler Gefangener ließ vermuten, daß auch zahlreiche Studenten, nach der blutigen Niederschlagung der Proteste am Beijinger Tiananmen-Platz ein paar Monate zuvor, hier im Wüsten-Gulag gelandet waren. Nicht weit von unserem Lagerplatz am Flußufer entfernt lag ein verwaistes, halb ver fallenes Arbeitslager aus der Mao-Ära. Der »Große Steuermann« hatte einstmals auch der Wüste den Krieg erklärt und die Parole ausgegeben, die Wüsten Chinas in Gemüsegärten zu verwandeln. Wie vieles andere, das er in Angriff nahm, war auch dieses Vorhaben nicht gelungen – im Gegenteil, die Wüste rückte weiter vor, und es war nur noch eine Frage der Zeit, bis auch die letzten Ruinen unter dem Sand verschwunden sein würden.

Der Anblick des Keriya-darya berührte mich seltsam, denn noch nie zuvor hatte ich an einem Fluß gestanden, der sein Ziel nicht erreicht, dessen Wasser niemals irgendwo ins Meer fließen. Der Keriya-darya ist ein sterbender Fluß. Die dynamische Kraft des Wassers kann dem beharrlichen Drängen des Sandes nicht standhalten. Doch es fiel schwer zu glauben, daß der Fluß, der an dieser Stelle noch so munter dahinströmte, bald versiegen würde.

Wir folgten nicht den kilometerlangen Schleifen, sondern kürzten ab und versuchten, einen möglichst nördlichen Kurs zu halten. Es war wie eine behutsame Einweihung in das Mysterium der Wüste, denn wann immer wir uns vom Flußbett entfernten, war die Wüste plötzlich da. Der Wind hatte die Oberfläche des Sandes in Millionen von Rippen gelegt, die als Wellenmuster die sanft geschwungenen Dünen überzogen. Der Sand war fest und hart, so daß man kaum einsank. Mit der Vegetation verschwanden auch die Geräusche des Lebens, keine Grille zirpte mehr, keine Vogelstimme durchdrang die Stille. Plötzlich umgab uns eine Lautlosigkeit, in der selbst die Schritte unhörbar verklangen. Nur die drückende Hitze während der Mittagsstunden machte uns zu schaffen, und wir sehnten uns nach den schattenspendenden wilden Pappeln, die in Flußnähe wuchsen. Aber die Wüste zwang den Fluß in ein immer enger werdendes Korsett, immer näher traten die Sanddünen heran.

Vor Jahrzehnten hatte es hier noch eine üppige Flußlandschaft mit Sümpfen, Schilfdickichten und Galeriewäldern gegeben, in denen Hirten mit ihren Tieren ein Auskommen fanden und wilde Kamele, Wildschweine und sogar Tiger umherstreiften. Aber seit 1950 wurden die Oasen am Wüstenrand durch han-chinesische Zusiedlung künstlich vergrößert. Für riesige Staatsfarmen und ehrgeizige Industrieprojekte wurde den Flüssen immer mehr Wasser entzogen, die einstmals in die Wüste flossen und dort Flußlandschaften und Oasen am Leben erhielten. Auch die gewachsene Oasenbevölkerung braucht vor allem Wasser und Holz. Die lebensspendende Flüssigkeit entnimmt man Flüssen wie dem Keriya-darya und dem Khotan-darya, so daß immer weniger Wasser in die Wüste gelangt. Das Holz holt man aus dem Selbstbedienungsladen der Natur, von den letzten Pappelwäldern, die noch der Versandung trotzen. Konnten früher die Bäume abgeschlagene Äste noch verkraften, so sterben sie heute ab, weil ihnen auch noch das Wasser entzogen wird. Immer tiefere Wunden werden dem Wald beigebracht. In die Lücken und Schneisen aber zwängt sich die Wüste, mit Dünen und weiterer Verwüstung. Auf diese Weise sind in der Takla Makan in jüngster Zeit nicht nur Wälder verschwunden und Flüsse versiegt, sondern ganze Seen ausgetrocknet, allen voran der Lop Nor, der einstmals als großes Wunder der Wüste galt.

Am neunten Tag unserer Durchquerung war der Keriya-darya zu einem bemitleidenswerten Rinnsal zusammengeschrumpft. Er bildete riesige Mäander, um der tödlichen Umklammerung des Sandes zu entkommen. Allerdings vergeblich. Einen Tag später war das Ende da. Wie eine Pfeilspitze lief der Fluß im trockenen Sand aus, und das Flußbett war nur noch eine staubige Furche, der wir weiter nordwärts folgten. Der tote Fluß begann sich in viele Arme aufzufächern. Wir hatten das »Delta«

Bis weit in die Sandwüste hinein säumten abgestorbene wilde Pappeln unseren Weg. Sie zeigten an, daß es in der Vergangenheit hier noch mehr Wasser und damit bessere Lebensbedingungen gegeben hatte. ▶

des Keriya-darya erreicht, Resultat seines Versuchs, auf immer neuen Wegen nach Norden durchzubrechen.

Aus der Lektüre Hedins wußten wir, daß diese einladende Gegend *Tongus-baste*, das aufgehängte Wildschwein, hieß. Die Chinesen, die im Stile von Kolonialherren alles neu benannten, bezeichneten den Platz als *Daheyen*. Schon seit Tagen war der Ort für uns verheißungsvolles Ziel. Nun folgte die Ernüchterung. Die ganze Siedlung bestand aus einem halben Dutzend schilfumkleideter Hütten, und statt der erhofften Wildschweine fiel uns eine Meute kläffender Hunde an. Immerhin gab es hier einen Brunnen. Das Wasser schmeckte salzig, so wie der Tee, den wir damit brauten und voller Abscheu tranken.

Die Menschen führten hier ein kärgliches Dasein am Rande des Existenzminimums. Ihr Überleben hing einzig und allein von der Wohlfahrt ihrer Ziegenherden ab, die weite Strecken zurücklegen müssen, um genügend Futter zu finden. Die anfängliche natürliche Scheu der Ortsansässigen wich bald unverhohlener Neugier. Kein Wunder: Eine Karawane, die hier vorbeikommt, ist eine ähnliche Seltenheit wie Regen, der vom Himmel fällt.

Als Hedin sich vor 100 Jahren der Wüste näherte, hörte er überall die Menschen von alten Ruinen erzählen, die im Inneren der Wüste verborgen seien. Tausendundeine Stadt, so erfuhr der Schwede, lägen unter dem öden Wüstensand begraben. Dort gebe es auch Gold und andere Schätze aufgestapelt, doch wenn einer mit seiner Karawane dorthin komme und seine Kamele damit belade, dann würde er von den Geistern der Wüste festgehalten, und nur durch Fortwerfen des Goldes könne er sich daraus retten.

Hedin vermutete in diesen »Wüstenmärchen« einen wahren Kern und ging ihnen nach. Er wurde nicht enttäuscht. Im Zuge mehrerer Expeditionen gelang es ihm, einige vom Sand verwehte alte Ruinenstädte zu finden, die vor mehr als 1000 Jahren ihre Blütezeit erlebt hatten. Der Schwede verfügte weder über die Mittel noch über die Kenntnisse, um systematisch graben zu können. Er begnügte sich damit, sie entdeckt zu haben, »der Wissenschaft ein reiches Betätigungsfeld erschlossen zu haben«, wie er es formulierte. In der Tat war er es, der das Interesse abendländischer Archäologen auf diese Region lenkte und das auslöste, was später als das »internationale Wettrennen« um die Schätze der Seidenstraße bezeichnet wurde. Ganze Bibliotheken mit alten Schriften wurden in der ersten Hälfte des 20. Jahrhunderts fortgeschleppt, Höhlenheiligtümer leer geräumt, die Fresken an den Wänden abgelöst und zersägt, in Kisten verpackt und in die europäischen Museen geschafft. In den Augen der Chinesen war es der größte staatlich organisierte Kunstraub der Geschichte, für Europa ein Meilenstein in der Geschichte der Archäologie. Gestohlen, sagen die einen, gerettet und konserviert die anderen. Seit diesen Erfahrungen, wen wundert's, begegnen die Chinesen jedem Fremden mit Mißtrauen, der den Wüstensand betreten möchte. Das bekamen auch wir zu spüren. Denn eine jener sagenhaften versunkenen Städte, die Hedin entdeckt hatte, lag nun vor uns, nicht mehr als 10 bis 15 Kilometer entfernt, irgendwo draußen im Wüstensand. Unsere chinesischen Begleiter bestritten, daß es in der Nähe alte Ruinen gäbe, und wenn doch, dann dürften wir sie nicht besuchen.

»Kara-dong!« Ich warf das Wort wie einen Ball in die Runde der Hirten, die uns beim Abbauen des Lagers zuschauten. Wie auf ein Kommando drehten sie sich um und deuteten in Richtung Nordwesten. Dort also mußten jene schwarzen Hügel liegen, die der alten Stadt den Namen gegeben hatten. *Kara*, ein Wort der Turksprache, bedeutet schwarz, und *dong* ist die Entsprechung für Hügel.

Als wir den Rand der Vegetationszone erreichten, lief ich beim Aufstieg zum ersten hohen Dünenwall wie immer der Karawane voraus. Ich schlug jedoch eine nordwestliche Richtung ein, während die Karawane einen westlichen Kurs hielt.

Nur einer aus der Gruppe kam mir nach, und wir beschlossen, unsere Schnelligkeit zu nutzen, um einen Abstecher nach Kara-dong zu machen. Die Suche gestaltete sich viel schwieriger, als wir dachten, denn das Gelände war äußerst unübersichtlich. Hinzu kam, daß wir unter Zeitdruck standen. Wir hatten nur eine Tagesration Wasser bei uns, durften also den Anschluß an die Karawane nicht verpassen; an die Möglichkeit, daß ein Sandsturm ihre Spur verwischte, wollten wir erst gar nicht denken. Das Terrain war mit abgestorbenen Tamarisken und Pappelleichen übersät. Um uns einen besseren Überblick zu verschaffen, erstiegen wir in regelmäßigen Abständen einen der höheren Sandberge, ich nahm das Fernglas zur Hand und suchte das Gesichtsfeld bis zum Horizont sorgfältig ab. Doch nichts ragte aus dem Sand, das aussah, als könnte es von Menschenhand stammen, wie ich mit wachsender Enttäuschung feststellte.

Wir wollten die Suche bereits aufgeben, da entdeckten wir antike Tonscherben, die auf dem harten Lehmboden zwischen zwei Dünen lagen. Plötzlich war es wieder spannend geworden. Kurze Zeit später standen wir vor dem Rest eines einzelnen Hauses, das nur noch als Skelett aus der Sandoberfläche ragte. War es jener Gebäuderest, den Sven Hedin unweit von Kara-dong entdeckt hatte? Der Vergleich mit alten Schwarzweißfotos legte diesen Schluß nahe. Folglich mußten wir in nordwestlicher Richtung weitersuchen. Zum x-ten Mal erkletterten wir eine hohe Sanddüne, ich suchte das Gelände mit Hilfe des Fernglases ab. In einiger Entfernung gab es ein paar Tamariskenhügel, die sich dunkler vom gelben Sand abhoben. Aus einem aber ragte etwas, das wie ein Markierungspfahl aussah. Die betreffende Stelle fokussiert zeigte, daß es sich um zwei Pfähle handelte, so zusammengefügt, daß sie ein hölzernes T ergaben. Ein hölzernes T? Natürlich, jetzt erinnerte ich mich, dies war ein Zeichen, daß die einheimischen Uiguren an sakralen Plätzen anbrachten, um sie schon aus der Entfernung sichtbar zu machen.

Nur noch spärliche Überreste ragen von Kara-dong aus dem Sand. Die schwarzen Tamariskenhügel sind noch da, die dem Ort einstmals seinen Namen gaben, und das hölzerne T, das ihn vor Beutesuchern schützen sollte.

Während mir das durch den Kopf ging, war ich bereits unterwegs, lief auf den Ort mit dem heiligen Zeichen zu. Dahinter, zwischen zwei mächtigen Dünen eingebettet, lag Kara-dong. Es war unverkennbar, daß seit Hedins Besuch im Jahre 1906 die Versandung und der Verfall weiter fortgeschritten waren, und die Phantasie reichte nicht aus, um sich aus den spärlichen Resten, die an der Oberfläche zu sehen waren, einen Reim auf die Vergangenheit zu machen. Zwei Jahre nach Hedin hat Aurel Stein den Ort besucht. Aber auch der »genialste Schatzsucher, der je zentralasiatischen Boden betrat« mußte aus Kara-dong ohne Beute abziehen. Er erkannte schnell, daß es Monate dauern würde, den Ort vom Sand zu befreien, und wandte sich lieber lohnenderen Zielen zu.

Wir liefen durch die Ruinen und fragten uns, warum und wann hier Menschen gelebt haben mochten. Der Ort hat bis heute sein Geheimnis nicht preisgegeben, keine alte Schrift wurde bisher gefunden, keine Gebäude freigelegt. Solange dies nicht der Fall ist, bleiben die Lebensdaten der Stadt im dunkeln, genauso wie das Schicksal seiner Bewohner.

Gewiß war der Ort kein blühendes Kulturzentrum wie die Oasenstädte am Rande der Wüste. Er war eine wichtige Versorgungsstation an einer exponierten Route der Seidenstraße, die entlang des Keriya-darya verlief, der damals die Wüste von Süden nach Norden durchdrang. Ein Weg, der einstmals die beiden bedeutendsten Königreiche der Seidenstraße, nämlich Kucha und Khotan, miteinander verband.

Wir fanden weder Gold noch andere Schätze in Kara-dong, nur noch ein paar Holzpfähle und Mauerreste, die sich halb verweht aus dem Sand reckten. Und die Wüstengeister? Sie hatten nur eine halbvolle Flasche chinesischen Branntwein zurückgelassen, die einen betäubenden Duft verströmte.

Die Karawane zog weiter südlich an uns vorbei. Wir folgten ihren Spuren, die mitten in die untergehende Sonne hineinzuführen schienen, und holten sie ein, als sie gerade im Begriff war, ihr Lager aufzuschlagen.

Am nächsten Morgen war die Takla Makan da, so wie ich sie mir vorgestellt hatte. Gelbe gestaffelte Dünenberge, die sich nach allen Richtungen hin ausdehnten, wie Wellen eines aufgewühlten Meeres. Eine Welt, zu Sandkörnern reduziert. Der Vergleich mit einem Meer drängte sich förmlich auf, und der 100 Kilometer entfernte Khotan-darya war für uns die Küste, die es zu erreichen galt.

Es war eine Bilderbuchwüste, in die ich nun hineinlief. Der Weg führte im undurchschaubaren Zickzack durch ein Gewirr von Wanderdünen. Die Sandoberfläche präsentierte sich so jungfräulich wie bei der Schöpfung. Es gab keine Markierungen, keine vorgezeichneten Wege, nicht die geringste Spur, nur eine Richtung, der ich folgte. Sie hieß Westen. Ich orientierte mich am eigenen Schatten und an der Sonne. Damals hatte ich noch kein Satellitennavigationsgerät dabei,

Ich lief oft weit voraus, einerseits, um die Route vorzugeben, andererseits, um allein zu sein, damit ich Stille atmen und Weite trinken konnte.

sondern lediglich einen Kompaß, den ich von Zeit zu Zeit zu Hilfe nahm, um die Richtung zu überprüfen.

Es ist schwierig, in Worte zu fassen, was es ist, das so tief in die Seele greift, wenn man diese Landschaft betritt. Ist es die absolute Stille, die hier herrscht? Oder die Einfachheit der Farben und Formen, die auf den Geist eine läuternde Wirkung ausüben? Ich lief oft kilometerweit voraus, allein, so daß ich von der Karawane nichts sah, nichts mehr hörte. Dabei kam nie ein beklemmendes Gefühl auf, sondern ich fühlte mich geborgen und genoß es, Gedanken fortspinnen zu können, ohne Störung, ohne sinnlosen Lärm, während die Füße liefen.

Tagsüber wurde sie Sonne so stark, daß sie alle Farben aus der Landschaft brannte und der Sand weiß wie Schnee wurde. Das organische Leben hörte nie ganz auf. Selbst im unfruchtbarsten Sand gab es noch grüne Tamarisken, deren Wurzeln tief unter der Sandoberfläche an Wasser gekommen sein mußten. Die Tamarisken zogen mich unwiderstehlich an, denn sie boten den einzigen Schatten. Oft lag ich während der schlimmsten Mittagshitze unter ihren nadelbewehrten

Ästen, durch die zuweilen eine wohltuend erfrischende Brise strich. Ich beobachtete die Karawane, die sich auf meiner Spur langsam näherte. Wie ein riesiger Tausendfüßler wand sie sich durch das Dünengewirr, im ständigen Auf und Ab, kreuz und quer. Sobald ich das Läuten der Glocke hörte, brach ich wieder auf.

Gegen Abend, wenn sich die Sonne auf den westlichen Horizont hinabsenkte, offenbarte sich das ganze Wunder der Wüste, dann gewannen die Dünen an Konturen und Plastizität, triumphierten die Farben in ihrer ganzen Leuchtkraft. Messerscharf hoben sich die geschwungenen Grate der Dünen, im Wechselspiel von Licht und Schatten, gegen den Himmel ab. Dann erlosch plötzlich alles, als hätte man eine Lampe ausgeknipst. Nach Sonnenuntergang war die Bühne frei für den Auftritt des Mondes. Er verlieh der Wüste das Nachtgewand. In seinem Silberschein glitzerte die Oberfläche des Sandes, als würden Millionen Eiskristalle darauf tanzen. In der Wüste werden Sonne und Mond wieder zu natürlichen Begleitern, zum Maßstab für die Zeit.

Jeder Handgriff war längst eingefahrene Routine: Bepacken der Kamele, Auf- und Abbau der Zelte, Kochen. Eine Karawane, die ständig ihr Lager aufschlug, aber nirgendwo festen Fuß faßte.

Nach sechs Marschtagen wurden die Tiere unruhig und aggressiv. Sie brauchten Wasser, und wir beschlossen, einen Brunnen zu graben. Die Stelle war gut gewählt. Im Windschatten einer mächtigen Mondsicheldüne hatten ein paar Tamarisken überlebt. Sie zeigten an, wo wir graben mußten. In einem halben Meter Tiefe wurde der Sand bereits feucht, bei einem Meter wurde er so feucht, daß er sich ausdrücken ließ, und in anderthalb Meter Tiefe stand Abdramak, einer der Karawaniers, in einer braunen Pfütze. Nachts sammelte sich eine solche Menge Wasser, daß wir es mit Eimern schöpfen konnten. Es wurde auf einer Plane verteilt, und die Tiere hatten zu trinken.

Zwei Tage später tauchten am Horizont die Umrisse eines Gebirges auf. Wie ein Unterseeboot im Meer war der Mazar-tagh aus der Wüste aufgestiegen. Der dunkle, gezackte Felskamm hob sich markant von den gelben Dünen ab. Davor aber wurde ein dunkler, waagerechter Streifen er-

Über dem breiten versandeten Flußbett des Khotan-darya erhebt sich das rote Felsmassiv des Mazar-tagh. Es hat seinen Namen von einem islamischen Heiligengrab, das zu Füßen der Ruine einer alten tibetischen Burgfeste liegt.

kennbar. Das mußte der Wald des Khotan-darya sein, unser Ziel. Bei diesem Anblick mußte ich unwillkürlich an Hedin denken. Das Gebirge war ursprünglich sein Ziel gewesen, doch als das Wasser zur Neige ging, war er gezwungen, den kürzesten Weg zum Khotan-darya zu suchen. Deshalb erreichte er das Flußbett ein Stück weiter nördlich. Ich versuchte, mir vorzustellen, wie er, halb verrückt vor Durst, auf den Dünenkamm kroch and dann verzweifelt Ausschau hielt. Welche Freude muß der Anblick des Waldstreifens bei ihm ausgelöst, welche Kräfte muß er mobilisiert haben. Mir schauderte, als ich über die gewellten Dünenkämme blickte

Die Gobi ist die Heimat des zentralasiatischen Trampeltiers, des zweihöckrigen Kamels, das sich wie kein anderes Säugetier an die extremen Klimabedingungen der Wüste angepaßt hat.

und feststellte, wie weit es noch war, wie viele Sandberge er und Kasim noch hatten überwinden müssen, bis sie die ersten Pappeln erreicht hatten.

Ich fragte mich damals, 1989, auch, ob es tatsächlich dieselbe Wüste war, die ich durchquert hatte. Ich war zwar nicht der Route seines »Wüstendramas« gefolgt, doch hatte ich nie das Gefühl gehabt, einer wirklichen Gefahr ausgesetzt gewesen zu sein. Wir hatten genügend Wasser, ebenso die Kamele, und wäre es knapp geworden, hätten wir jederzeit mit Erfolg einen Brunnen graben können. Wir hatten uns nie verirrt, keinen einzigen der gefürchteten Sandstürme erlebt. Die beladenen Tiere hatten keine Mühe, die Sandberge zu überwinden, und schienen kaum müde zu werden. Mit der Karawane im Rücken ließ es sich angenehm, beschaulich und recht komfortabel durch die Wüste wandern. War das die berüchtigte Todeswüste? Hatten Hedin und andere seiner Vorgänger womöglich übertrieben, die Gefahren dramatisch ausgeschmückt? Wie konnte Hedin mit seiner Karawane derart Schiffbruch erleiden? Er hatte erfahrene einheimische Karawaniers als Begleiter, er kannte die genaue Lage von Mazar-tagh und die Entfernung zwischen Merket und dem Khotan-darya. Trotzdem hatte die Gruppe um Hedin viel zuwenig Wasser einkalkuliert. Aus purem Leichtsinn? Unachtsamkeit? – Schwer zu glauben, bei einer so wichtigen Frage wie der der Wasservorräte, die in der Wüste über Leben und Tod entscheiden. Hedin schob die Schuld allein Jolltschi, dem angeheuerten Führer, zu. Daß die ganze Geschichte nur erfunden war, hielt ich für ausgeschlossen, doch ich hegte Zweifel, daß sich das Wüstendrama so abgespielt hatte, wie Hedin es später glaubhaft machen wollte. Vor allem die Frage nach dem Warum einer möglicherweise dramatisierten Darstellung beschäftigte mich.

Gobi – Traumabenteuer oder Alptraum

Sieben Jahre später, 1996, hatte ich erneut die Möglichkeit, in die Erfahrungswelt Hedins einzutauchen – viel intensiver, als ich es mir wünschte. Schauplatz war die größte Wüste Asiens: die Gobi. Schon im Jahre 1994 hatte ich das sandige Herzstück dieser Wüste mit einer Karawane durchquert. Anders als in der Takla Makan gerieten wir dort selbst mit der Sicherheit der mobilen Oase auf Kamelrücken, die uns hinterhermarschierte, in Schwierigkeiten. Die Sandberge wuchsen in solche Höhen, daß sie für die Tiere kaum überwindbare Hindernisse darstellten. Wir schafften es nicht, unsere tägliche Soll-Leistung an Kilometern zu erfüllen, und schon bald mußte ich die tägliche Wasserration empfindlich kürzen. An manchen Passagen bockten die Kamele, warfen die Lasten ab und liefen davon. Mehrere Wasserkanister stürzten zu Boden, zerplatzten, und die lebenswichtige Flüssigkeit versickerte unter unseren entsetzten Blicken im trockenen Sand. Als es klar wurde, daß, wenn es so weiterging, unsere Wasserreserven niemals ausreichen würden, um durchzukommen, regten sich in der Gruppe Ängste. Mit den Ängsten kamen die Aggressionen, und schon gab es heftige Diskussionen um den richtigen Weg. Wir gaben uns der trügerischen Hoffnung hin, das Gelände würde wieder leichter werden. Statt dessen aber gerieten wir in einen »Himalaya« aus Sand, in dessen gewaltigen, ineinander verschachtelten Dünenbergen wir wie Schiffbrüchige umherirrten. Die Karawane drohte unterzugehen, wenn wir nicht Wasser für die Kamele finden würden. Nur wo? Nach Wasser zu graben schien aussichtslos. In unserer Verzweiflung versuchten wir es trotzdem – und scheiterten. Die Rettung brachte schließlich ein Salzsee, auf den wir im letzten Moment stießen.

In diesen Tagen begriff ich, wie symbiotisch abhängig wir von der Karawane waren, von der Leistungsfähigkeit der Kamele. Und diese hatte ihre Grenzen. Kamele können nicht länger als sechs bis sieben Tage ohne Wasser durch die Wüste laufen. Sie sind auch nicht imstande, den eigenen Flüssigkeitsbedarf für lange wasserlose Strecken zu schleppen. Damals spürte ich zwar etwas von den Grenzen, die die Wüste dem Menschen setzt; wie eng diese wirklich sind, erfuhr ich jedoch erst zwei Jahre später, als ich loszog, um diesen Teil der Wüste Gobi solo zu durchqueren. Die Idee dazu entstand wie von selbst. Sie war als Möglichkeit aus der Summe meiner Wüstenerfahrungen erwachsen. Ich hatte zwar schon vorher – nach der Takla Makan 1989 – mit dem Gedanken gespielt, ihn jedoch als undurchführbar wieder verworfen. Jetzt war ein Solo zur fixen Idee geworden. Dabei reizte mich auch die sportliche Herausforderung, die eigenen Grenzen auszuloten. Auch Ideale geisterten mir durch den Kopf. Allein, so stellte ich mir vor, würde ich die Wüste viel intensiver erfahren können. Wer mit nichts hineingeht, kommt als er selbst zurück.

Als ich Anfang Oktober 1996 in der kleinen mongolischen Hirtensiedlung Monggon Bulage loslief, war ich überzeugt,

Binnen weniger Minuten hatte sich der leere Fleck Wüste in ein Lager verwandelt, in einen Ort der Ruhe und Geborgenheit.

meine Erfahrung, Kraft und Schnelligkeit würden ausreichen, um durchzukommen. Die Logistik war denkbar simpel: Ich kannte entlang meiner Route vier Wasserstellen – es waren dieselben, die zwei Jahre zuvor meine Karawane vor dem Untergang bewahrt hatten –, und die wasserlosen Passagen dazwischen mußte ich mit dem Wasservorrat, den ich selbst tragen konnte, überwinden. Ich mußte so schnell sein und dabei so wenig Wasser verbrauchen, daß ich mit dem letzten Tropfen die jeweils nächste Wasserstelle erreichte.

Doch schon am allerersten Tag geriet ich in Schwierigkeiten. Obwohl ich mich noch in der flachen Steppe bewegte, kam ich nur mühsam voran. Mit dem knapp 30 Kilogramm schweren Rucksack sank ich bis zu den Knöcheln im weichen Sand ein. Für die erste wasserlose Strecke von 56 Kilometern Luftlinie, die ich in zwei Tagen bewältigen wollte, hatte ich nur fünf Liter Wasser kalkuliert. Mehr konnte ich auch kaum aufladen, denn ich mußte von Anfang an die gesamte Verpflegung mit-

◀ *Das Besondere in der Gobi sind Seen, die selbst inmitten der unfruchtbarsten Sandbereiche Oasen des Lebens schaffen, in denen Menschen wohnen und wo sogar ein buddhistisches Kloster den Wirren der Zeit trotzte.*

nehmen, hinzu kamen Schlafsack, Matte, warme Bekleidung und andere Ausrüstungsgegenstände, die ich für unentbehrlich hielt. Der Wasservorrat reichte nicht aus, und ich hatte schon nach dem ersten Tag fast alle Flüssigkeitsreserven verbraucht. Zum Glück fand ich schon um die Mittagszeit des folgenden Tages auf Anhieb die erste Wasserstelle. Sie befand sich in einer Felsschlucht am Rande eines ausgeglühten Wüstengebirges, das ich in großem Bogen nördlich umgangen hatte. Hier zog ich bereits die ersten Konsequenzen. Ich ließ einen größeren Teil meiner Verpflegung zurück, die sich als nutzlos erwies, weil sie meinen Durst nur noch steigerte und mit trockenem Gaumen gar nicht konsumierbar war. Auch Ikonen der Eitelkeit warf ich hier ab, wie die Filmkamera, mit der ich meinen Sologang hatte dokumentieren wollen. Statt dessen lud ich wesentlich mehr Wasser auf, zehn Liter insgesamt. Mit dieser Menge wollte ich die nächste Etappe meistern. Sie war länger als die erste, 66 Kilometer Luftlinie genau, und ich durfte nicht länger als zwei Tage dafür benötigen – mit fünf Litern Wasser pro Tag.

Jetzt begann die richtige Wüste, mit Sandbergen, die von Stunde zu Stunde höherwuchsen. Nun mußte ich nicht nur Kilometer auf der imaginären Luftlinie in Richtung meiner nächsten Wasserquelle zurücklegen, sondern auch Höhenmeter im Auf- und Abstieg. Der Himmel verdunkelte sich plötzlich, und ein Sandsturm brach los. Ich lief den ganzen Tag gegen den Sturm an, der den Sand wie Nebelschwaden über die Oberfläche jagte. Ich suchte Schutz, konnte jedoch nirgendwo bleiben. Allmählich begriff ich, worauf ich mich eingelassen hatte. Ich befand mich in einem Wettlauf gegen die Zeit, gegen die tödliche Austrocknung des Körpers. Was immer ich tat, ob ich rastete, schlief oder lief, ich mußte atmen, und bei jedem Atemzug trocknete ich weiter aus.

Das Garmin GPS-Gerät in der Hand, mit dem ich von Zeit zu Zeit meine Position überprüfte, lief ich, wie auf einer Leimrute festgeklebt, gegen die Zeit und den Durst an.

Diese Dynamik hatte ich unterschätzt. So lief ich wie auf einer Leimrute festgeklebt, vom Durst geplagt, angetrieben von der Vision der nächsten Wasserstelle. Meine Ideale hatten sich längst verflüchtigt wie eine Fata Morgana. Mit enormer Anstrengung hatte ich an diesem Tag 30 Kilometer Luftlinie ertrotzt, was aber trotzdem zuwenig war, denn ich hatte mehr als die Hälfte meines Wasservorrates verbraucht und weniger als die Hälfte der Strecke zurückgelegt. Auch während der Nacht mußte ich von Zeit zu Zeit wenigstens die Lippen benetzen, um das peinigende Durstgefühl zu vertreiben und etwas Schlaf zu finden. So schrumpften meine Vorräte weiter.

Lange bevor die Sonne, mein ärgster Feind, über den östlichen Horizont heraufstieg, war ich am nächsten Morgen schon unterwegs. Ich hatte keinen Blick mehr für die Schönheit der Wüste, meine Gedanken kreisten nur noch um Wasser. Ich litt bereits an körperlichen Symptomen der Austrock-

nung, meine Ausscheidungen hatten sich auf Null reduziert, die Nieren schmerzten, und ich hatte Schwierigkeiten, mich auf das Navigieren zu konzentrieren. Die schwindenden Kräfte zwangen mich zu immer größerem Zickzackkurs, weil ich die hohen Sandberge nicht mehr direkt nehmen konnte. Auf die steilen Dünenkämme wühlte ich mich halb kriechend hinauf; oben angekommen, warf ich den Rucksack ab, legte mich flach in den Sand, mit ausgestreckten Armen und nach Atem ringend.

Einmal ging ich sogar falsch, und damit mußte ich die letzte vage Hoffnung begraben, die Wasserstelle noch an diesem Tag zu erreichen. Noch bevor die Sonne unterging, war der letzte Wassertropfen verbraucht. Als es dunkel wurde, blieb ich vor Erschöpfung beim Aufstieg zu einem hohen Dünenkamm liegen. Mit der Nachtkühle kehrten die Kräfte wieder zurück, aber auch die Ängste. Was ist, wenn die vor mir liegende Wasserstelle nicht mehr existiert? Wie konnte ich nur so töricht sein, davon auszugehen, daß der Brunnen, an dem ich mich zwei Jahre zuvor gelabt hatte, noch da war! Die Vorstellung, dort kein Wasser mehr zu finden, drohte mich um den Verstand zu bringen. Trotzdem widerstand ich der Versuchung, einfach loszulaufen. Ich wollte während der Nacht lieber Kräfte sammeln, lieber durstend ausharren, als bei Dunkelheit zu riskieren, in die Irre zu gehen.

Am nächsten Morgen schleppte ich mich halb verdurstet weiter. Ich hatte längst alle Nahrung und den Großteil meiner Ausrüstung abgeworfen, und auch der letzte Rest an Mut war verschwunden. Wenn ich die nächste Wasserstelle erreichte, so hatte ich mir geschworen, würde ich abbrechen und nie wieder in eine Wüste gehen.

Ich kam nur im Schneckentempo voran, mit unzähligen Unterbrechungen. Obwohl es bis zum rettenden Wasser – laut GPS-Gerät – nur wenige Kilometer waren, erschien es mir wie eine ◄ *Den gesamten dritten Tag mußte ich gegen den Sturm anlaufen, was die Austrocknung meines Körpers noch beschleunigte.*

◄ Ich fühlte mich allein und verloren, hineinversetzt in eine Welt, in der der Mensch lediglich flüchtiger Gast sein kann. Nur in Bewegung bleiben, hämmerte ich mir ein. Stillstand hätte Tod bedeutet.

Ewigkeit, bis ich von einem hohen Sandberg in eine hundert Meter tiefe, kreisrunde Senke starrte, auf deren Grund sich ein Salzsee spiegelte. Noch wußte ich nicht, ob es dort für mich Wasser gab. Dann sah ich grüne Pappeln, den Umriß einer Lehmhütte. Augenblicke später schlug ein Hund an, und dann stand der Kamelhirte Gao vor mir. Ich konnte gerade noch »Shui! Shui!«, den chinesischen Begriff für Wasser, lallen. Er lief zum Brunnen und erschien mit einem Becher voll Wasser, den ich langsam Schluck für Schluck leerte. Wie bei einer welken Blume, der man Wasser gibt, kehrten meine Lebensgeister wieder zurück. Gao wies mir einen Raum zu, auf dessen gemauertem *Kang*, dem beheizbaren chinesischen Lehmbett, ich in einen tranceähnlichen Halbschlaf fiel, aus dem ich von Zeit zu Zeit erwachte, um zu trinken, zu trinken und noch einmal zu trinken.

An eine Fortsetzung der Wüstendurchquerung nach Westen war nicht zu denken, denn die nächste wasserlose Distanz waren 100 Kilometer Luftlinie, eine Strecke, die nach meinen bis dahin gemachten Erfahrungen unüberwindlich war. Nur an dieser Stelle hatte ich einen Fluchtweg, die Möglichkeit, die Wüste nach Süden zu verlassen.

Nach diesen Erlebnissen las ich Hedins Schilderungen seines Wüstendramas in der Takla Makan noch einmal – mit anderen Augen. Manches konnte ich nun besser verstehen und einordnen, vieles erschien mir allerdings rätselhafter und widersprüchlicher als zuvor. Volle fünf Tage ohne einen einzigen Tropfen Wasser durch die Wüste um sein Leben zu laufen? Unmöglich! Das wäre ein medizinisches Wunder. Sich tagsüber bis zum Hals im Sand eingraben und nachts laufen? Wüstengarn! Allein der Zeitverlust wäre fatal, denn man würde dem rettenden Wasser keinen Schritt näher kommen und trotzdem weiter austrocknen. Wo lag die Wahrheit? Wie hatte sich das Wüstendrama in Wirklichkeit abgespielt? Wie, wenn nicht so, wie Hedin es beschrieben hat?

Die Fragen und Zweifel machten mich neugierig und verlangten nach Antworten. Es gab nur die eine Möglichkeit, mehr über die Hintergründe zu erfahren und der Wahrheit auf die Spur zu kommen: indem ich seine Expedition nachvollzog, möglichst authentisch, möglichst präzise. Das bedeutete, seiner Route zu folgen, zur selben Jahreszeit, mit annähernd der gleichen Anzahl von Menschen und Tieren. Der Sand der Takla Makan hat sich in den letzten gut 100 Jahren kaum verändert, er ist genauso trocken wie zu Hedins Zeiten, vielleicht sogar noch trockener, durch die negativen Auswirkungen der Eingriffe in den Wasserhaushalt dieser Region. Mir war bewußt, daß sich eine Wüstendurchquerung heute nur bedingt mit jener Pioniertour von Hedin vergleichen läßt, denn der Schwede besaß keine Karten, die jeden Berg auswiesen, hatte nicht modernste Satellitennavigation zur Verfügung, und er war bereits monatelang unterwegs gewesen, bevor er den Rand der Takla Makan erreichte, während man heute mit dem Flugzeug einfach in wenigen Stunden zum Ausgangspunkt fliegt. Ich hielt es weder für besonders schwierig noch für gefährlich, seiner Route zu folgen, aber für spannend und interessant. Insgeheim erhoffte ich, noch Spuren der historischen Expedition zu finden, Teile der Ausrüstung etwa, die Hedin in Kisten verpackt zurückgelassen hatte, vielleicht sogar das Todeslager selbst, in dem angeblich zwei seiner Gefährten vor Durst umgekommen sind.

Am 1. April 2000 brach ich mit meinem Partner Helmut Moser nach Zentralasien auf. Helmut, ein Hofrat im österreichischen Staatsdienst, scheint irgendwie aus der Art zu schlagen, denn er verbringt seine teuer erkaufte Freizeit nicht mit Golf oder ähnlichen prestigeträchtigen Beschäftigungen unter seinesgleichen, sondern mit Abenteuerreisen. In seinem Bekanntenkreis gilt er ohnehin als der »Verrückte«, und als man hörte, daß es ihn nun in die Wüste zog, glaubte man allgemein, jetzt habe er vollends den Verstand verloren. Helmut liebt ungewöhnliche Herausforderungen, er trainiert hart dafür und ist für sein Alter erstaunlich fit. Wir waren schon gemeinsam in Tibet unterwegs gewesen, zuletzt trekkten wir zusammen zur Indusquelle. Aber er war noch nie zuvor in einer Wüste gewesen. Wenngleich er sich nicht viel anmerken ließ, so flößte ihm die Takla Makan doch einigen Respekt ein. Knapp vor der Abreise rief er mich in München an, um sich nochmals zu vergewissern, ob ich mir wirklich sicher sei, daß er die Tour körperlich schaffen könne. Er verlasse sich da ganz auf mich, denn diesmal habe er keine Ahnung, was auf ihn zukomme. Ich erklärte ihm, daß das Gehen im Sand viel leichter sei als man sich das gemeinhin vorstelle, keinesfalls schwieriger als eine anspruchsvollere Trekkingtour im Himalaya. Das einzige Problem sei das Wasser. Hedin hatte einfach den Fehler gemacht, zuwenig Wasser mitzunehmen, und das werde uns mit Sicherheit nicht passieren. Ich sagte das nicht nur, um Helmut – und vor allem seine Frau – zu beruhigen, sondern in der festen Überzeugung, daß das Desaster in der Takla Makan 1895 einzig und allein durch falsches Wassermanagement herbeigeführt worden war.

Zwischen Legende und Wirklichkeit

Hinab in die Hölle und hinauf in den Himmel kommt der am schnellsten, der allein reist.

Rudyard Kipling

Kashgar, die alte Seele Ost-Turkestans, begrüßte uns mit Lärm und Staub. Teile der Stadt glichen einer einzigen Baustelle. Die Chinesen, die seit Bestehen der Volksrepublik hier das Sagen haben, bemühen sich redlich, die Stadt bis zur Unkenntlichkeit aufzuräumen und ihr den Anstrich einer aufstrebenden Wüstenmetropole zu verleihen. In diesem Zusammenhang wird auch der große Platz vor der Id-Khan Moschee neu gestaltet – mit sicherem Gespür für Kitsch und beispielloser Ignoranz gegenüber lokaler Tradition. Seit jeher war der öffentliche Platz vor der Hauptmoschee Zentrum des gesellschaftlichen Lebens der turkstämmigen Bewohner. Hier entfaltete sich der orientalische Glanz als eine Mischung aus händlerischem Treiben und religiöser Inbrunst. Das soll sich nun ändern. Nach den ehrgeizigen Plänen der Gestalter dürfte der Ort in Zukunft jenen diskreten Charme versprühen wie etwa der künstliche Vergnügungspark vor dem Potala-Palast in Lhasa, dem nationalen Heiligtum der Tibeter. Die fliegenden Händler und Handwerker wurden durch Souvenirverkäufer ersetzt, statt der Geschichtenerzähler und Wanderprediger lauern Fotografen auf Kundschaft, die ihre Opfer in folkloristische Kostüme stecken und dann vor der Kulisse der Moschee ablichten. Auch das verwinkelte Gewirr der engen Gassen, das die Gebetsstätte umgab, war den Stadtplanern ein Dorn im Auge. Es wurde von einer mehrspurigen Straße durchpflügt, Pferdewagentaxis und Eselskarren wurden daraus verbannt. Selbst der Bazar verschwand hinter den glänzenden Fassaden moderner, mehrstöckiger Kaufhäuser.

Wir stiegen im Seman Hotel ab, das sich auf dem Hochglanzprospekt als eines der »Top ten Hotels« der Welt rühmt. In Wirklichkeit jedoch ist es eine Billigherberge für moderne Seidenstraßen-Traveller. Den verstaubten Mief alter staatlicher Gästehäuser kann auch die neu aufgemöbelte Empfangshalle mit den Weltzeituhren an der Wand nicht vertreiben, genausowenig wie das »Business Center«, das mit Internetanschluß lockt, allerdings nur Postkarten und illegalen Dollarumtausch anzubieten hat. In der Hochsaison ist das Hotel vollgepfropft mit »Lonely Planet Guidebook«-Individualisten, die sich besser dünken als die Organisierten, nur weil sie billiger reisen, aber in denselben Massen ihren Einheitsreiseführern folgen und zwanghaft die darin empfohlenen »Geheimtips« nacheinander abhaken. Jetzt um diese Zeit war das Hotel leer. Es herrschte die Ruhe vor dem Sturm; schon in wenigen Wochen würde der Karakorum-Highway nach Pakistan geöffnet und auch die Straße über den Torugart-Paß nach Kirgisistan, und dann würde der Strom der Reisenden nicht mehr abreißen – bis Ende Oktober, bis die Pässe für die Wintermonate wieder gesperrt wurden.

Ich hatte das Seman Hotel nicht zufällig gewählt. Der Ort atmet Geschichte. In dem weitläufigen Gebäudekomplex befand sich bis zur Mitte des 20. Jahrhunderts das russische Generalkonsulat. Wo heute eine Karaoke-Bar mit grell geschminkten Hostessen untergebracht ist, residierte einstmals der Vertreter des Zaren mit einer Schar Kosaken. Auch für Sven Hedin war das russische Konsulat die erste Adresse in

Für die einen Zeichen des Machtanspruchs, den anderen verhaßtes Symbol von Fremdherrschaft, thront eine monumantale Mao-Statue an der Hauptverkehrsader von Kashgar.

der Stadt und seine Anlaufstelle, als er, nach der entbehrungsreichen Winterüberquerung des Hohen Pamir, am 1. Mai 1894 hier eintraf. Das Haus war schon damals kein Ort von Traurigkeit, und der Generalkonsul empfing den weitgereisten Besucher gebührend – allerdings in reiner Männergesellschaft. Ein altes Foto zeigt Hedin mit seinen Gastgebern hinter weiß gedeckten Tischen stehend, auf denen sich eine stattliche Anzahl von Wodkaflaschen reiht.

Der Mann, der zu diesem Zeitpunkt Rußlands Interessen hier vertrat, hieß Nikolai Petrowskij. Er war einer aus der Elite der zaristischen Diplomatie, äußerst gebildet, sprachgewandt, verschlagen und rücksichtslos. Der Schwede hatte bereits bei seiner ersten Erkundungsreise nach Kashgar, zum Jahreswechsel 1890/91, mit dem berühmt-berüchtigten Generalkonsul erste Kontakte geknüpft. Der Russe war zweifellos der einflußreichste Mann in Kashgar und hatte sich mit rigi-

Am 1. Mai 1894 traf Hedin mit seinem Troß im russischen Generalkonsulat Kashgar ein. Er wurde zünftig begrüßt – mit militärischen Ehren und jeder Menge Wodka. Der Gastgeber Nikolai Petrowskij steht am Tischende (links), ihm gegenüber auf der anderen Seite der Schwede.

den Methoden sowohl bei den Chinesen als auch bei Turkis eine gewisse Autorität verschafft. So pflegte Petrowskij, wenn er auf einem Pferdewagen durch die Stadt fuhr, seine berittenen Kosaken vorauszuschicken, die ihm den Weg von lästigen Passanten freipeitschten. Man wäre geneigt, an puren Zynismus zu denken, aber Hedin meinte es tatsächlich ernst, als er anerkennend hervorhob, daß Petrowskij bei der turkstämmigen Bevölkerung großen Respekt und Ansehen genieße, weil sie in ihm, traditionell bedingt, eine starke Führerpersönlichkeit sähen. Hier spiegelte sich Hedins eigene Haltung wider. Denn Zeit seines Lebens fühlte sich der Asienforscher zu »starken« Männern hingezogen, vor allem zu solchen, die Uniformen trugen. »Große Männer, denen ich begegnete« – ihnen hat er später ein eigenes Buch gewidmet. In diesem autobiographischen Band findet sich eine seltsame Kollektion namhafter Persönlichkeiten, denen Hedin Größe attestierte. Dazu zählten gekrönte Häupter wie Kaiser Wilhelm II., Oskar II. und Gustav V. von Schweden, die ihn wohlwollend förderten, religiöse Führer wie der Panchen Lama aus Tibet oder der japanische Gottkaiser, aber auch Mäzene wie der millionenschwere Industrielle Alfred Nobel und der Autobauer Henry Ford, die seine Unternehmungen finanziell unterstützten. Die illustre Mischung so unterschiedlicher Charaktere läßt vermuten, daß Hedin bei der Auswahl sehr subjektiv vorging. Nach dem Kriterium: Groß ist, wer seiner eigenen Größe und seinen persönlichen Interessen nützt.

Auffällig ist dabei die hohe Zahl von militärischen Führern – Feldmarschall Hindenburg, der chinesische General Tschiang Kai-schek, Lord Kitchener. An Männern dieses Schlages bewunderte Hedin Fähigkeiten wie eiserne Willensstärke, Ehrgeiz, Tatkraft, Mut bis hin zu Todesverachtung – Tugenden, die er sich auch auf seine eigenen Fahnen geschrieben hatte.

In gewisser Weise fühlte sich Hedin selbst als Feldherr, wenn er seine Entdeckungsreisen als Eroberungszüge bezeichnete oder den letzten weißen Flecken auf der Landkarte Asiens den Krieg erklärte, um sie auszutilgen. Man kann sich des Eindrucks nicht erwehren, daß er es beinahe bedauerte, statt einer richtigen Armee nur ein Heer von Kulis und Lasttieren zu befehligen. Mit martialischen Ausdrücken, die an eine Kriegserklärung erinnern, leitete er seine letzte große Asienexpedition ein, deren Mammut-Aufgebot an Menschen und Tieren in der Tat eher an einen Heereszug gemahnte als an eine wissenschaftliche Forschungsreise. Gewiß muß man seine Reisen noch in gewissem Maße vor dem Hintergrund des ausklingenden Kolonialzeitalters sehen, aber Hedin war Schwede und gehörte somit keiner Kolonialmacht an, deren Interessen er, wie manch anderer seiner russischen und britischen Kollegen, zu vertreten gehabt hätte.

In einem seiner Notizbücher hat er unter der Überschrift

»Große Männer« als fortlaufende Nummer 19 auch Adolf Hitler vermerkt. Wohl aus verlegerischen Gründen wurde der unkritische Lobgesang auf den »Führer« aus dem Werk entfernt. Hedin selbst hielt jedoch bis zu seinem Lebensende – er starb im Jahre 1952 – stur an der Verherrlichung des Naziregimes fest. Kurz vor seinem Tod, als das ganze Ausmaß der Naziverbrechen längst bekannt war, verstieg er sich noch zu der Formulierung: »… wir können sicher sein, daß die Schatten in naher Zukunft vergessen und überstrahlt sein werden von dem Bilde des Titanen, der im Augenblick höchster Gefahr sein Vaterland vor feindlichem Einfall rettete.«

Es ist unbegreiflich, daß ein so begabter und welterfahrener Mann wie Hedin ein so begrenztes politisches Urteilsvermögen zeigte. Die Haltung des großen Forschungsreisenden in dieser Frage warf einen mächtigen Schatten auf seine Persönlichkeit. Es sollte nicht der einzige Schatten bleiben.

Den russischen Generalkonsul von Kashgar, Nikolaj Petrowskij, stellte Hedin zwar nicht in die Reihe der »großen Männer«, er war zu unbedeutend, als daß er sich mit ihm hätte schmücken können; dennoch verkörperte er jene Eigenschaften, die Hedin schätzte, und er besaß noch etwas, über das Hedin nie verfügte, nämlich politische Macht. Der junge Schwede erkannte schnell, daß die weitreichenden Beziehungen und der Einfluß Petrowskijs ihm bei der Verwirklichung seiner Ziele nützlich sein konnten. Der Russe war nur allzugerne bereit, den jungen Schweden unter seine väterlichen Fittiche zu nehmen, denn auch er profitierte davon. Während die Briten in Vermessung ausgebildete Inder, sogenannte Pundits, losschickten, um Zentralasien und Tibet auszuspionieren, benutzte Petrowskij Hedin als Informationsquelle.

Dahinter standen handfeste politische Interessen. Zum Ende des 19. Jahrhunderts kollidierten in diesem abgelegenen Teil der Welt die Expansionsgelüste zweier europäischer Großmächte: Englands und Rußlands. Die Briten hatten ihren Einflußbereich von Indien immer weiter nach Zentralasien ausgedehnt, während die Russen sich Schritt für Schritt von Norden bis hierher vorarbeiteten. Schließlich standen sich die beiden Kontrahenten mit ihrer militärischen Macht am Solarplexus Asiens, auf den Höhen des Pamir, direkt gegenüber. Sie hatten sich darauf verständigt, daß Chinesisch-Turkestan, wie sie das Gebiet nannten, unter der Oberhoheit des »Reichs der Mitte« bleiben sollte, allerdings richteten beide Regierungen ständige Vertretungen in Kashgar ein. Der kalte Krieg um die Vorherrschaft in Zentralasien und Tibet erreichte um die Jahrhundertwende seinen Höhepunkt, und nirgendwo wurde das »Große Spiel«, wie es Rudyard Kipling in seinem berühmten Roman »Kim« bezeichnete, schamloser gespielt als hier in Kashgar. Petrowskijs Gegenspieler war der Brite Macartney, der im noblen Chini-bagh residierte. Der Schöngeist Macartney verabscheute die brutalen Methoden, derer sich der Russe bediente, und zog es vor, die Fäden im Hintergrund zu ziehen. Letztlich gelang es keiner der beiden Kolonialmächte, ihren Machtanspruch zu behaupten. Es triumphierte ein Dritter: China!

Die hier lebenden Turkvölker betrachten die Chinesen seit jeher als Fremdherren. Sie wollen sich nur dem Gesetz des Islams unterwerfen. Selbst die Uhren gehen hier anders. Offiziell gilt zwar auch hier die Beijing-Zeit, aber die Kashgari haben ihre eigene. Sie wird vom Stand der Sonne vorgegeben und vom Ruf des Muezzin. Mekka liegt ihnen näher als Beijing, der Koran bestimmt noch heute die Maxime ihres Handelns und nicht das Parteibuch.

Wiedersehen mit Kashgar

Es war Freitag nachmittag. Vor der Moschee versammelten sich die Männer zum großen Gebet. Sie drängten durch den engen Eingangsdiwan ins Innere. Der Innenhof quoll förmlich über. Wer drinnen keinen Platz mehr fand, breitete vor der

Moschee seinen Mantel oder Rock auf den Boden, zog sich die Schuhe aus und verharrte in andächtiger Stille. Drinnen standen die Gläubigen dicht gedrängt in langen Reihen, darunter auffallend viele junge Männer. »Allah akbar!«, Allah ist mächtig, ertönte es halb singend aus Lautsprechern. Die Gebetsstunde begann. Wie durch unsichtbare Fäden miteinander verbunden, bewegte sich die Menge schweigend im Gleichklang. Man spürte etwas von der einigenden Kraft, die von diesem Glauben ausgeht. Die chinesischen Machthaber beobachten den wachsenden Einfluß des Islams denn auch mit Sorge und versuchen, ihn einzudämmen. Aber die Zeichen der Zeit stehen anders. Nach dem Zerfall der Sowjetunion hat sich die Landkarte Zentralasiens grundlegend verändert. Mit dem Entstehen unabhängiger Turkstaaten in der Nachbarschaft erstarkten auch hier die nationalistischen Gefühle. Gleichzeitig rückte der islamische Fundamentalismus bis an die Tore Chinas vor. Der Solarplexus Asiens spielt wieder einmal die Rolle der machtpolitischen Knautschzone. Hoch oben auf den Höhen des Pamir teilt China seine Grenze mit Tadschikistan – einem Land, das sich auf dem Weg zum islamischen Gottesstaat befindet. Früher oder später werden sich die Chinesen der Nationalitätenfrage neu stellen und andere Lösungen finden müssen als Repression und Scheinautonomie.

Ich hatte mich in Johns Café mit Keyoum verabredet, einem cleveren Uiguren, den ich schon von vorangegangenen Besuchen kannte und der für mich bestimmte Vorbereitungen treffen sollte. Er ist notorisch unpünktlich, und als er endlich erschien, klingelte alle paar Minuten sein Mobiltelefon. Ich hatte ihn beauftragt, Nachforschungen darüber anzustellen, ob es in den betreffenden Orten noch Nachkommen jener Männer gab, die vor über 100 Jahren Hedins Todeskarawane begleitet hatten. Insbesondere interessierten mich die Familien der beiden in der Wüste Verdursteten – Mohammed Schah und Jolltschi. Beide waren in ihren Fünfzigern gewesen, hatten Frau und Kinder gehabt, und man kann sich vorstellen, welchen Schicksalsschlag und Verlust es für die Angehörigen bedeutet haben muß, das Familienoberhaupt zu verlieren.

Für Hedin war das wohl kein Thema. Er verschwendete offenbar keinen Gedanken daran, denn in seinem Reisebericht sucht man vergebens nach Gefühlen von Schuld oder gar Selbstkritik. Statt dessen schrieb er unmittelbar nach seiner Rettung enthusiastisch nach Hause: »Die überstandenen Qualen vergißt man jedenfalls erstaunlich schnell, das Ganze kommt mir wie ein Traum vor.« Die Kaltblütigkeit, mit der Hedin das Wüstendrama ad acta legte und sich neuen Zielen zuwandte, irritierte selbst den ihm wohlgesonnenen Biographen Eric Wennerholm. »Für die zwei Männer, die ihr Leben ließen«, stellte er kritisch fest, »war es kein Traum, sondern ein Tod durch Verdursten.« Er versuchte, Hedins Verhalten mit der im 19. Jahrhundert in Europa vorherrschenden Gesinnung zu erklären, daß Gott den weißen Mann schuf und die Farbigen als seine Diener, von denen man Pflichttreue erwartete – eben bis in den Tod.

»Es gibt keine guten Nachrichten«, eröffnete mir Keyoum.

»Ist dir deine Frau weggelaufen?« fragte ich scherzhaft.

»Ich habe meine besten Leute ausgeschickt«, fuhr er unbeirrt fort, »nach Yarkand und auch nach Aksu..., aber sie konnten keine Nachfahren der Gesuchten ausfindig machen.«

Kasim Akhun, der sich mit Hedin bis zum Khotan-darya durchgeschlagen hatte, stammte nach Angaben des Schweden aus Aksu, einer Oasenstadt am Nordrand der Takla Makan. Ich hatte gehofft, wenn ich seine Familie fände, dort auf Geschichten über diese ungewöhnliche Wüstenreise zu stoßen, die man weitererzählt hatte. Desgleichen auch über Mohammed Schah, der in Yarkand ein angesehener Karawanenführer gewesen war. Ich konnte meine Enttäuschung nicht verbergen, denn auch die Suche in Kashgar nach Spuren von Islam Bai verlief im Sand, obwohl dieser nach der überstandenen Tortur in der Takla Makan eine erstaunliche Karriere machte. Er begleitete Hedin noch auf weiteren abenteuerlichen Reisen. Als treuer Gefährte des Forschers und verläßlicher Karawanenführer wurde er auch in Schweden zu einer legendären Gestalt, die man sogar, neben seinem Herrn und Meister, im Stockholmer Panoptikum als Wachsfigur den Besuchern zeigte. Hedin verschaffte ihm einen Job beim russischen Generalkonsulat, lud ihn in seine Heimat ein und sorgte dafür, daß er für seine Treue und Ehrlichkeit vom schwedischen König mit einer Goldmedaille ausgezeichnet wurde. Erst als herauskam, daß er kräftig in seine eigene Tasche gewirtschaftet hatte, indem er die ihm anvertrauten Gelder zur Bezahlung der Lieferanten teilweise unterschlug, fiel er in Ungnade. Islam Bai wurde nach Kashgar zurückgeschickt und verhaftet. »Das Urteil hieß Sibirien..., was ich allerdings auf zwei Wochen Gefängnis herunterdrücken konnte«, schrieb Hedin versöhnlich über die menschliche Enttäuschung, die dieser Vertrauensbruch zweifellos für ihn gewesen sein muß.

Unsere Recherchen hatten so gut wie nichts erbracht, aus meiner Sicht jedenfalls, Keyoum hingegen schien ganz zufrieden und präsentierte mir eine gesalzene Rechnung. Ich tröstete mich mit dem Gedanken, daß noch Hoffnung bestand, die Nachkommen von Jolltschi, dem eigentlichen »Wegweiser ins Verderben« aufzuspüren, immerhin der Schlüsselfigur. Nicht nur dafür brauchte ich die Hilfe des Uiguren. Er hatte die Aufgabe, in Merket geeignete Kamele aufzutreiben und zwei lokale Kamelführer anzuheuern. Davon hing so ziemlich alles ab. Um seinen Einsatzwillen nicht unnötig zu bremsen, schob ich ihm ein Bündel Dollarscheine über den Tisch – als Entschädigung für seine bisherigen Leistungen und Vorschuß für den Ankauf der Kamele. Eines war sicher, eine ähnliche Enttäuschung wie Hedin würde ich nicht erleben. Mir war klar, daß Keyoum uns die Kamele überteuert verkaufen und seine Helfer viel niedriger entlohnen würde, als er es uns in Rechnung stellte, auch und gerade deshalb, weil er nicht müde wurde zu beteuern, daß er keinerlei Profite erzielte. Ich gönnte sie ihm, solange er seine Arbeit gut machte.

Indessen hatte sich John zu uns gesellt, ein baumlanger Chinese, den ich seit meinem ersten Besuch in Kashgar im Jahre 1987 kannte. Damals bewohnte er eine Abstellkammer im Oasis Hotel und träumte von einer Karriere als Privatunternehmer. Mit Hilfe von Kassetten mit westlicher Musik, die Reisende ihm geschenkt hatten, versuchte er sich englische Sprachkenntnisse beizubringen. Die Dauerberieselung durch vor Heimweh triefende Country-Songs von der Sorte »Green, Green Grass of Home« hatte sich gelohnt. Denn daraus entwickelte sich eine Geschäftsidee. »A Bit of Home on the Silk Road« nannte er sein Café. Der Name ist gleichzeitig Programm. Auf der Menükarte findet sich alles, was der vom Heimweh geplagte Traveller in der Fremde vermißt. Die Palette reicht von Birchermüesli über Burgers bis hin zum original »German Apfelstrudel«. Da er neben kulinarischen Genüssen zusätzlich Tips und einschlägige Reiseinformationen im Angebot hat, wurde Johns Café schnell zu einem beliebten Treffpunkt westlicher Seidenstraßentouristen. Er brachte es immerhin so weit, in Turfan, einer weiteren Station auf der Seidenstraße in Richtung Osten, eine Filiale zu errichten. Jetzt aber hatte er ein ernsthaftes Problem. Ausgerechnet zwei amerikanische Langnasen schickten sich an, Kashgars erstes Internet-Café zu eröffnen. »Dieser Teil der Stadt ist bekannt für seine Stromausfälle«, höhnte er über die unliebsame Konkurrenz. Darauf wolle er sich jedoch nicht verlassen, erklärte er mir, und deshalb müsse er investieren. Rechtzeitig zum Beginn der Saison, so versicherte er, würde auch er diesen Service anbieten können – billiger als die anderen. Ich wünschte ihm Erfolg und verabschiedete mich. Die Zeit drängte, und es galt noch Verpflegung und Ausrüstung für die Karawane einzukaufen.

Das führte mich in den Bazar. Dort fand sich alles, was von uigurischer Handwerkskunst noch übrig ist. Der smarte

Mit einer dreisprachigen selbstgemalten Reklametafel wirbt eine Imbißbude um Laufkundschaft.

chinesische Selfmademan und die Händler im Bazar leben zwar in derselben Stadt, aber in verschiedenen Jahrhunderten. Letztere wollen von digitaler Kommunikation nichts wissen und bestehen noch darauf, das Geschäft per Handschlag zu besiegeln. In verschiedenen Abteilungen wurde gehämmert, gesägt, gedrechselt und geschneidert, als ob es die billige chinesische Massenware draußen nicht gäbe. Der Bazar ist eine Welt für sich, die nach eigenen Gesetzmäßigkeiten funktioniert. Ein lebender Anachronismus, wo man noch mitverfolgen kann, wie die Ware, die man kauft, gefertigt wird – vom Rohmaterial bis zum Endprodukt.

Es war vor allem ein Fest der Sinne. Ich genoß es, durch die pulsierende Enge der Gassen zu schlendern, mich ganz auf die fremdartigen Geräusche und Stimmen einzulassen, in die sich der betörende Duft dampfender Garküchen mischte. Wie lange würde sich diese Oase von Andersartigkeit noch halten, bis die Sogwirkung globalisierter Einheitskultur sie auslösch-

*Café im Bazarviertel
von Kashgar.*

te? Vielleicht würde ein Rest davon bleiben, als reine Touristenattraktion, wie die Andenkenmeile auf der Liu Lichang in Beijing oder der »Schwimmende Markt« in Bangkok.

Ich ertappte mich dabei, in nostalgische Schwärmerei zu verfallen. Warum sollten die Menschen hier eine Handwerkstradition fortführen, für die es keinen Bedarf mehr gab, weil sich die Welt verändert hatte und ihre Fertigkeiten nutzlos geworden waren wie ein degeneriertes Organ, das verkümmert, weil man es nicht mehr benötigt? Woher mein Fortschrittspessimismus? Weshalb hatte ich dann mein Mobiltelefon dabei und genoß das Gefühl grenzenloser Kommunikationsmöglichkeit? Warum fiel es mir hier so schwer, Veränderungen zu akzeptieren? Vielleicht deswegen, weil ich spürte, daß etwas verlorenging, was es hier noch gab: die soziale Komponente. Der vernetzte Mensch hat zwar mehr Kontakte, doch er ist auch einsamer, weil die Zahl seiner echten Freunde geringer geworden ist.

Am nächsten Morgen erschien Keyoum zu ungewöhnlich früher Stunde im Hotel. Ich ahnte nichts Gutes. Deshalb war

Eine kaum übersehbare Zahl von Gläubigen versammelt
sich in Kashgars Hauptmoschee Id Khan zum Freitagsgebet.
Die Ausrichtung ist klar: nach Mekka und nicht nach Beijing.

Uigurische Mädchen aus Kashgar. Wie die Frauen tragen
sie Kopftücher und bunte Hosenkleider. (rechts oben)

Kashgar-Dolche mit bunt verzierten Griffen gehören
heute zu den beliebtesten Mitbringseln aus der Oasenstadt.

Eine eigene Abteilung innerhalb des Bazars ist der Markt für
Textilien. Das Geschäft wird wie eh und je mit Handschlag
besiegelt. (rechts unten)

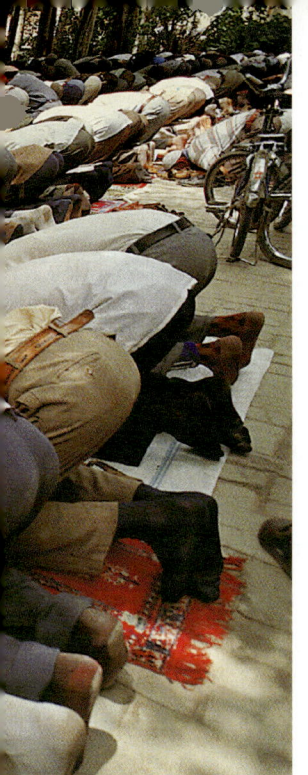

ich überrascht, als er freudestrahlend verkündete, er habe eine gute Nachricht für mich. Seinen Leuten sei es gelungen, in Yangi-hissar die Familie von Kasim Akhun alias Jolltschi ausfindig zu machen. Da es nur eine einzige Familie dieses Namens dort gebe und der Nachkomme behaupte, sein Großvater habe einen Fremden in die Wüste begleitet, sei er sich ganz sicher, daß es sich um den Gesuchten handele. Das klang vielversprechend.

»Wann können wir aufbrechen?« fragte ich ihn.

»Da gibt es noch ein kleines Problem«, erwiderte Keyoum kleinlaut. Der Umgang mit ihm hatte mich gelehrt, daß die Hiobsbotschaften immer zum Schluß kamen. Ich sollte mich nicht irren.

»In Merket gibt es keine Kamele«, preßte er zögernd hervor.

»Wie bitte?« Ich war fassungslos.

»Meine Leute haben überall gesucht«, fuhr er fort, »aber in der ganzen Umgebung gibt es kein einziges Kamel mehr.«

Ich wußte, daß bereits Hedin Schwierigkeiten gehabt hatte, in Merket geeignete Kamele aufzutreiben. Er schickte seinen Karawanenführer Islam Bai los, um in den umliegenden Oasen nach Tieren zu suchen. Wertvolle Zeit verstrich mit der Suche, und die warme Jahreszeit rückte immer näher, in der die Wüste unbegehbar wurde. Hedins Geduld wurde auf eine harte Probe gestellt. Erst am 8. April traf Islam mit Kamelen in Merket ein. »Nach langem Feilschen und vieler Mühe«, schrieb Hedin, »war es ihm gelungen, in Kargalik acht prächtige, mit großer Sorgfalt ausgewählte männliche Kamele für 135 Mark das Stück zu kaufen.«

Mir war bekannt, daß vor ein paar Jahren eine große britisch-chinesische Expedition von Merket losgezogen war, mit 30 Kamelen im Schlepptau. Deshalb war ich davon ausgegangen, daß es problemlos sein würde, Tragtiere aufzutreiben.

»Es wird nicht einfach werden, überhaupt Kamele zu bekommen«, ergriff Keyoum wieder das Wort. »Du hast die falsche Zeit gewählt. Jetzt, nach den Wintermonaten, sind die Kamele nicht stark genug, und wegen der Sandstürme ist es gefährlich, in die Wüste zu gehen.«

Ich wußte, daß er recht hatte. Aber was sollte ich ihm antworten? Ich hätte sagen können, daß Sven Hedin uns diese Geschichte eingebrockt hat, doch Keyoum kannte die näheren Hintergründe von Hedins Karawaneninferno nicht, und ich verzichtete darauf, ihn darüber aufzuklären.

»Was sollen wir jetzt tun?« fragte ich.

»In der Umgebung von Khotan gibt es noch Kamele.« Die schnelle Antwort zeigte, daß er diese Alternative bereits erwogen hatte. Aber Khotan lag mehr als 400 Kilometer von Merket entfernt.

»Wann könnten die Kamele in Merket sein?« wollte ich wissen.

»In einer Woche. Meine Leute könnten...«

»Nein!« unterbrach ich ihn. »Nicht deine Leute ... Du – wir alle werden nach Khotan reisen.«

Nach weiteren Überlegungen beschlossen wir, daß Keyoum sofort nach Khotan aufbrechen sollte und wir etwas später nachkommen würden. Uns bot sich so nämlich die Möglichkeit, einen Abstecher zum Fuße des Muztagh-ata zu unternehmen, denn es war an den Flanken des über 7000 Meter hohen Eisriesen gewesen, wo Hedin die erste intime Bekanntschaft mit seiner »kalten Braut«, wie er Zentralasien nannte, machte. Helmut, der in den letzten Tagen Kashgar erkundet hatte, und Wang, ein befreundeter Chinese, sollten mich dabei begleiten.

Am »Vater der Eisberge«

Ursprünglich plante Hedin, bald nach seiner Ankunft in Kashgar im Frühjahr 1894 in die Takla Makan aufzubrechen. Vor allem interessierte ihn das Lop-Nor-Gebiet im östlichen

◄ *Muztagh-ata, Vater der Eisberge, nennen die Kirgisen jenen 7546 Meter hohen Berg, der sich über den Karakul-See erhebt. Er gilt als heiliger Berg und wurde bereits zu buddhistischer Zeit verehrt.*

Teil der Wüste. Das war zwar kein geographisches Neuland mehr, denn der Russe Przewalskij war bereits vor ihm da gewesen. Aber nach dessen Rückkehr war unter Fachgelehrten ein heftiger Disput über die Lage des Sees entstanden, an dem sich auch Hedins Doktorvater Ferdinand von Richthofen beteiligte. Eine gute Gelegenheit also, sich zu profilieren, die sich der ehrgeizige Schwede nicht entgehen lassen wollte.

Der Generalkonsul jedoch riet ihm dringend davon ab, während der mörderischen Hitze des Sommers in die Wüste zu gehen, und schlug vor, sein Expeditionsvorhaben in mehrere Etappen aufzuteilen, dazwischen aber immer wieder nach Kashgar zurückzukehren, welches er als eine Art »Basislager« benutzen könnte. Für die Takla Makan war es zu spät, für Tibet noch zu früh. Was also sollte Hedin unternehmen? Nach der Überquerung des Hohen Pamir war er an der eindrucksvollen Berggestalt des Muztagh-ata vorbeigekommen. Der »Vater der Eisberge«, wie ihn die zu seinen Füßen lebenden Kirgisen nannten, schien ihm ein verlockendes Ziel. Er war zwar hoch, seine gerundeten Formen boten jedoch eine leichte Aufstiegsmöglichkeit, so dachte jedenfalls Hedin. Aber sein erster Versuch scheiterte, erstickte in heftigen Schneestürmen. Ein wieder akut gewordenes altes Augenleiden verhinderte jeden weiteren Besteigungsversuch und zwang ihn, vorzeitig nach Kashgar abzureisen. Nun, vor seiner Takla-Makan-Expedition, beschloß er, noch einmal zum Muztagh-ata zurückzukehren. Die Sommermonate erwiesen sich dafür als die geeignetste Jahreszeit.

Die Strecke von Kashgar bis zum Fuße des Muztagh-ata, für die Hedin noch mehr als zwei Wochen benötigte, ist heute auf eine Autofahrt von vier bis fünf Stunden geschrumpft. Die Chinesen nannten diesen Weg die »Hängebrückenstraße«, und in ihren Annalen malten sie die Schrecken und Gefahren, die bei der Überquerung des »Kopfwehgebirges« (Karakorum) lauerten, dramatisch aus. Mit der Fertigstellung des Karakorum-Highway wurde diese uralte Route der Seidenstraße neu belebt.

Eindrucksvoll ist die Fahrt auch heute noch. Obwohl ich die Strecke schon etliche Male zurückgelegt hatte, erstaunte es mich wieder aufs neue, wie abrupt das Gebirge aus der Wüste aufstieg. Kaum war der letzte schützende Pappelwall der Oase Kashgar verschwunden, kamen die Berge. Mit einem Schlag war es vorbei mit der Hitze, dem Dunst, dem Sand, statt dessen umgaben uns plötzlich steile, schroffe Berggestalten, die uns in immer enger werdende Schluchten hineinzwangen. In diesem Gegensatz liegen auch die Ursachen für die verheerenden Sandstürme, die die Takla Makan heimsuchen. Durch die himmelhoch aufragenden Gebirge, die die Wüste an drei Seiten einkesseln, entstehen extreme Luftaustauschsituationen, die im Frühjahr zu Sandstürmen führen, insbesondere zum *Kara Buran,* dem gefürchteten »Schwarzen Sturm«.

Die Straße wand sich durch eine Reihe von engen Schluchten, aber in 3000 Meter Höhe weitete sich das Tal zu einer Hochfläche, in der die kreisrunde Wasserfläche des Karakul-Sees eingebettet liegt. Die Farbe des Sees variiert je nach Sonnenstand vom dunklen Blau bis zum Türkis. Auf seiner glatten Oberfläche spiegeln sich die Gletscher des Muztagh-ata und Kongur, der höchsten Gipfel des Kunlun-Gebirges. Zuweilen gleiten Wolkenschiffe darüber, die man berühren zu können glaubt. Ringsum gibt es grüne Hochalmen, auf denen Schafe, Pferde, Yaks und Kamele friedlich nebeneinander grasen.

Hier kam schon Marco Polo auf seiner legendären Reise nach China vorbei, und am Ufer des Karakul-Sees schlug auch Sven Hedin sein Lager auf. Mit allerlei Abenteuern sorgte er bei den Kirgisen für unterhaltsame Abwechslung. Dabei schaffte er, was niemandem zuvor und danach mehr gelang: Er geriet in Seenot. Beim Versuch, mit einem selbstgebauten Boot die Tiefe des Sees zu loten, kam plötzlich ein

»Gefährliche Fahrt in dem selbstgebauten Segelboot«, überschrieb Hedin dieses Bild. Bei der Erkundung des Kara-kul-Sees geriet der Schwede in Seenot, und sein kirgisischer Begleiter, der noch nie zuvor in einem schwankenden Boot gesessen hatte, durchlebte Todesängste.

heftiger Sturm auf. Die Wellen schlugen über ihm und seinem einheimischen Begleiter zusammen, das Boot drohte zu kentern. Die mit einer Pferdehaut bespannte Barke trieb stundenlang wie eine Nußschale manövrierunfähig im Wasser. Die Kirgisen, die noch nie zuvor ein Boot gesehen hatten, ritten mit ihren Pferden aufgeregt am Ufer auf und ab. Nach Einbruch der Dunkelheit entzündeten sie an manchen Stellen Feuer, die die Schiffbrüchigen wie Leuchttürme in den sicheren Hafen geleiten sollten. Erst gegen Mitternacht, als sich der Sturm gelegt hatte, konnten sie sich ans Ufer retten.

Von Seefahrten im Hochgebirge hatte der Schwede vorerst genug. Seine begehrlichen Blicke richteten sich nun nach oben, zum Gipfel des Muztagh-ata, dessen firngekrönte Flanken im Sonnenlicht badeten. Die Kirgisen rieten entschieden ab. Sie wußten von Jägern zu erzählen, die auf den Höhen von

Schwindel gepackt worden und abgestürzt waren. Ja, selbst die Schwingen der Adler würden dort oben gefühllos.

Hedin wäre nicht Hedin gewesen, hätte er sich durch solche Geschichten abhalten lassen.

»Wir rüsteten uns zu einem ordentlichen Feldzuge gegen den Muztagh-ata«, verkündete Hedin, »und nahmen uns vor, den Riesen zu besiegen, koste es, was es wolle.« Das waren markige Worte für einen alpinistischen Laien. Der Entschluß, den Muztagh-ata zu erklimmen, war recht kühn. Auch wenn man ihn heute als leichten Berg einstuft, so war die Besteigung im 19. Jahrhundert keine so einfache Übung. Damals war der Muztagh-ata noch unbestiegen, und es gab noch kaum Erfahrungen auf Bergen mit so großer Höhe. Die bergsteigerische Erschließung des Himalaya hatte gerade erst begonnen. Ganz abgesehen davon war Hedin kein Bergsteiger. Seine einzige Erfahrung beruhte auf einer Besteigung des Demavand in Persien, eines viel niedrigeren und vergleichsweise leichten Vulkankegels. Was ihn wohl veranlaßte, ein solches Wagnis einzugehen? Vielleicht liegt der Schlüssel in einer Äußerung bei einem Vortrag, den er später einmal vor Studenten hielt. »Das Ziel kann man sich niemals zu hoch stecken«, ermahnte er seine jungen Zuhörer, »denn selbst wenn es einem nicht glücken sollte, es zu erreichen, kann man doch hoffen, ihm durch beharrliches Streben so nahe wie möglich zu kommen.«

Sven Anders Hedin stammte aus einer Stockholmer Bürgerfamilie. Sein Vater war Stadtarchitekt, seine Mutter hatte jüdische Wurzeln, ein Umstand, der in der Nazizeit sarkastisch kommentiert wurde. Gott, König und Vaterland – in eben dieser Reihenfolge –, das waren die Grundpfeiler, die ihm seine Eltern mit auf den Weg gaben. Über Hedins frühe Kindheit ist nicht viel bekannt; »König oder Kutscher« wolle er werden, verkündete er als Fünfjähriger. Vieles deutet darauf hin, daß der junge Sven der »Star« der Familie war und besondere Aufmerksamkeit genoß. Was seine vier Geschwister betraf, so

Sven Hedin (1865–1952)
mit 33 Jahren.
»Asiens unbekannte Weiten
waren seine Welt – Schweden
blieb sein Zuhause«, so die
Inschrift auf seinem Grabstein.

entwickelte er zu seiner Schwester Alma eine besondere Beziehung. Sie blieb Zeit seines Lebens die wichtigste weibliche Bezugsperson, wurde später seine Vertraute, Managerin, Sekretärin und Haushälterin in Personalunion.

Im Alter von 15 Jahren fand ein Ereignis statt, das seinen Werdegang stark beeinflussen sollte. Als am 24. April 1880 Nordenskiöld, der Entdecker der Nordostpassage, mit seinem Schiff »Vega« aus den arktischen Gewässern zurückkehrte, war auch Sven mit seinen Eltern unter der tausendköpfigen Menge, die den Forscher triumphal empfing. »Dieser Augenblick…«, schwärmte Hedin später, »wurde für mein ganzes Leben entscheidend. So wollte auch ich einmal nach Hause kommen.«

Nordenskiöld wurde sein größtes Idol, und deshalb interessierte er sich zunächst für die Polargebiete. Er begeisterte sich aber auch für die Abenteuer Stanleys in den Dschungeln Afrikas oder die Indianerbücher Coopers. Heldenverehrung war nach den Worten seiner Schwester Alma schon in seiner Kindheit ausgeprägt.

Mit 16 Jahren begann er mit einem an Besessenheit grenzenden Eifer, Karten zu zeichnen. Er nahm sich die unerhörte Aufgabe vor, einen ganzen Weltatlas zu erstellen – in sechs schweren Bänden. »Ja, ich wurde völlig vom Größenwahn gepackt, was Karten anging.« Allein die Arbeitsleistung für dieses Alter ist enorm und läßt Rückschlüsse auf die immense Willensstärke des Heranwachsenden zu. In den zwei Jahren, die Hedin dazu benötigte, sackten seine schulischen Leistungen ab; er blieb sogar einmal sitzen. Dafür ging sein sehnlichster Wunsch in Erfüllung: Anläßlich der Verleihung der »Vega«-Medaille an den russischen Zentralasienforscher Nikolai Przewalskij wurde Sven beauftragt, eine Karte von dessen Reiserouten anzufertigen; Nordenskiöld begutachtete persönlich die Arbeit des nun Neunzehnjährigen, und es kam zum ersehnten Handschlag. Nach erfolgreichem Bestehen des Abiturs schien seine Karriere vorgezeichnet. Am Anschluß an eine kurze Hauslehrertätigkeit in Baku begann er mit dem Studium der Geographie beim damals führenden Chinakenner Ferdinand von Richthofen in Berlin. Es folgten erste Reisen durch Persien, Mesopotamien und Kaukasien. Hedins Interessengebiet hatte sich inzwischen von den arktischen Regionen auf Asien verlagert, weil es dort die noch »größten unerforschten Flecken auf der Landkarte« gab.

Da trat etwas ein, das seinen hochfliegenden Zukunftsplänen einen schweren Schlag versetzte. Er wurde von einem schlimmen Augenleiden befallen, möglicherweise Folge eines rheumatischen Fiebers, das er sich in Baku zugezogen hatte, und drohte ganz zu erblinden. Eine für damalige Verhältnisse komplizierte Operation rettete ihm am linken Auge ein Viertel seiner Sehkraft. Doch dann erkrankte auch das rechte Auge. Als wollte er den »bösen Feind« mit ungebrochener Tatkraft besiegen, trieb er mit eiserner Energie die Vorbereitungen zu seiner ersten großen Asienexpedition voran. Längst hatte er sich entschieden, statt einer akademischen

Laufbahn seiner Berufung zu folgen. Er wurde nicht Forschungsreisender, sondern Entdeckungsreisender.

Zunächst war er allerdings gezwungen, auf »Betteltour« zu gehen. Die bescheidenen Honorare, die er mit ein paar Zeitungsveröffentlichungen verdient hatte, waren kaum der Rede wert. Immerhin war es ihm gelungen, seinem schwedischen Verleger einen Vorschuß von 2500 Kronen, umgerechnet damals über 2200 Mark, auf sein erstes Buch zu entlocken. Dennoch blieb er weitgehend von der Geberlaune privater Mäzene abhängig, zu denen immerhin so betuchte Persönlichkeiten wie König Oskar II. oder die Familie Nobel zählten. Hedins Schwester Alma organisierte eine Sammelaktion im Kreise der Verwandtschaft. Aber nicht alle Familienmitglieder waren von den Ambitionen Svens so angetan wie seine Schwester oder sein Vater, die ihn vorbehaltlos unterstützten. Sein Onkel Edward, genannt der »Punschkönig«, einer der wichtigsten Gönner, machte kein Hehl daraus, daß es ihm lieber wäre, er würde die risikoreiche Reise unterlassen, wenn er in einem Begleitbrief schrieb: »... weshalb ich auch lieber zu Deinen Heimreisen beitragen will.«

Mit mehr Empfehlungsschreiben als Geld in der Tasche brach Sven Hedin am 16. Oktober 1893 von Stockholm zu einer Reise auf, die sein Leben prägen sollte. Als er vor dem Muztagh-ata stand, war er bereits mehr als ein halbes Jahr unterwegs gewesen, hatte mehr als 5000 Kilometer zurückgelegt, per Schiff, Eisenbahn, Pferdekutsche, im Sattel und auf dem Kamelrücken. Dabei war er an 30000 Telegrafenstangen vorbeigekommen, wie er in der ihm eigenen Vorliebe für Zahlen notierte; 111 Kutscher, 317 Pferde und 21 Kamele hatten ihn begleitet.

Bisher war Hedin mehr oder weniger bereits bekannten Spuren gefolgt, Routen und Wegen, die schon seine Vorgänger beschritten hatten, jetzt aber stand er vor Neuland, konnte erstmals aus dem mächtigen Schatten seines Idols Nordenskiöld heraustreten, an dem er stets seine Schritte maß. Die Flanken des Muztagh waren noch unbetreten, und könnte er seinen Gipfel erreichen, würde er einen Rekord aufstellen – es wäre zum damaligen Zeitpunkt die größte Höhe gewesen, die je ein Mensch am Berg erreichte. Hemmende Bescheidenheit gehörte nicht zu Hedins Wesen. »Es erfüllt einen mit unbeschreiblicher Befriedigung, zu wissen, daß man der erste Weiße ist«, formulierte er selbstbewußt und setzte noch eines drauf: »Man fühlt sich wie ein allgewaltiger unumschränkter Herrscher in seinem Reich.«

Nur daß der Schwede recht seltsame Vorstellungen vom Bergsteigen hatte. Seine Strategie war ebenso einfach wie ungewöhnlich. Er wollte auf dem Rücken eines Yaks auf den Berg hinaufreiten. Einige Kirgisen sollten ihn als Diener begleiten und die störrischen Grunzochsen führen.

Für die zu Füßen des Eisriesen lebenden Kirgisen ist der Muztagh-ata bis heute ein heiliger Berg. Sie behaupten, der ganze Berg sei ein riesiges *Mazar*, ein Heiligengrab, das auch den Schwiegersohn Mohammeds berge. Andere glauben, oben auf dem Gipfel gäbe es eine Stadt namens Dschainadar, deren Bewohner vollkommen glücklich seien, weil sie weder Leiden noch Tod kennen.

Der Ursprung dieser Geschichten ist viel älter, als das islamische Gewand suggeriert. Er wurzelt tief in der buddhistischen Vergangenheit. Die Heiligenverehrung läßt unwillkürlich an eine Legende denken, die der berühmte Pilgermönch Xuanzang, eine Art »chinesischer Marco Polo«, überliefert hat, der vor mehr als 1300 Jahren auf seiner Reise nach Indien hier entlangzog: Sie erzählt von einem großen Berg, dunst- und wolkenverhangen, so steil, daß er den Eindruck erweckte, er würde bald zusammenstürzen. Am Gipfel des Berges erhob sich ein auf wunderbare Weise entstandener Stupa. Über die Entstehung dieses buddhistischen Reliquienschreins wußte Xuanzang eine Geschichte zu erzählen, die Profane erschaudern und Mystiker träumen läßt.

Der Stupa soll vor vielen Jahrhunderten entstanden sein,

als sich der Berg öffnete und in seiner Mitte ein *Bhikshu,* ein Heiliger, erschien. Der Heilige war von riesenhaftem Wuchs; er saß bewegungslos und mit geschlossenen Augen da, sein langes Haar fiel ihm wie ein Vorhang über die Schultern und verhüllte sogar sein Gesicht. Xuanzang berichtete, daß einmal ein Jäger den Yogi sah und daraufhin zum König lief, um ihm seine Entdeckung zu verraten. Dieser eilte unverzüglich dorthin, um den Heiligen zu sehen und ihm gebührende Verehrung zu zollen. Ein Mönch aus dem Gefolge des Königs erklärte, daß der Heilige in einem Zustand der Ekstase entrückt sei, der die Auslöschung der Bewußtseinskräfte bewirke, und er wisse, wie man ihn wieder erwecken könne: »Wer wie dieser Mann in Ekstase versunken ist«, erklärte der Mönch dem staunenden König, »kann auf unbestimmte Zeit in diesem Zustand verharren. Sein Körper wird durch die mystische Macht gestützt und ist gegen Zerstörung und Tod gefeit. Wenn er, entkräftet durch ein derart langes Fasten, unversehens aus der Ekstase erwacht, würde er im selben Augenblick sterben und sein Körper Gefahr laufen, zu Staub zu zerfallen.« Um das zu verhindern, so erklärte der Mönch, »müssen seine Glieder zuvor mit Butter und Öl befeuchtet werden ... dann erst darf der Gong geschlagen werden.«

So geschah es. Als der Gong ertönte, öffnete der Yogi die Augen und blickte auf die Versammelten herab. Er begann zu sprechen und fragte nach seinem Lehrer, dem Buddha Kasyapa, der vor Hunderttausenden von Jahren verschieden war. Die Mönche antworteten ihm: »Schon vor sehr, sehr langer Zeit ist er in das große Nirwana eingegangen.« Als er diese Worte hörte, schloß der Heilige die Augen wie ein verzweifelter Mensch. Dann fragte er aufs neue: »Und Sakyamuni, ist er in der Welt erschienen?« – »Er hat der Welt den rechten Weg gewiesen«, antworteten die Umstehenden, »und ist seinerseits in das Nirwana eingegangen.« Bei diesen Worten senkte der Heilige erneut das Haupt. Plötzlich erhob er sich in die Lüfte, und wie durch ein Wunder verwandelte sich sein Körper in eine Feuerkugel, die seinen Leib verzehrte. Die verbrannten Knochen jedoch fielen auf die Erde nieder. Sie wurden vom König eingesammelt, und darüber wurde ein Stupa errichtet.

Später, unter dem Einfluß des Islam, wurde aus dem buddhistischen Heiligen der Schwiegersohn Mohammeds und aus dem Stupa ein *Mazar*, ein islamisches Heiligengrab.

Von der heiligen Scheu, die die Kirgisen dem Bergheiligtum einst entgegenbrachten, schien zu Hedins Zeit nicht mehr viel übrig zu sein, jedenfalls hatten sie keine Skrupel, mit dem Fremden auf den Gipfel zu steigen – gegen entsprechende Entlohnung, versteht sich. Mit fünf Kirgisen und sieben Yaks, die eine ganze Jurte samt dem dazugehörenden Ofen schleppten, brach der Schwede auf. Das Wetter war gut und steigerte noch die euphorische Stimmung. »Über die gewölbten Schneefelder zogen weiße dünne Wolken«, schrieb Hedin schwärmerisch, »und man glaubte, die Geister des Berges zu sehen, die im Freien ihre Tänze aufführten.« Nachdem sie den Gletscher betreten hatten, begannen auch die Yaks zu tanzen – einen Eiertanz zwischen Spalten und Abgründen. »Plötzlich verschwand ein Ochse«, erinnerte sich Hedin, »als wenn sich eine Falltür unter ihm geöffnet hätte.« Er war beim Überqueren einer Schneebrücke eingebrochen und hing nun über einer meterbreiten Spalte. Unter seinem Bauch klaffte ein dunkles Loch. »Das erschrockene Tier verhielt sich zum Glück still, sonst wäre es verloren gewesen«, schilderte Hedin die brisante Situation. »Die Kirgisen schlangen Seile um seinen Leib, und die anderen Yaks zogen den Verunglückten mit vereinten Kräften in die Höhe.«

Dann ging es weiter. Einer der Kirgisen stieg voraus und zog mit einem Strick den Yak hinterher, auf dem der Schwede saß. Die anderen stapften der Spur nach. Sie kamen nicht weit. Nachdem einer seiner Begleiter und ein weiterer Yak nur um Haaresbreite einem Spaltensturz entgangen waren und eine große Querspalte den Weg verlegte, kehrten sie um.

Hedin dachte, er könne mit einem Yak auf den Gipfel des Muztagh-ata reiten. In 6300 Meter Höhe stellte er mit seinen einheimischen Begleitern noch eine Jurte auf. Erst als der erste Grunzochse in einer Gletscherspalte verschwand, kehrte er um.

Aber Sven Hedin hatte noch nicht genug. Nun wandte er sich dem etwas niedrigeren Nordgipfel zu, den er über den Quadumak-Gletscher zu erreichen hoffte. Seine Gefährten und er arbeiteten sich mit Hilfe von Yakstärken langsam hoch. Von den bergsteigenden Ochsen wußte er Erstaunliches zu berichten. So bereicherte er das zoologische Wissen über diese Tiere mit der Beobachtung, daß die widerspenstigen Vierbeiner dann am sichersten kletterten, wenn sie »mit dem Maul am Boden unter unaufhörlichem Gegrunze am Berghang hinaufwatscheln, wie sie selbst wollen«. Sie dirigieren zu wollen, so fand er, war ein hoffnungsloses Unterfangen, denn »für eine Reitpeitsche ist der Yak völlig unempfindlich und faßt einen Schlag als eine Art Freundlichkeit auf, die mit einem zufriedenen Grunzen beantwortet wird«.

Die bisherigen Fehlversuche reichten nicht aus, um Zweifel

Der Muztagh-ata ist ein idealer Skiberg. Aufstieg über den Quadumak-Gletscher in ca. 6800 Meter Höhe.

an seiner Taktik aufkommen zu lassen. Der Schwede war weiterhin fest davon überzeugt, auf Yakrücken bis in die Gipfelregion vorstoßen zu können – in einem Zug. Von der Notwendigkeit vorheriger Höhenanpassung ahnte er ebensowenig wie von den fatalen gesundheitlichen Folgen. So ist es nicht verwunderlich, daß bald alle an Symptomen der Höhenkrankheit litten: »Ohrensausen, Taubheit, rascher Puls, niedrigere Körperwärme und Schlaflosigkeit.« In 6300 Meter Höhe stellten sie ihre Jurte auf, wo sie – wie Hedin vermerkte – eine recht unangenehme Nacht verbrachten. Doch der Ausblick und das Gefühl von Exklusivität entschädigten für so manches. Berauscht von der Höhe, befiel ihn eine eigentümliche Stimmung, als er nachts aus dem Zelt trat. »Mir war, als stünde ich an der Grenze des unermeßlichen Raumes«, empfand Hedin, »in dem rätselhafte Wesen von Ewigkeit zu Ewigkeit kreisen. Nur ein Schritt trennte mich von den Sternen, und unter meinen Füßen fühlte ich, wie der Erdball, sich um seine Achse drehend, durch die Nacht des Weltenraumes rollt.«

Ich konnte seine Stimmung nachempfinden, denn ich erlebte ähnliche erhebende Gefühle, als ich im Jahre 1987 hoch oben auf dem Quadumak-Gletscher stand. Ich war nicht mit Yaks, sondern mit Skiern aufgestiegen. Es gab weder Spaltenstürze noch Schneestürme. Aber ich erinnere mich an die Augenblicke auf dem Gipfel, an das Gefühl, der vertrauten Welt entrückt zu sein, als ob ich von einem Punkt außerhalb irdischer Grenzen hinabblickte. Die Umgebung, die unseren Aufstieg begleitete, schien wie verwandelt, weil sich unser Standpunkt verändert hatte. Alles war merklich tiefer gesunken, und hinter den Bergkämmen, die uns in den Niederungen den Blick verstellt hatten, zeigten sich weitere, ja ein ganzes Meer von Gipfeln, die sich kulissenartig ineinanderschoben und am gekrümmten Horizont verloren. In der untergehenden Sonne leuchteten die Gipfel unwirklich auf, bis einer nach dem anderen erlosch, während der kalte Schatten des Muztagh-ata immer länger wurde. Noch vor Dunkelheit hatten wir das schützende Lager erreicht. Ich warf den schweren Rucksack ab, kroch in das Zelt und legte mich in den Schlafsack. Durch die Zeltöffnung konnte ich nach draußen blicken, bis in die Steppe hinunter, wo sich die weiß gezackten Gletscherzungen verloren. Als es dunkel wurde, sah ich da und dort winzige Lichtpunkte aufflackern. Ich dachte an die behaglichen Jurten, in denen die Kirgisenfrauen um diese Zeit das Abendessen bereiteten, und sehnte mich nach der wohligen Wärme in deren Innerem, als die Nachtkälte langsam in den Schlafsack kroch.

Jetzt, mehr als ein Jahrzehnt später, ging dieser Wunsch in Erfüllung. Wir saßen im Kreise einer Kirgisenfamilie um einen Ofen, aßen frischgebackenes Brot und tranken ungezählte Tassen Tee dazu – und ich träumte von den stillen, eisigen Nächten am Muztagh-ata. Wir waren vom Karakul-See nach Subashi hinaufgewandert, einer Anhäufung von Lehmbauten, in denen die Kirgisen die Wintermonate zubrachten. Sie waren Halbnomaden, nur während des Sommers zogen sie auf den

Die braunen Lehmhäuser der kirgisischen Wintersiedlung Subashi wirken verschwindend klein inmitten einer alles beherrschenden elementaren Natur.

Hochalmen rund um den Muztaghata umher. Sie lebten, weitgehend autark, von ihren Tieren, die ihnen Milch, Fleisch und Wolle lieferten. Erst im Herbst, wenn die ersten Stürme den Winter ankündigten, luden sie ihre Habe auf Kamelrücken und stiegen hinunter in die Tallagen. Jahrzehntelang – insbesondere während der Kulturrevolution – versuchten die Chinesen, die Kirgisen zur Seßhaftigkeit zu zwingen und die alten Stammesbande zu zerstören. Man hat sie in Kommunen zusammengefaßt und in Barackenlager gepfercht. Damals hießen die Hirten »Experten für die Wartung von Viehbeständen«. Die Nomadenfamilie wurde zur Brigade, in der jedes Mitglied einen offiziellen Titel führte. Es ist noch nicht lange her, daß die Planer am grünen Tisch begriffen haben, daß es keine bessere Nutzung von Steppen und Gebirgswüsten gibt als den Nomadismus. Seitdem dürfen die Hirten wieder mit den Jurten umherwandern und Privateigentum besitzen. Aber sie sind nicht mehr die Herren dieses weiten Landes.

Jetzt, Anfang April, war es noch zu früh, um die Jurten aufzustellen. Zaghaft zeigten sich die ersten Spuren von Frühlingserwachen in der Umgebung, weiter oben aber lag noch überall Schnee. Die Vorbereitungen für die sommerliche Wanderschaft waren jedoch in vollem Gange. Die Kirgisen verbrachten viel Zeit damit, die Jurten auszubessern, Sättel und Zaumzeug zu flicken, Teppiche zu knüpfen und die wärmenden Filzmatten herzustellen, mit denen sie die Rundzelte umkleideten.

Es war hier in Subashi gewesen, wo Sven Hedin Zeuge eines *Badschge* wurde, eines Reiterwettkampfes um eine geschlachtete Ziege, den man in Afghanistan unter dem Namen

Im Frühjahr, bevor sie ihre sommerlichen Wanderungen beginnen, stellen die Kirgisen von Subashi ihre Jurten für einige Wochen in der Jambulak-Steppe auf.

Kirgisen-Mädchen aus dem Dorf Subashi.

Die Jurte ist im Vergleich zu den windigen Nomadenzelten der Tibeter eine gemütliche Behausung. Sie besteht aus einem faltbaren hölzernen Lattengerüst, das mit Filz bekleidet wird.

Busbashi kennt. Und dort in der Jambulak-Steppe, wo er sein Lager aufschlug, fand er jenen Begleiter, der, entgegen seinen Gewohnheiten, mit auf den Muztagh-ata stieg und später seinem Herrn treu in die Wüste hinein folgte – bis in den Tod. Die Rede ist von Jolldasch, einem Kirgisenhund, der seiner Karawane zugelaufen war. Das halbverhungerte Tier sah so mager und jämmerlich aus, daß sich der Schwede seiner erbarmte und es durchfütterte. In seinen Reiseschilderungen widmete er dem Vierbeiner ganze Seiten, und als Jolldasch im »Todeslager« der Takla Makan zurückblieb, beklagte sein Herr dessen Schicksal mit anrührenden Worten, während er den Tod seiner menschlichen Begleiter gerade einmal in einem Nebensatz erwähnte.

Sven Hedin – Leben im Widerspruch

Wer Hedins Bücher kennt, dem fällt auch an anderer Stelle auf, daß er seine vierbeinigen Gefährten viel nuancenreicher und feinfühliger beschrieb als die Menschen. Zuweilen glaubt man, er wollte ihnen menschliche Züge verleihen, wenn er etwa von Jolldasch als einer »wirklichen Persönlichkeit« spricht. Bei Menschen hingegen reichte die Bandbreite seiner Charaktermerkmale nur für Klischees wie »treu«, »stattlich«, »robust«, »verwegen« oder »vornehm«. Hatte ihn die Erfahrung gelehrt, daß, wer die Menschen kennt, die Tiere liebt? Manches spricht dafür, wenn man liest, daß sein Hund »treu und ehrlich« gewesen sei. »Eigenschaften, die bei Menschen seltener sind als bei Hunden.« Noch pessimistischer war die Äußerung, die er im Alter von 41 Jahren in einem Brief nach Hause formulierte: »Ich habe das Gefühl, sobald ich nur die Menschen hinter mir lasse, wird alles spielend gehen«, und er ging sogar so weit zu behaupten, »daß Menschen von allem, womit man zu tun haben kann, das Schlimmste sind, viel schlimmer als Tiger und Sandstürme.«

War Hedin auf seinen Wegen durch Asiens Wüsten zum Menschenfeind geworden? Ist er durch seine Erfahrungen nicht offener und toleranter geworden, sondern verschlossener und abweisender? Ich glaube nicht. Man muß bedenken, daß er 17 Jahre seines Lebens mit Reisen verbrachte, in denen er von Freunden und Verwandten getrennt war. Schon allein deshalb war es äußerst schwierig, Beziehungen aufrechtzuerhalten. Die meisten Reisen, also lange Abwesenheiten von seinem Lebensmittelpunkt, der Schweden blieb, unternahm er zwischen dem 25. und dem 45. Lebensjahr – in einem Alter, in dem andere heirateten, Familien gründeten und Wohlstand ansammelten. Hedin pflegte einen umfangreichen Briefwechsel, hielt sehr engen Kontakt mit seiner Schwester Alma, und gewann – nach seinem eigenen Bekunden – überall Freunde. Wobei er mit dem Begriff »Freundschaft« sehr großzügig umging und der Aspekt der Nützlichkeit eine tragende Rolle spielte.

Aber er war Zeit seines Lebens darauf bedacht, seine Unabhängigkeit zu bewahren. »Von anderen abhängig zu sein«, schrieb er einmal, »ist fürchterlich; ich könnte nie unter dem Befehl eines anderen stehen.« Zweifelsohne war Hedin ein Einzelgänger. Er brach meistens allein auf, fast nie akzeptierte er einen Partner aus seinem eigenen Kulturkreis, obwohl es an entsprechenden Angeboten nicht mangelte. Seine Gefährten waren Einheimische und Tiere. Die Menschen blieben ihm letztlich fremd, und er ihnen. Als Rationalist, Christ und Abendländer blieb er in Asien ein Außenstehender. Beziehungen auf emotionaler Ebene konnten sich auch kaum entwickeln, weil einem entspannten Verhältnis die totale Ungleichheit im Wege stand. Hedin war der Herr, seine Gefolgsleute waren seine Untergebenen. Wer zahlt, schafft an, lautet die einfache Formel. Hinzu kam noch die Sprachbarriere. Mit geradebrechtem Kauderwelsch ließen sich kaum tiefschürfende Gespräche mit seinen tibetischen oder uigurischen Begleitern führen. Außerdem schien Hedin nur bedingt an einem wirklichen Austausch, einem Dialog mit der anderen Kultur, interessiert. Aber auch er mußte den Einheimischen fremd bleiben. Sein Biograph Eric Wennerholm drückte das so aus: »Er vermaß, zeichnete, schrieb, sammelte Gesteinsbrocken, Knochen, Pflanzen und anderes in ihren Augen wertloses Zeug. Manchmal sagte er, er sei auf ›Eroberungen‹ aus, aber was er erobern wollte, war für sie nicht von dieser Welt, und sie lebten ausschließlich in dieser Welt.«

Die menschliche Isolation kompensierte Sven Hedin mit einem gefühlsbetonten, fast zärtlichen Verhältnis zu den Karawanentieren. Seinen Hunden in Asien widmete er sogar ein ganzes Buch. Auf den über 260 Seiten machte er die innige Beziehung deutlich, die er auf den langen Reisen zu seinen vierbeinigen Weggefährten entwickelte. Schon im Vorwort schrieb er von »unendlicher Dankbarkeit« für die »Treue und Geduld«, mit der sie seine »Einsamkeit in dem unermeßlichen Asien« geteilt hatten. An anderer Stelle berichtete er vom bewegenden Abschied von seinem Reitkamel, das ihn drei Monate lang durch die Wüste getragen hatte: »Spät abends machte ich meinen Abschiedsbesuch bei den Kamelen. Ich streichelte und liebkoste meinen alten Träger immer wieder, und er rieb seinen zottigen Kopf an mir und sah mich mit seinen großen braunen Augen an. Ich wagte kaum zu sprechen, um mich nicht durch das Beben meiner Stimme zu verraten, als alle meine Leute in andächtigem Schweigen um mich herumstanden.«

Doch Hedins Tierliebe war nicht von der Art buddhistischen Mitgefühls gegenüber allen Lebewesen, sondern hatte klare Grenzen. Sie bezog sich fast ausschließlich auf solche Tiere, die ihm von Nutzen waren – Wachhunde, Reitpferde, Yaks, Kamele. Und selbst da hörte sie schnell auf, wenn es um höhere Interessen wie die Durchsetzung seiner Ziele ging. Dann heiligte der Zweck die Mittel. Er scheute sich nicht, auf seinen Gewaltmärschen Dutzende und Aberdutzende seiner Reit- und Lasttiere in den Tod zu treiben. Vor allem der Weg durch das winterliche Tibet wurde wahrlich zum Todesmarsch. Von seiner Karawane mit 130 Tieren, mit der er in Ladakh loszog, erreichten nur sieben die tibetische Stadt Shigatse. Alle anderen fielen den Härten der Changthang, den berüchtigten Kältesteppen Tibets, und dem Transhimalaya zum Opfer. »Sie ruinieren eine Karawane nach der anderen«, rügte denn auch der tibetische Kommandant, den Hedin bat, neue Tiere zu besorgen.

Der Muztagh-ata forderte diesbezüglich keine Opfer, der Erfolg blieb Hedin dennoch versagt. Auch der Rückweg gestaltete sich problemlos, und der Schwede überwinterte als Gast des russischen Generalkonsuls in Kashgar. Die kalten Monate verbrachte er mit Lesen und Briefeschreiben. Im Frühjahr unternahm er einige kleinere Exkursionen in die Umgebung, und Ende März schließlich übersiedelte er nach Merket, dem Ausgangspunkt seiner Wüstendurchquerung.

Eine überraschende Entdeckung

Wir wären gerne der Route Hedins nach Kashgar gefolgt, die an der Südostseite des Muztagh-ata und Kongur-Massivs nach Yangi-hissar führte, hatten aber weder die Zeit noch die Möglichkeiten dazu. Deshalb blieb uns nichts anderes übrig, als mit dem Fahrzeug wieder entlang der bekannten Straße bis knapp vor Kashgar zu fahren und dann auf die südliche Umgehungsroute der Takla Makan einzubiegen, die uns bald nach Yangi-hissar führte. Es ist einer jener typischen Oasenorte, wie man sie heute an den Rändern der Wüste findet. Das Zentrum bildet die Moschee mit einem kleinen Bazar. Von dort führen schmale, von Pappeln gesäumte Wege strahlenförmig in alle Richtungen. Mit Hilfe des Wassers vom Yarkand-darya, dem größten Fluß, der in die Takla Makan strömt, wurde die Oase in jüngster Zeit weit ausgedehnt. Ursprünglich und auch noch zu Hedins Zeiten bestand Yangi-hissar aus mehreren Dorf-

Tursum Hirek Kasim, den Enkel von »Jolltschi«, der eigentlich Kasim Akhun hieß, fanden wir in der Oase Yangi-hissar. Anders als Hedin es behauptete, kehrte sein Großvater aus der Wüste zurück und starb als angesehener Bekh, Bürgermeister, des Dorfes.

zellen, die nun zu einer einzigen Siedlung zusammengewachsen sind.

Tursum Hirek Kasim war gerade damit beschäftigt, seinen Garten für die neue Saat vorzubereiten, als wir in sein Gehöft traten. Er stand breitbeinig mit nacktem Oberkörper zwischen den Furchen und schwang mit kräftigen Bewegungen die Hacke. Er war barfüßig, trug eine weite Hose, die wie eine zerschlissene Fahne an seinen spindeldürren Beinen flatterte und mit einem um die Hüfte geschlungenen Tuch zusammengehalten wurde. Als er uns sah, legte er die Hacke zu Boden, wischte sich mit der Hand den Schweiß von der Stirn – und hieß uns willkommen.

»Salam aleikum«, riefen wir ihm zu.

»Aleikum kum«, kam es zurück. Er reichte jedem von uns die Hand, verbeugte sich höflich und führte die andere Hand zum Herzen.

114

»Wir haben gehört, daß Ihr Großvater Kasim Akhun hieß«, lenkte ich das Gespräch nach einigen einleitenden Worten auf den Grund unseres Besuchs.

»Ja, das stimmt«, erwiderte er. »Er war zu dieser Zeit der einzige Mann im Dorf, der Kasim Akhun hieß.«

»Wie das?« fragte ich nach.

»Akhun ist ein islamischer Ehrentitel und bedeutet eigentlich *Molla*, ein der religiösen Schrift Kundiger, und nur wenige, die – wie mein Großvater – die Religion sehr gut kannten, durften diesen Namen führen.«

»Haben Sie Ihren Großvater noch gekannt?« wollte ich wissen.

»Nein, er starb schon vor meiner Geburt, aber mein Vater hat mir viel von ihm erzählt.«

»Was denn?«

Er begegnete meinem fragenden Blick ... und zögerte. Dabei legte sich seine Stirn in ungezählte Falten, als kostete es ihn große Anstrengung, sich zu erinnern.

Seine Worte klangen allerdings überzeugend, als er nach einer Weile antwortete.

»Mein Großvater war ein reicher Mann, er besaß über hundert Kamele und war der *Bekh*, der Bürgermeister unseres Dorfes.«

Seltsam, davon hatte Hedin nichts erwähnt, dachte ich mir. Als ob Tursum meine Zweifel spürte, fuhr er fort: »Von meinem Vater weiß ich, daß er oft in die Wüste ging.«

»Wohin?« warf ich ein.

»In die Umgebung von Merket und Yarkand.«

»Was machte er dort?« wollte ich genauer wissen.

»Er suchte nach Gold und Silber; das war der Hauptzweck, warum mein Großvater in die Wüste ging.«

Konnte sein Großvater wirklich jener Kasim Akhun gewesen sein, der Hedins Karawane in den Untergang führte? Ich musterte ihn forschend. Er begegnete meinem Blick mit wachen Augen. Hatte er Ähnlichkeit mit seinem Großvater? Er war 57 Jahre alt, im selben Alter wie Jolltschi, als dieser 1894 mit Hedin in die Wüste aufbrach. In seinen zerfurchten, wettergegerbten Zügen spiegelte sich ein arbeitsreiches Leben unter der Wüstensonne. Das schmale Gesicht wurde von einem schwarzen Vollbart umrahmt, der nicht die geringste Altersfärbung zeigte – so wie das Kopfhaar, das in wirren Strähnen in die Stirn hing. Wie hatte Jolltschi ausgesehen? Hedin hat darüber nichts verraten. Schade.

»Warum suchte Ihr Großvater nach Gold in der Wüste, wenn er ein reicher *Bekh* war?« nahm ich die Unterhaltung wieder auf.

»Das war noch vor seiner Zeit als *Bekh*«, erwiderte er.

Ich glaubte, nicht richtig verstanden zu haben. »Wie bitte? Wir dachten, Ihr Großvater sei in der Wüste umgekommen.«

»Nein«, antwortete Tursum entschieden, »er ist aus der Wüste stets wieder zurückgekehrt.«

»Wir haben gelesen, daß er mit einem Fremden in die Wüste ging. Stimmt das?« fragte ich und konnte meine Aufregung kaum noch verbergen.

»Wie mir mein Vater erzählte, hat er nur ein einziges Mal einen Fremden in die Wüste mitgenommen.«

»Was wissen Sie darüber?« bedrängte ich ihn.

»Nicht sehr viel … ich weiß nur, daß er wiederkam.«

»Wohin ging er denn mit dem Fremden?« bohrte ich weiter.

»In die Gegend von Merket und Maral-bashi.«

»Und weiter?«

»Der Fremde hatte ein Zelt und ein Teleskop dabei.«

Diese Aussage wirkte wie elektrisierend auf mich. Ich war mir jetzt ziemlich sicher, daß sein Großvater Kasim Akhun jener Jolltschi war, der Hedins Karawane führte. Da gab es einfach zu viele Übereinstimmungen. Wer außer Hedin sollte es sonst gewesen sein, den er hätte begleiten können? Es kam kaum ein anderer Europäer in Frage, der um diese Zeit in die Takla Makan ging, niemand sonst war von Merket in die Wüste aufgebrochen. Dennoch blieb ich skeptisch seiner Be-

*Auch der 97 jährige Kasim
Husunajim bezeugte, daß
Kasim Akhun alias »Jolltschi«
der Todeswüste entkam.*

hauptung gegenüber, sein Großvater sei wieder aus der Wüste zurückgekehrt. Vielleicht betrachtete man es als eine Art
Familienschande, und sein Vater hatte ihm deshalb die wahren Umstände von Jolltschis Tod verschwiegen.

»Gab es bei der Wüstenreise mit dem Fremden Schwierigkeiten?« wollte ich wissen.

»Manchmal gab es kein Wasser, dann mußten sie graben ...
es gingen auch Kamele verloren, die nicht mehr gefunden
werden konnten.«

Ich insistierte weiter: »Gingen auch Menschen zugrunde?«

»Darüber hat mir mein Vater nichts erzählt«, antwortete er
mit bedauerndem Achselzucken.

Er spürte wohl, daß wir ihm nicht so recht glauben wollten,
denn zum Abschied sagte er: »Es gibt einige alte Männer im
Dorf, die meinen Großvater noch kannten. Sie werden euch
vielleicht mehr erzählen können als ich. Fragt sie nur!«

Das hatten wir ohnehin vor. Wir gingen von Haus zu Haus
und hatten bald das Gefühl, in einen Ort von Methusalems
geraten zu sein. Es gab in der Tat ungewöhnlich viele stein-

alte Männer, wohl auch Frauen, aber die bekamen wir nicht zu Gesicht, und überall kannte man einen, der angeblich noch älter war und den man uns empfahl. Die meisten, die wir aufsuchten und die noch genügend Erinnerungsvermögen besaßen, bestätigten Tursums Angaben. Am interessantesten war das Gespräch mit seinem Nachbarn Kasim Husunajim. Der ehrwürdig aussehende Greis – er war 97 Jahre alt – bewirtete uns mit frischem Joghurt und Fladenbrot. Dann erzählte er von seiner Kindheit. Damals gab es hier ungefähr 50 Haushalte, in denen 500–600 Menschen lebten. Ringsum war Wüste.

In dieser Zeit, so erzählte er uns, gab es nur einen Kasim Akhun im Dorf, und er war der einzige, der einen Fremden in die Wüste mitnahm. Er selbst hatte im Alter von fünf Jahren von der Geschichte gehört. Der Fremde habe auch Hühner dabeigehabt, was man sehr komisch fand. Nach seiner Rückkehr wurde Kasim Akhun zum *Bekh* ernannt. Auf die Frage, wie alt er gewesen sei, als Tursums Großvater starb, deutete er auf eines der Kinder, die um uns herumstanden, das etwa zehn Jahre alt sein mochte. Demnach dürfte Kasim Akhun zwischen 1910 und 1915 gestorben sein. Aber selbst das ist vage. Denn mit den Jahreszahlen halten sie es hier nicht so genau, und ein paar Jahre mehr oder weniger spielen in ihren Augen keine große Rolle.

Von Kasim Husunajim erfuhren wie auch etwas über Jolltschis Familiengeschichte, und daß es sich um diesen handelte, stand für mich nun außer Frage. Angesichts seiner Armut hatten wir es vermieden, Tursum zu fragen, was aus dem Reichtum seines Großvaters geworden war.

»Es war das beste Haus in der Gegend«, klärte uns Kasim Husunajim auf, »aber als die Kommunisten kamen, haben sie es abgerissen, das Land genommen und Weizenfelder daraus gemacht... Auch ich habe ein Stück Land davon erhalten«, gestand der Alte. Da man einige Gegenstände fand, die von Fremden stammten, wurde die Familie verdächtigt, Kontakte mit Ausländern zu unterhalten, was streng verboten war.

Wir verabschiedeten uns herzlich und brachen nach Khotan auf, zuvor aber hielten wir noch an Tursums Gehöft, um ihm zum Dank für seine Auskünfte einen Geldbetrag zu überreichen. Er wehrte entschieden ab, ich ließ jedoch nicht locker, bis er verlegen annahm. Er hatte uns sehr geholfen.

Auf den Spuren der Seidenstraße

Die Geschichte beschäftigte mich noch weiter. Während wir durch eine monotone Wüstenlandschaft fuhren, drehten sich meine Gedanken im Kreis. Es fiel mir schwer, das Gehörte einzuordnen. Etwas in mir sträubte sich dagegen anzuerkennen, was ich längst ahnte. War es der große Respekt vor den Pionierleistungen Hedins, die Angst, mein eigenes Idol vom Sockel zu stürzen, die mich zögern ließen? Doch warum hätten mich die alten Männer belügen sollen? Wenn jener Kasim Akhun wirklich Jolltschi war, und alles sprach dafür, dann mußte Hedin die Wahrheit absichtlich verschwiegen haben. Der Schwede kam im Zuge weiterer Expeditionen noch mehrmals nach Yangi-hissar. Kaum vorstellbar, daß er da nichts von Kasim Akhun wußte, der dort ein angesehener *Bekh* geworden war. In seinem bereits genannten Buchklassiker »Durch Asiens Wüsten« schob Hedin die Schuld am Untergang der Karawane einzig und allein Kasim Akhun in die Schuhe. Von Anfang an baute er ihn als Sündenbock auf. Er stellte ihn von vornherein als schlecht beleumundeten Gesellen dar, der angeblich wegen Diebstahls vorbestraft war und den er besser gar nicht erst mitgenommen hätte. Fragt sich nur, warum er es dann trotzdem tat. Später beschrieb Hedin ihn als asozial und hinterlistig, weil er nicht nur zuwenig Wasser auflud, sondern auch noch die letzten Wasserreserven stahl.

Wenn Jolltschi dem Todeslager entkommen war, dann dürfte auch Mohammed Schah der Wüste entronnen sein. Beide hat Hedin quasi für tot erklärt. Warum? Glaubte er, damit seine Geschichte noch spannender für die Leserschaft zu Hause, das eigene Überleben noch heldenhafter zu machen?

Hedin hat die Geschichte von der Todeskarawane immer wieder recycelt. Das zeigt, wie sehr sie ihn selbst berührte und wie großen Anklang sie fand. Aber nur in der allerersten Fassung, in der zweibändigen Ausgabe von »Durch Asiens Wüsten«, fand sich ein kleiner Hinweis darauf, daß die beiden Gefährten womöglich überlebt haben könnten.

Nach seiner Rettung wanderte Hedin entlang des Khotandarya südwärts. Dort traf er auf Hirten, bei denen er sich laben und erholen konnte. Später erschienen noch drei Jäger, die er anheuerte, um zusammen mit den beiden überlebenden Gefährten Kasim und Islam Bai und dem weißen Kamel, das als einziges der Karawane noch übrig war, in der Wüste nach der verlorenen Ausrüstung zu suchen. Sie kamen aber nur bis zu jener einzelnen Pappel, wo Islam Bai ein Kamel, das nicht mehr weiterkonnte, mit seiner Ladung hatte zurücklassen müssen. Von ihm fehlte jede Spur. Ein plötzlich aufkommender Sandsturm erstickte jeglichen Versuch, bis zum Todeslager vorzudringen.

Die Angelegenheit wäre damit erledigt gewesen, aber da geschah etwas Merkwürdiges. Einer der beiden Gegenstände, die Hedin stets auf seinen Reisen mitführte – die Bibel als Schutz gegen geistige Feinde und einen Revolver gegen leibliche –, tauchte in Kashgar auf. Letzterer war auf verschlungenen Wegen in den Besitz des chinesischen Kommandanten gelangt. Der stellte Nachforschungen an und fand heraus, daß der schwedische Offiziersrevolver bei den Hirten am Khotan-darya aufgetaucht war. Die Behörden in Khotan wurden angewiesen, der Sache nachzugehen. Zu ihrer Überraschung entdeckten sie in deren Hütten mehrere Kisten mit Ausrüstung, die allesamt aus Hedins Todeslager stammten.

Nach allerlei Ausflüchten gaben die Befragten schließlich zu Protokoll, daß die drei Jäger im darauffolgenden Winter einer Fuchsspur in die Wüste hinein gefolgt und dabei auf das Lager gestoßen waren.

Der Flugsand hatte das Zelt eingedrückt und die Kisten halb verschüttet. In der Hoffnung auf wertvolle Beute hatten sie den Ort gründlich untersucht und alles mitgenommen, was sie mitschleppen konnten. Von den beiden Vermißten hätten sie allerdings keinerlei Spuren gefunden, vermerkte Hedin. Damit war zumindest eines klar: daß sie nicht am Ort des Todeslagers umgekommen waren, wie Hedin zuvor glauben machen wollte. Aber wo dann? Vielleicht irgendwo auf dem Weg zum rettenden Khotan-darya. Bis dahin war es nicht mehr weit, und die Wahrscheinlichkeit, daß sie – wie Islam Bai – der Wüste entrinnen konnten, mindestens ebensogroß.

Khotan – Perle der Seidenstraße

Mehr denn je spürte ich, daß die Antworten in der Wüste zu finden waren. Ich konnte es kaum erwarten aufzubrechen. Alles hing nun von Keyoum ab, davon, ob es ihm gelungen war, genügend Kamele zu finden. – Schon deshalb fieberten wir Khotan entgegen. Doch das war nicht der einzige Grund. Ich hatte viel über den Ort gehört und gelesen und freute mich darauf, die Oase kennenzulernen.

Neben Kucha war Khotan in der Blütezeit der Seidenstraße das bedeutendste Königreich im Tarim-Becken. Es lag an der Südroute der Seidenstraße, jenem exponierten Karawanenweg, der am Südrand der Takla Makan entlangführte und allein des Handels wegen geschaffen wurde. Anders als die Nordroute war die Südroute keine gewachsene Völkerwanderungsstraße, sondern führte weitgehend durch reine Wüste, wo nicht einmal Nomaden leben konnten. Ohne das Kamel, das Wüstenschiff, hätte es keine Südroute der Seiden-

◀ *Die Bazarstraße in Khotan wird zum Lebensraum, insbesondere dann, wenn der Sonntagsmarkt stattfindet. Beiderseits der Straße reihen sich Marktstände und Garküchen.*

straße gegeben. Den Fähigkeiten dieses Geschöpfs ist es zu verdanken, daß Menschen damals derartige Wüstenpassagen überwinden konnten. Während Kucha an der Nordroute von einem Volk iranischer Zunge kolonisiert wurde, empfing Khotan den Samen seiner Kultur aus Indien. Hinzu kamen noch persische und chinesische Einflüsse. Khotan war eines der ersten Zentren des Buddhismus an der Seidenstraße, ein Dreh- und Angelpunkt, von dem sich die Lehre des Erleuchteten weiter in Richtung Osten verbreitete. Als der berühmte chinesische Pilgermönch Xuanzang vor mehr als 1300 Jahren hier vorbeikam, fand er eine blühende buddhistische Kultur vor, mit Klöstern, Tausenden Mönchen und prunkvollen Festen.

Der Handel und die geschickten Hände der Handwerker begründeten den Reichtum Khotans. Darüber hinaus verfügte Khotan über einen Rohstoff, der in China zu den größten Kostbarkeiten zählte – die weiße Jade. Die Oase hielt außerdem im Tarim-Becken praktisch das Monopol in der Papierherstellung und entwickelte sich schon sehr früh zu einem Zentrum der Seidenherstellung. Ein altes Fresko, das man in einer nahe gelegenen Ruinenstadt fand, belegt, auf welche Weise das bestgehütete Geheimnis Chinas nach Khotan gelangte. Demnach soll eine chinesische Prinzessin den frevelhaften Technologieschmuggel begangen haben. Sie wurde – wie es damals so üblich war – gegen ihren Willen an den König von Khotan verheiratet. Worüber die junge Dame wohl nicht sehr erbaut gewesen ist. Um im fernen Wüstenkönigreich wenigstens nicht auf den Luxus von Seide verzichten zu müssen, gelang es ihr, im Haarputz versteckt, die Eier des Seidenspinners und Maulbeersamen aus China hinauszuschmuggeln. Die Khotaner dürften es ihr gedankt haben. Teppiche und buntgemusterte Seidenstoffe aus der Oase wurden zum Exportschlager auf der Seidenstraße.

»Alles, was der Mensch zum Leben braucht, findet er hier im Überfluß«, schwärmte der Venezianer Marco Polo vor 700 Jahren. Von den Einwohnern wußte er zu berichten, daß sie Landgüter, Weinberge und Gärten besaßen. »Sie verdienen sich ihr Leben durch Handel und Gewerbe, sind aber keine guten Soldaten.« Das wurde der Stadt zum Verhängnis. Als im 12. und 13. Jahrhundert eine gewaltsame Islamisierungswelle einsetzte, hatten die Khotaner den fanatischen muslimischen Heeren nichts entgegenzusetzen, das Königreich ging unter, und der Buddhismus erlosch für immer. Letzte Spuren entdeckte Sven Hedin, als er auf seinen Wüstenwanderungen auf mehrere im Sand begrabene Ruinenorte stieß.

Ich erwartete nicht, dort noch Spuren der Vergangenheit zu finden, hoffte aber, daß etwas vom orientalischen Flair erhalten geblieben war, das das Leben in den Oasen am Rande der Takla Makan prägte. Aber selbst davon war zunächst nichts mehr zu spüren, als wir auf der mehrspurigen Hauptstraße in die Stadt rollten. Überall diese langweiligen Plattenbetonbauten mit denselben Kacheln, Türen und Fenstern, die allesamt aus dem Supermarkt der totalitären Architektur stammen. Auf einer Kreuzung, an der wir rechts abbogen, lächelte uns Chinas Triumvirat – Mao Tsetung, Deng Xiaoping und Zhang Zenmin – von einer riesigen Plakatwand an. Kurze Zeit später hielten wir im Hof des Hotan Hotels. Die Stadt besteht aus zwei Teilen mit zwei Gesichtern, die unterschiedlicher kaum sein könnten, einer chinesischen Neustadt und einer uigurischen Altstadt. Unser Hotel lag in der Neustadt. Wir schliefen chinesisch und lebten uigurisch. Denn wir hielten uns den ganzen Tag über in der Uigurenstadt auf. Sie beginnt bei der Hauptmoschee und umfaßt ein Bazarviertel, von dem schmale Gassen wegführen, an denen hinter schattigen Pappelalleen die Lehmhäuser der Oasenbewohner liegen. Das Leben spielt sich weitgehend im Freien ab, die Straße gehört zum Lebensraum, dort gehen die Friseure ihrer Arbeit nach,

Auf der Ladefläche des Fahrrades türmen sich Brot und mit
Fleisch gefüllte Teigwaren, daneben gibt es Tee. (rechts oben)

Frisch gezogene Langnudeln werden mit einer Soße
aus Gemüse und Fleisch serviert. (links oben)

Telefonieren auf dem Eselskarren, wie es sich im Jahr 2000
gehört. Scheinbar mühelos vollzieht sich der Zeitensprung
zwischen althergebrachter Tradition und adaptierter Moderne.

Fliegende Händler verkaufen Nan, das mit Sesam bestreute
Fladenbrot der osttürkischen Völker. (rechts unten)

verrichten die Schlachter ihr blutiges Handwerk. Zu beiden Seiten der Straße reihen sich die flachen Lehmbauten der Uiguren mit ihren heimeligen, häufig von Weinlauben beschatteten Innenhöfen. Hier halten sich die Menschen bevorzugt auf, verrichten die Kinder ihre Schulaufgaben, gehen die Erwachsenen ihrer Beschäftigung nach. In den heißen Sommermonaten wird der ummauerte Innenhof sogar zum Schlafzimmer umfunktioniert, indem man die Betten ins Freie stellt und die ganze Familie dort die schwülen Nächte zubringt.

Als wir abends in das Gästehaus zurückkamen, erwartete uns Keyoum.

»Ich habe gute Nachrichten.« Er strahlte mich an. »Wir haben sechs Kamele gefunden.«

»Hast du sie im Hotel untergebracht?« fragte ich spöttisch.

»Du glaubst mir wohl nicht«, erwiderte Keyoum.

»Erst, wenn ich sie gesehen habe!«

»Sie sind bereits in Merket, wenn ihr wollt, können wir sofort aufbrechen.«

Und ob wir das wollten, allerdings nicht auf der Stelle, denn für den nächsten Tag hatten wir einen Besuch des Sonntagsbazars geplant.

»Morgen ist Bazar kum?« fragte ich ihn, um sicherzugehen. Er nickte. »Wir werden für ein paar Stunden hingehen und dann aufbrechen«, beschied ich ihn.

Am nächsten Morgen waren wir bereits in aller Herrgottsfrühe unterwegs. Je näher wir dem Bazar kamen, desto größer wurde das Gedränge und Geschiebe. Von überall her kamen Eselskarren und Pferdewagen, die die Straße verstopften und für ein heilloses Durcheinander sorgten. »Posch! Posch!«, Platz! Platz!, tönte es immer wieder. Es drohte der Verkehrsinfarkt. Verkauft wurde alles, was irgendwie vermarktbar schien; jedes Handwerk war vertreten: die Tischler, Drechsler, Schneider, Hutmacher, Kupferschmiede. Lämmer, Stiere, Esel wechselten nach erhitztem Feilschen ihre Besitzer.

In einer anderen Gasse wurden Stoffe verkauft, gegenüber getragene Bekleidung. Ein Messerschleifer bot auf einem umgebauten Fahrrad seine Dienste an. Zahnärzte buhlten mit phantasievollen, selbstgemalten Plakattafeln um Laufkundschaft, indem sie den Passanten drastisch vor Augen führten, wann eine Reparatur der Beißwerkzeuge fällig ist. Das geschieht hier kostengünstig und ohne Voranmeldung, auch Ersatzgebisse und Zähne findet man bereits vorgefertigt.

Auf Marktständen türmte sich *Nan,* das flache, mit Sesam bestreute Weizenbrot der osttürkischen Völker. Daneben gab es *Shish kebabs,* wohlschmeckende Lammspieße, und alle Arten von Melonen, die der gut bewässerte Oasenboden hergab. Wir aßen frische Langnudeln mit gebratenem Gemüse. Allein die Herstellung des Teiges ist eine Kunst für sich und erinnert an ein Zirkusschaustück. Der Teig wird wie eine Springschnur zwischen den ausgebreiteten Armen auf und ab geschlungen. Dann faltet der Koch die Hände, als wolle er beten, der Teig formt einen Zopf, dessen unteres Ende er wieder aufnimmt, und die Übung beginnt von neuem. In jeder Garküche lief der Fernseher ohne Unterbrechung. Die Zuschauer saßen gebannt davor, in Reihen wie im Kino. Aller Voraussicht nach wird der Bildschirm hier in Zukunft mehr verändern als Islam und Kommunismus zusammen.

Wir hatten genug gesehen und machten uns auf den Weg nach Merket. In den kommenden Wochen sollten wir noch oft an die Fülle des Lebens denken, die sich uns auf dem Sonntagsbazar in Khotan dargeboten hatte.

Durch das Gebirge aus Sand

Ich sage euch,
diese Wüste ist nach allem, was man sagt, so lang,
daß man in einem Jahr nicht ankommen würde;
geht man dort, wo sie weniger breit ist,
quer hindurch, quält man sich einen Monat lang.
Ein sinnloses Unterfangen wäre es,
wollte man sie der Länge nach durchwandern.

Marco Polo

Esa Poltas Gehöft lag am südöstlichen Rande von Merket. Es war das letzte Gebäude am Ende eines staubigen Karrenweges. Dahinter schlossen noch ein paar Felder an, dann begann die Wüste. Eine mannshohe Lehmmauer und mehrere Reihen schlanker Pappeln schützten das Anwesen vor der Versandung. Nur zur Straße hin gab es ein hölzernes Tor, an dem uns der Hausherr freundlich empfing. Esa Polta war von eindrucksvoller Erscheinung: groß gewachsen, helle Augen, markant geschnittene Gesichtszüge. Er mochte bereits in den Achtzigern sein, aber er bewegte sich geschmeidig wie ein Jüngling. Bekleidet war er mit dem *Poschtien,* dem typischen knöchellangen Mantel der osttürkischen Völker, und seine gekrümmten Beine steckten in langen ledernen Schaftstiefeln. Der schlohweiße Bart, der ihm bis zur Brust reichte, verlieh ihm ein würdevolles Aussehen. Er musterte uns unverhohlen, so als wollte er unsere Wüstentauglichkeit prüfen. In seinem Blick lagen zugleich Wärme und Güte und die Weisheit eines Mannes, der auf ein langes, erfahrungsreiches Leben zurückblicken konnte. Kein Zweifel, Esa Polta war der Patron

Die Schwiegereltern von Roze,
Esa Polta und seine Frau.
Der erfahrene Karawanier
alter Schule gab seinem
Schwiegersohn wertvolle
Tips mit auf den Weg.

der Familie, sein Wort hatte Gewicht, und auf seinen Rat wurde gehört. Er war es, der für uns die Karawanenführer ausgewählt hatte, und in seinem Obstgarten parkten unsere Kamele. Eigentlich waren es nicht mehr *unsere* Kamele, wir hatten sie zwar bezahlt, nun gehörten sie jedoch den beiden Kameltreibern beziehungsweise deren Familien. Dies sei Teil der Abmachung, die er für uns getroffen habe, erklärte Keyoum – ganz in unserem Sinne, wie er mit leicht ironischem Unterton versicherte, denn er ging davon aus, daß wir die Tiere nicht mit nach Hause nehmen wollten. Sie nachher zu verkaufen kam genausowenig in Frage, denn dann hätten wir die Kamele erst einmal mindestens eine Woche lang bis zum nächsten Markt treiben müssen. Als Gegenleistung für die Tiere, die einen beträchtlichen Wert darstellten, würden die beiden Karawaniers für ihre Arbeit nur einen geringen Lohn verlangen. Außerdem, so legte Keyoum dar, sei es besser, wenn die Tiere den Kameltreibern gehörten, weil sie dann verantwortungsvoller mit ihnen umgingen. Das leuchtete ein. Mir lag zwar auf der Zunge zu sagen, daß sie aus diesem Grund auch auf die Idee kommen könnten, bald wieder umzukehren, aber ich verkniff mir diese Bemerkung.

Der Aufbruch

Unsere Ankunft hatte sich schnell herumgesprochen, und als wir vor das Eingangstor traten, um unsere Fahrzeuge zu entladen, hatte sich bereits eine ansehnliche Menschenmenge versammelt. Die Kinder balgten sich um die besten Plätze, und einige waren sogar auf die umstehenden Bäume geklettert, um einen Blick in den Innenhof zu erhaschen. Dutzende Hände packten kräftig an und halfen, das Gepäck in den Hof zu schleppen. Dort wurde sortiert, die Ausrüstung austariert und zu ausgewogenen Kamellasten verschnürt. Zwischendurch tauchte Keyoum auf, mit zwei Männern im Schlepptau, die wie Vater und Sohn aussahen. »Das ist Saud«, stellte er den älteren der beiden vor. Der lächelte verlegen, verbeugte sich artig, schüttelte jedem von uns die Hand – und entschwand gleich wieder. Der jüngere hieß Roze und war nicht, wie ich vermutete, mit Saud verwandt, sondern der Schwiegersohn von Esa Polta. Er trug ein blütenweißes Hemd, darüber ein dunkles Sakko. Mit seinem Stoppelbart, der schräg sitzenden Kappe und dem Zigarettenstummel, der lässig in seinen Mundwinkeln hin und her wanderte, sah er eher aus wie ein Mafioso aus dem Chicago der dreißiger Jahre als ein Kamelflüsterer. Er müsse Saud beim Abfüllen der Wasserkanister helfen, sagte er und empfahl sich höflich.

Zunächst galt es, verschiedene Aufgaben zu verteilen. Ich bat Helmut, sich um die Wasservorräte zu kümmern. Wir hatten 18 Wasserbehälter zu je 25 Liter für den ersten Teil der Tour einkalkuliert. Die kürzeste Entfernung – also Luftlinie – bis zu Hedins »Langem See«, einer Gegend namens Tusluk,

Eine ansehnliche Schar Schaulustiger hatte sich vor Esa Poltas Gehöft versammelt, die es sich nicht entgehen lassen wollte, den Aufbruch der Karawane mitzuerleben.

betrug nach meinen Berechnungen 145 Kilometer. Hedin hatte mit seiner Karawane dafür zwölf Tage benötigt. Ich hoffte, die Strecke in neun bis zehn Tagen zurückzulegen. Die Wasservorräte waren demnach sehr großzügig bemessen, und notfalls konnten wir den Kamelen etwas davon abgeben. Was die Wasserversorgung für die Tiere betraf, so rechnete ich damit, unterwegs – wie Hedin – Brunnen zu graben. Allerdings durften wir uns nicht blindlings darauf verlassen, denn in den letzten 100 Jahren hatte sich der Wasserhaushalt so ungünstig verändert, daß aller Wahrscheinlichkeit nach viele der offenen Wasserstellen, an denen sich seine Karawane noch hatte laben können, nicht mehr existierten und der Grundwasserspiegel beträchtlich abgesunken sein dürfte. In wirkliche Gefahr aber konnten wir schon deshalb nicht geraten, weil wir uns zunächst am nördlichen Randbereich der Wüste bewegten und der wasserführende Yarkand-darya nie mehr als ein bis zwei Tagesmärsche entfernt blieb. Obwohl wir uns noch keiner allzu strengen Wasserkontrolle unterwerfen mußten, beschlossen wir, trotzdem darauf zu achten, nicht mehr als eineinhalb Kanister pro Tag zu verbrauchen.

Während Saud und Roze schon damit begannen, draußen vor dem Haus die Packsättel und Lasten zu ordnen, packten wir drinnen im Schatten der überdachten Veranda unsere Marschrucksäcke. Ich hatte mich entschlossen, ein Trinksystem zu verwenden, das für Leistungssportler entwickelt wurde und sich nun auch im Outdoorbereich mehr und mehr durchsetzt. Es besteht aus einem 1,5-Liter-Wasserbeutel, der an der Innenwand des Rucksackes befestigt wird und von dem ein Schlauch mit Saugventil an den Mund führt, so daß man jederzeit im Gehen Flüssigkeit tanken kann. Zusätzlich nahm ich mir noch eine 0,75-Liter-Wasserflasche mit, womit ich auf insgesamt 2,2 Liter kam. Damit wollte ich tagsüber auskommen.

Esa Polta sah uns interessiert zu und wunderte sich wohl über all die seltsamen Dinge, die die Fremden in die Wüste mitnahmen. Als ich die Geste des Schöpfens vollführte, erhob er sich und bedeutete mir, ihm zu folgen. Er führte mich durch einen Durchgang in den umzäunten Obstgarten. Dort bot sich ein idyllisches Bild: Unsere sechs Kamele hatten sich um den Brunnen versammelt. Zwei von ihnen lagen wiederkäuend im Gras, die anderen knabberten bedächtig an den frischen Trieben der Bäume. Es war, als ob sie nichts vom bevorstehenden Wüstengang ahnten. Wie oft mochten sie sich in den kommenden Wochen an diesen Ort zurücksehnen? Ich betrachtete sie prüfend. Sie trugen noch keine Sättel und wirkten seltsam nackt. Das lag daran, daß sie um diese Zeit ihre wollige Behaarung ganz verlieren und während des heißesten Monats nur mit einem Flaum bedeckt sind. Bei zweien war dieser Prozeß schon weit fortgeschritten, und der spärliche Rest ihrer Winterbekleidung hing ihnen in verfilzten Knäueln und Fransen vom Körper. Am auffälligsten war das weiße

Kamel, und zwar nicht nur wegen seiner Farbe. Es war groß und schien seine Haarpracht im Gegensatz zu den anderen nicht zu verlieren. Mit seinen großen, schönen braunen Augen blickte es mich stolz von oben herab an, als ich mich ihm näherte. Vielleicht täuschte das schwindende Haarkleid, aber mir schienen sie alle sechs recht mager. Die Höcker, ihre Fettspeicher, waren jedenfalls alles andere als prallvoll. Sie standen nicht steif und fest nach oben, sondern baumelten wie leere Säcke an den Seiten. Bei einem, das deutlich kleiner als die anderen war, ließen sie sich überhaupt erst bei näherem Hinsehen erkennen. Noch ein Kamel fiel mir bei dieser ersten Betrachtung auf. Es stand etwas abseits der Gruppe und hatte das Gebiß seltsam gefletscht, so daß die beiden oberen Schneidezähne hervortraten, als würde es grinsen. Auf Menschen schien es nicht gut zu sprechen zu sein. Meinen Annäherungsversuch jedenfalls quittierte es mit einem bedrohlichen Knurren.

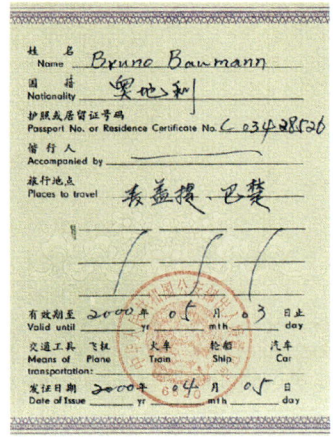

Dieses Papier, das uns das »Büro für öffentliche Sicherheit« in Kashgar ausgestellt hatte, berechtigte zur Wüstendurchquerung. Es war unser Passierschein für das Abenteuer Takla Makan.

Das Wasser in Esa Poltas Brunnen war wunderbar klar und frisch. Ich trank ausgiebig, füllte meine Wasserbehälter und kehrte in das Haus zurück. Wir waren gerade dabei, unser Gepäck zum Beladeplatz der Kamele nach draußen zu schleppen, da wurden wir Zeugen eines bühnenreifen Auftrittes: In eine Staubwolke eingehüllt und mit blinkendem Rotlicht fuhr ein Polizeijeep vor. Dem Gefährt entstiegen zwei Uniformierte. Einer von ihnen trat auf uns zu, rückte den Pistolengurt zurecht, setzte die Kappe auf – und forderte unsere Pässe. Als er sah, daß wir zögerten, sagte er in einstudiertem Englisch: »Don't worry, I am the police!« Keyoum schaltete sich ein, und nach längerem Palaver stand fest, daß wir alle zur Polizeistation mußten. Wir waren wütend. »Nur eine Formalität«, beschwichtigte Keyoum. Dann sollten eben die Kameltreiber in der Zwischenzeit die Tiere bepacken, so daß wir nach der »Formalität« sofort losziehen konnten. Das gehe nicht, weil die ganze Karawane zur Polizeistation müsse, erklärte Keyoum daraufhin. Ich dachte an einen Witz. »Seit wann brauchen Kamele eine polizeiliche Erlaubnis, um in die Wüste zu dürfen?« fragte ich ihn. Das Schauspiel entwickelte sich zunehmend zur Komödie. Aber aus der folgenden heftigen Debatte schloß ich, daß es die Ordnungshüter durchaus ernst meinten. Schließlich obsiegte der praktische Menschenverstand, und man kam überein, daß es genüge, nur unsere Personalien festzustellen. Die Polizeistation war nicht gerade um die Ecke. Genauer gesagt lag sie im neuen Teil der Oasenstadt und somit mehr als zehn Kilometer entfernt. Wie alle Oasen im Tarim-Becken wurde auch Merket in den letzten Jahrzehnten stark vergrößert, und die künstlich bewässerten Flächen wurden enorm ausgedehnt. Das Zentrum war neu. Den Polizeiwagen im Windschatten, hielt unser Fahrer sogar an der roten Ampel. Wir witzelten darüber, ob es den Kamelen wohl gelungen wäre, die Kreuzung in einer einzigen Grünphase zu überqueren.

Zur allgemeinen Überraschung brachte man uns nicht in das »Büro für öffentliche Sicherheit«, wie das Etablissement so schön heißt, sondern in die Empfangshalle des lokalen Gästehauses. Das verhieß nichts Gutes, in jedem Fall aber, daß es dauern würde und wir gut beraten waren, uns mit Geduld zu wappnen – eine Eigenschaft, die nicht gerade zu meinen Stärken zählt. Keyoum, Wang und der Fahrer verschwanden mit den Polizisten. Und es dauerte. Langweilig wurde es nicht. Mal erschienen ein paar Kinder, um uns zu begaffen, dann tauchte eine junge Chinesin auf, die mich einspannen wollte, um ihre englischen Sprachkenntnisse zu üben. Ich wimmelte sie ab, indem ich ihr auf chinesisch antwortete, daß ich kein Englisch verstehe, Helmut hingegen es in Oxford gelernt habe, worauf er sie am Hals hatte. Nach einer Stunde erschien Keyoum und erklärte, man würde gerade in Kashgar nachfragen, ob mit unserer Reiseerlaubnis alles seine Richtigkeit habe. Ich glaubte ihm kein Wort. Für mich war klar, daß es hier um Geld ging. Wann verirrten sich schon einmal langnasige Dukatenkamele nach Merket? Da will jeder mitverdienen. Ich sagte ihm offen ins Gesicht, daß sein Geiz nicht gerade zur Beschleunigung behördlicher Vorgänge beitrage, und drohte, ihm sein Honorar um einen Tagessatz zu kürzen, wenn wir nicht noch heute losmarschierten. Das wirkte.

Bald kam er mit den Pässen zurück und vermeldete, daß unsere Papiere einwandfrei seien. Die lokale Polizei hätte noch eine Öko-Abgabe erhoben, und damit stünde unserem Aufbruch nichts mehr im Wege. Aha, so nannte man das nun – wie einfallsreich.

Saud und Roze hatten offenbar nicht damit gerechnet, daß wir an diesem Tag noch zurückkämen, denn sie saßen im schattigen Innenhof und tranken Tee. Ich nutzte die Gelegenheit, um mit ihnen den Ablauf der Tour und die Route zu besprechen. Nach Austausch der üblichen Höflichkeitsfloskeln und Freundschaftsbezeugungen kam ich zur Sache. Um Mißverständnisse zu vermeiden, bat ich Keyoum, meine Worte möglichst genau zu übersetzen. Zuerst fragte ich sie, ob sie den Teil der Wüste kannten, den wir durchqueren wollten. Beide verneinten. Sie kannten zwar Tusluk vom Hörensagen und wußten die grobe Richtung dorthin anzugeben, aber über die Wüstenstrecke zum Khotan-darya wußten sie nicht mehr, als daß es dort *Yaman kum*, schlimmen Sand, hätte. Roze hatte im Jahre 1993 eine britisch-chinesische Gruppe begleitet, die von Merket auf direktem Wege zum Mazar-tagh gelaufen war.

Ich erklärte ihnen, daß ich stets vorausgehen und die Richtung vorgeben würde. Ich würde zwar immer versuchen, den möglichst kürzesten Weg zu gehen, gleichzeitig jedoch darauf achten, daß sie mit den Kamelen meiner Spur folgen konnten. Es bliebe allerdings ihnen überlassen, ob sie exakt meiner Spur hinterherliefen oder sich eine eigene Route suchten. Ich sollte mich jedoch von der Karawane nicht allzu weit entfernen, warf Saud ein, denn um diese Zeit gebe es oft *Buran*, Sandsturm, und dann würden meine Spuren für sie nur schwer zu erkennen sein. Im Falle eines Sandsturms würde ich in Sichtweite bleiben, versicherte ich ihnen.

Dann sprach ich über die Aufgabenverteilung. Meine war die Navigation. Ich hätte viel Erfahrung darin, und sie könnten mir vertrauen, daß ich sie nicht in die Irre führen würde. Dabei zeigte ich ihnen Kompaß, Karte und GPS-Gerät – meine Orientierungshilfen. Roze kannte die Funktionsweise des Satellitennavigationsgerätes von den Briten und versuchte, sie Saud zu erklären, wobei er immer wieder zum Himmel deutete und mit seinen Händen Kreise beschrieb. Saud machte ein ungläubiges Gesicht. Er schien sich nur schwer vorstellen zu können, daß außer Allah und den Gestirnen noch andere »Wesen« dort oben umhergeisterten, schon gar nicht solche, die einem verkündeten, wo man in der Wüste zu laufen habe.

Ich eröffnete ihnen, daß wir jeden Tag 15 bis 20 Kilometer zurücklegen müßten und ich nicht eher anhalten würde, bis wir dieses Ziel erreicht hätten. Roze gab zu bedenken, daß die Tiere um diese Zeit nicht so kräftig waren und sie deshalb Futtermöglichkeiten – so sie sich unterwegs boten – nutzen wollten. Außerdem würden sie öfter einen Brunnen graben, um die Tiere zu tränken. Das würde Zeit kosten. Ich versprach, nach Möglichkeit die Lagerplätze so zu wählen, daß die Tiere in der Umgebung Futter fänden und die Aussicht auf Wasser bestehe. Würden wir am Abend einen Brunnen graben, könnten die Tiere am nächsten Morgen trinken, und wir würden keine Zeit verlieren. Sie nickten zustimmend.

Als nächstes machte ich ihnen deutlich, daß ich überzeugt war, bis Tusluk ohne Probleme Wasser zu finden, erst danach hätten wir eine lange wasserlose Strecke zu überwinden, auf der, nach allem, was ich wisse, keine Aussicht auf einen Brunnen bestehe. Diese Strecke sei gefährlich, fügte ich hinzu, und dort sei schon einmal eine Karawane verdurstet. Sie beratschlagten eine Weile. Dann erklärte Saud, daß wir auf dieser Strecke auch für die Kamele Wasser mitnehmen müßten. Wenn sie an den ersten Tagen zu trinken bekämen, dann könnten sie die letzten fünf bis sechs Tage ohne Flüssigkeit auskommen. Auf die genaue Menge mochten sie sich allerdings nicht festlegen.

Ich stellte klar, daß ich von ihnen erwartete, daß sie sich um die Tiere kümmerten. Es war ihre Aufgabe, sie zu versorgen, zu bepacken und zu führen. Wir würden sie nach Kräften dabei unterstützen. Die gesamten Wasservorräte wurden von uns verwaltet, und jeder würde morgens seine Tagesration zugeteilt bekommen. Sie würden genausoviel erhalten wie wir. Auch die Nahrung würden wir mit ihnen teilen, und sie könnten selbstverständlich unseren Gaskocher benutzen.

Abschließend fragte ich sie, ob sie mit diesen Bedingungen einverstanden seien. »Jakshi«, gut, antworteten sie. Dann konnten wir aufbrechen.

Wir erhoben uns und traten aus dem Hof ins Freie. Jetzt sah ich, daß sich der Himmel im Osten verdunkelt hatte. Ein milchig-weißer Schleier hing über der Wüste. Auch ein böenartiger Wind hatte eingesetzt, von dem wir im Schutze der Mauern nichts gespürt hatten. Nur noch im Westen zeigte sich ein Fleck blauer Himmel. Ich blickte auf die Uhr und stellte erschrocken fest, daß es schon 16 Uhr war, Beijing-Zeit. Das Beladen der Kamele stand uns noch bevor. Ich rechnete damit, daß es beim erstenmal mindestens zwei Stunden in Anspruch nehmen würde. Dann blieben noch drei bis vier Stunden bis zum Einbruch der Dunkelheit. Damit war klar, daß wir an diesem Tag keine 15 Kilometer Luftlinie mehr schaffen würden, vielleicht zehn, aber ich wollte unbedingt losmarschieren, denn womöglich ersannen die Ordnungshüter in Merket über Nacht einen weiteren Grund, uns am Abmarsch zu hindern.

Unter den neugierigen Blicken der vielen Zuschauer wurden die Kamele herangeführt. Ich fragte Roze, welches von ihnen

am sichersten gehe. Er zeigte auf den »Weißen«. Es sollte unsere wertvollste persönliche Ausrüstung tragen, darunter ein Solarpanel mit Akku, der unsere Kamera und andere technische

Unter den neugierigen Blicken der Zuschauer wurden zuerst die »Wasserkamele« bepackt. Jedes Tier trug vier Kanister mit je 25 Litern Wasser.

am sichersten gehe. Er zeigte auf den »Weißen«. Es sollte unsere wertvollste persönliche Ausrüstung tragen, darunter ein Solarpanel mit Akku, der unsere Kamera und andere technische Geräte speisen sollte. Helmut betraute ich mit der Aufgabe, das Bepacken dieses Kamels zu überwachen und dafür zu sorgen, daß das Panel möglichst schonend und so befestigt wurde, daß es zur Sonne im rechten Winkel stand. Wang fiel die verantwortungsvolle Tätigkeit zu, die Wasservorräte zu verwalten und jeden Tag nicht mehr als die von mir vorgegebene Menge zu verteilen. Da ich schon schlechte Erfahrungen mit den billigen Kanistern »made in China« gemacht hatte, bat ich ihn, die Verschlüsse noch zusätzlich mit Plastiktüten abzudichten und zu überprüfen, daß keiner leckte.

Die »Wasserkamele« wurden zuerst bepackt. Jedes der Tiere bekam ein grob zusammengezimmertes Gestell über seinen Sattel gelegt, in das man je zwei Kanister zu beiden Seiten stellte. Die Kanister wurden noch zusätzlich in Decken eingeschlagen. Das erwies sich schon zu Beginn als Glücksgriff. Eines der Tiere ließ sich nur widerwillig zum Beladen zu Boden zwingen. Es war wütend, schnappte und spuckte nach Saud, der es mit derben Tritten gegen die Schienbeine bearbeitete. Schließlich brachten sie es in Hockstellung. Obwohl es gefesselt war und zusätzlich von mehreren Männern festgehalten wurde, sprang es wieder auf, trat wild um sich und galoppierte davon. Die vier Wasserkanister, die noch nicht richtig festgezurrt waren, stürzten zu Boden, aber nur einer zerbarst, und 25 Liter Wasser versickerten unter unseren entsetzten Blicken im Sand. Jeder weitere Versuch, das Tier zu Boden zu bringen, scheiterte. Es stand drohend da, mit gefletschten Zähnen, und stieß bösartige Schreie aus, wenn sich jemand ihm näherte. Ich befahl Saud, diesem Kamel keine unserer kostbaren Wasservorräte mehr aufzubürden. Jedenfalls war das Tier entweder besonders dumm oder besonders klug. Sein Widerstand forderte die Kameltreiber heraus, die es alles andere als sanft behandelten; seine Weigerung, sich zu Boden zwingen zu lassen, hatte jedoch zur Folge, daß es stets die leichteste Last trug, denn im Stehen konnte man es nur mit Mühe beladen. Als alle Kamele beladen und abmarschbereit standen, legte es sich wie zum Hohn in schöner Demut hin. Wegen seiner markanten Vorderzähne, die es fast immer entblößte, erinnerte es uns an einen bekannten Sportler, und wir tauften es »Niki«.

Was die Beladezeit betraf, so hatte ich mich nicht getäuscht. Dank des widerspenstigen »Niki« brauchten wir sogar noch länger. Nun aber sollte es losgehen. Ich verabschiedete mich von Keyoum, Esa Polta und seiner Frau, die uns mit Tee bewirtet hatte. Je drei Kamele wurden zu einer Gruppe zusammengebunden. Angeführt von Roze, der den »Weißen« am Strick hinter sich herzog, marschierten wir ab. Die Zuschauer bildeten ein Spalier, sie lachten und winkten uns. Ich freute mich, endlich unterwegs zu sein, die alte »Scholle« Zentralasiens unter meinen Füßen zu spüren. Ich genoß das Gefühl

Aufbruch in Merket. Entlang einer staubigen Piste verließen wir die schützende Oase. Hinter dem letzten Pappelgürtel begann die Wüste.

des Aufbruchs, den unerklärlichen Zauber, der ihm innewohnte. Ich hatte auch allen Grund dazu, denn ein aufregendes Jahr lag vor mir – die Takla Makan, die Gobi, dann Tibet –, und es begann in diesem Augenblick. Eine johlende Kinderschar lief noch ein Stück hinter uns her, dann wurde es still, und wir betraten die Wüste.

»Im Kampf mit der Wüste und dem Tod«

Es war der 8. April, fast auf den Tag genau vor 105 Jahren war Sven Hedin von hier losgezogen. Unmittelbar vor dem Aufbruch am 10. April 1895 kam ein Kurier aus Kashgar mit Briefen aus der Heimat. Darunter befand sich ein Schreiben seiner Herzallerliebsten. Was in keinem von Hedins Büchern steht und auch in keiner seiner vielen Nacherzählungen und Aufsätze, die sich mit der unglücklichen Wüstenreise des Jahres 1895 beschäftigten, vertraute er einem Manuskript an, das er fast vier Jahrzehnte später, im Jahre 1932, in Chicago verfaßte.

143

Maria Broman, genannt Mille, und Sven Hedin hatten sich in Stockholm kennen- und liebengelernt.

In dieser Schrift, die sich unter der Überschrift »Im Kampf mit der Wüste und dem Tod« in seinem Nachlaß fand, enthüllte er die gefühlsmäßigen Hintergründe des Wüstendramas. Der Text blieb jedoch weitgehend unveröffentlicht, lediglich eine sehr gekürzte Fassung erschien bei Brockhaus im Jahre 1944.

Hedin hatte sich bereits mitten in den Vorbereitungen für diese erste große Asienexpedition befunden, als er sich Hals über Kopf verliebte. Das Mädchen hieß Maria Broman, gerufen Mille, und war ein umschwärmtes Wesen der feinen Stockholmer Gesellschaft – reich, jung und schön.

»Sie war 17 Jahre alt, ich 26, als wir uns zum erstenmal begegneten«, hatte Hedin handschriftlich notiert. »Sie war strahlend in ihrer Jugend, Unschuld und Schönheit«, schwärmte er, »sie war blond und hatte Augen vom wunderbarsten Blau.«

»Nichts bereitete ihr mehr Vergnügen als…« Diese Zeile strich er durch und formulierte statt dessen: »Es gefiel ihr, in meinen Skizzenbüchern zu blättern und den prächtigen Geschichten aus dem Orient zuzuhören.«

*Mit der Hoffnung im Herzen,
Mille werde auf ihn warten,
brach Sven Hedin zu seiner
Takla-Makan-Expedition auf.*

Aber es waren nicht nur Geschichten, die er von seinen bisherigen Reisen erzählte, er wollte sie auch weiterhin unternehmen. Im Herbst 1893 war es wieder soweit: Er stand vor einem neuerlichen Aufbruch nach Asien, diesmal sollte die Reise schwieriger und gefährlicher sein und länger dauern, voraussichtlich mehrere Jahre. Ein schmerzlicher Abschied war unvermeidlich: »Ich war unsterblich verliebt und wollte wissen, ob sie treu auf meine Rückkehr warten könne«, erinnerte sich der knapp Siebzigjährige an jenen Tag am Kai von Skeppro. »Sie antwortete lächelnd, sie sei zu jung, um einen so wichtigen Schritt tun zu können. Sie könne weder sich selbst noch mich für mehrere Jahre binden.«

Daß sie es damit ernst meinte, mochte er nicht wahrhaben. »Liebe erhofft sich alles und glaubt alles«, schrieb er. Deshalb brach er mit der festen Überzeugung auf, Mille wollte nur seine Treue und Verläßlichkeit prüfen und werde gewiß zu Hause auf ihn warten. Er trug sie im Herzen, als er über die endlosen Kirgisensteppen Turkestans ritt, den Pamir überquerte und in den kalten Nächten am Muztagh-ata wach in seinem Zelt lag. Er dachte wohl auch an sie, als er in Merket die Karawane für den Wüstenmarsch rüstete – bis zu jenem verhängnisvollen Augenblick, in dem der Bote aus Kashgar eintraf.

»Die Tage, an denen der Kurier kam, waren Feiertage, aber diesmal wurde es ein schwarzer Tag.« Er erfuhr von seiner Schwester Alma, der einzigen Person, die er in sein Geheimnis eingeweiht hatte, daß Mille im Begriff stand, sich zu verloben. »Mir wurde schwarz vor den Augen«, erinnerte sich Hedin an die bitteren Momente. »Ich konnte mir kein Leben ohne sie denken.« In seltener Offenheit ließ er seinen Gefühlen freien Lauf und drückte seine wahren Beweggründe aus, als er schrieb: »Es war ja doch ihretwegen, daß alle diese großen Eroberungen im Herzen Asiens, in Tibet und der Wüste Gobi gemacht werden sollten! ... Ich war bereit, mich allen denkbaren Mühen zu unterziehen, nur um ihre Bewunderung und Lob zu gewinnen. Und jetzt begleitete sie mich nicht einmal in Gedanken und war dabei, ihr Herz einem anderen zu schenken.«

Die Sätze aus dem unveröffentlichten Manuskript sprechen für sich und lassen die emotionalen Hintergründe der fatalen Wüstenreise in einem neuen Licht erscheinen. Mit einer Deutlichkeit, die nichts zu wünschen übrigläßt, schrieb Hedin tief verletzt und voller Verzweiflung: »Da konnte ich genausogut vor Durst in der Wüste verschmachten! Das Leben hatte keinen Wert mehr. Die Wogen des Sandmeeres sollten über uns zusammenschlagen und Schweigen sich um uns ausbreiten, wie ein Schiff, das mit Maus und Mann auf hoher See untergeht!«

Jetzt wurden auch die Todesassoziationen verständlich, die mir früher in seinen Veröffentlichungen aufgefallen waren und die sich nur schwer erklären ließen. Jetzt wurde klar, warum ihn die Kamelglocken schon beim Abmarsch an ein Begräbnis erinnerten, die Stille der Wüste für ihn die Grabesstille war und die Karawane einem Leichenzug glich.

Noch etwas enthüllte das Manuskript »Im Kampf mit der Wüste und dem Tod«, nämlich wie er die schwere Enttäuschung verarbeitete. Schon in der Einleitung findet sich die entlarvende Feststellung, als er über die Wüstenreise schrieb: »Die Torheit, die hier geschildert werden soll, wäre nie begangen worden, wenn nicht die verblendete Liebe zu einer Frau meinen gesunden, kalten Verstand umnachtet hätte.«

Die »treulose Seele« hatte ihn verraten. Er kompensierte die Enttäuschung damit, daß die Frau seiner nicht würdig war. Seine Gefühle, weil unerfüllt, konnten nur verblendete Liebe sein. Treue nämlich spielte in seinem Leben eine wichtige Rolle. In einer Selbstauskunft bezeichnete er sie als jene Tugend, die er am meisten schätzte.

Einige Absätze später findet sich ein weiteres Motiv. »Der Schmerz, der mich getroffen hatte«, schrieb Hedin, »konnte durch Sensationen ganz anderer Art bis zu einem gewissen Grad zum Schweigen gebracht und gemildert werden.« Damit meinte er seine Arbeit, seine beruflichen Erfolge, die sensationellen Entdeckungen, die er machte, und die damit verbundene öffentliche Anerkennung. Hedin war, wie wir heute sagen würden, ein notorischer Workaholic. Die publizistische Bilanz seines Lebens ist beeindruckend. Der Schweizer Willy Hess, ein großer Verehrer Hedins, hat sich die Mühe gemacht, all seine Werke aufzulisten. Er zählte 858 schriftliche Erzeugnisse, die aus der Feder Hedins stammen. Die Briefe sind darin nicht enthalten.

Die Geschichte mit Mille war allerdings noch nicht zu Ende. Hedin traf sie nach seiner Rückkehr aus der Takla Makan wieder, voller Hoffnung, sie doch noch gewinnen zu können. Sie verlangte von ihm, daß er den unsicheren Beruf des Entdeckungsreisenden aufgebe und ihr verspreche, nie mehr fortzureisen. »Aber da erwachte mein Stolz wieder, und ich antwortete, ich könne niemals meine Berufung verraten – nicht einmal um der Frau willen, die ich liebte ... Sie erwiderte mit kaum hörbarer Stimme, daß es das beste für uns beide sei, wenn jeder seinen eigenen Weg ginge, falls meine Liebe zu dem öden Asien größer sei als meine Liebe zu ihr.«

Um die neuerliche Enttäuschung zu ersticken, stürzte er sich in seine Arbeit. Die Zeit zwischen dem 10. Mai 1897 und dem 24. Juni 1899, also zwischen seiner Rückkehr von der Takla Makan und seinem Aufbruch nach Tibet, war, wie er selbst einmal zugab, die arbeitsreichste seines Lebens. Er wollte mit zwanghaften Aktivitäten den Liebeskummer aus seinem »Gedächtnis reißen«, und deshalb hatte er es »so eilig«.

Gelungen war ihm das freilich nie, und das Schicksal nahm eine tragische Wende. Im Frühjahr 1928 erfuhr Sven Hedin mitten in Asien, daß Mille »für immer eingeschlafen war. So endete diese Liebesgeschichte, die so intim mit allen meinen Reisen durch den großen Kontinent verflochten war«. Selbst damit war die Geschichte noch nicht abgeschlossen. Bis zu seinem Tod trug er ihr Foto in seinem Losungsbüchlein bei sich.

Am Rande des Sandmeeres

Wir folgten zunächst dem immer schmaler werdenden Band der Piste, die sich zwischen bewässerten Feldern hindurchschlängelte. Solange sie in unsere ungefähre Marschrichtung führte, wollte ich sie benutzen, schon wegen der schwerbeladenen Kamele, obwohl es uns kein großes Vergnügen bereitete, knöcheltief durch mehlfeinen Staub zu waten. Die Hitze war drückend, obwohl die Sonne schon tief stand. Wir marschierten in nordöstlicher Richtung, so daß sie uns von der Seite röstete. Wir freuten uns über jeden Windstoß, der für Augenblicke etwas Kühlung verschaffte. Die Schritte fielen schwer, und der Durst ließ nicht lange auf sich warten. Aus Erfahrung wußte ich, daß die ersten Tage immer besonders anstrengend waren. Später, wenn sich der Körper an die ex-

tremen Bedingungen gewöhnt hatte, wurde es leichter.

Bald blieben die letzten Felder zurück, und an ihre Stelle trat Kamisch, mannshohes Schilfgras, das überall dort wuchs, wo noch ein spärlicher Rest von Wasser vorhanden war. Die Piste, auf der man noch Mo-

Im Licht der untergehenden Sonne zogen wir durch eine flache Steppe, die mit mannshohem Kamisch, einem trockenen Schilfgewächs, überzogen war. Roze führte die Karawane an, mit dem weißen Leitkamel an der Spitze.

torradspuren erkennen konnte, bog scharf nach Osten ab und endete nach zwei Marschstunden an einem einzelnen Gehöft. Ich war allein vorausgelaufen, und als die Bewohner mich sahen, blieben sie vor Überraschung wie versteinert stehen. Selbst die Kinder, die gewöhnlich ihre Neugier nicht bezähmen können, schienen wie erstarrt. Ich fragte mich, wovon sie lebten, denn außer drei Pappeln gab es hier nichts. Als sie die herannahende Karawane sahen, entspannten sich ihre Gesichter. Mit dem weißen Kamel an der Spitze, das Roze führte, tauchte sie aus der Kamischsteppe auf. Im Westen ging die Sonne als feuerroter Ball unter und ließ das Schilf-

Die Sonne senkte sich auf den Horizont im Westen, als wir an einem einzelnen Gehöft vorbeikamen, bei dem die letzten Pappeln wuchsen. gras aufleuchten, als stünde es in Flammen.

Mit der Sonne verschwand auch die Hitze, und wohltuende Kühle breitete sich aus. Die Landschaft wurde trockener, wüstenartiger, und am östlichen Horizont zeigten sich bereits die gerundeten Formen hoher Sanddünen. Bei den ersten Sandanhäufungen gab ich das Zeichen zum Lagern. Wir hatten in drei Stunden zwölf Kilometer Luftlinie zurückgelegt. Zufrieden schlugen wir unsere Zelte in einer sandigen Mulde auf. Ringsum gab es genügend Freßbares für die Kamele, und nicht weit entfernt fand sich sogar ein Wassertümpel. Wang verteilte die Wasserrationen, und während wir noch mit dem Aufstellen des Kochers beschäftigt waren, hatten die beiden Karawaniers bereits ein Feuer in Gang gebracht und einen großen Topf mit Wasser darüber aufgestellt. Als es heiß genug war, kippten sie mehrere Tüten chinesischer Instant-Nudeln hinein. Nach dem Essen rollten sie sich in Bettdecken, die sie im Sand ausgebreitet hatten. Ich lag noch lange wach und blickte in den überwältigenden Sternenhimmel, der sich über mir aufspannte und durch das dünne Zeltgewebe schimmerte.

Beim ersten Morgengrauen wurden die Kamele, die die Nacht über am Lager angebunden waren, freigelassen. Während wir unser Frühstück bereiteten und packten, weideten sie in der Umgebung. Die karge Landschaft gab nicht mehr viel Futter her, deshalb bekamen sie wie jeden Tag groben Maisschrot, der mit Wasser zu einem Brei angerührt wurde. Dann wurden ihnen die Packsättel aufgelegt und mit Stricken um den Bauch befestigt. Das Beladen war ein Kapitel für sich. Saud und Roze schienen noch weit davon entfernt, sich auf eine Packordnung zu einigen, und diskutierten bei jedem Stück, welchem Kamel es wo aufgebunden werden sollte. Bei »Niki« hatten sie es inzwischen aufgegeben, ihn in die Beladeposition bringen zu wollen. Er mußte stehend gesattelt und

Anhand der Karte erläuterte ich Roze und Helmut die Route, deren Kurs ich mit Kompaß und Satellitennavigationsgerät bestimmte.

bepackt werden. Wir halfen Roze dabei, die Lasten hochzuwuchten, während Saud das bockende Tier festhielt. Zum Glück ließen die anderen die Prozedur geduldig über sich ergehen. Dennoch dauerte es volle zwei Stunden, bis alle Kamele beladen waren.

Bevor wir losmarschierten, besprach ich mit Saud und Roze die Route. Wir verstanden uns prächtig: Ich deutete nach Nordosten, sie wiesen nach Südosten. Schließlich einigten wir uns in der Mitte. Nachdem ich Wang, der stets mit der Karawane ging, eingeschärft hatte, dafür zu sorgen, daß sie unbedingt meinen Spuren folgten und keine längeren Pausen einlegten, zog ich mit Helmut los. Wir waren noch nicht weit gekommen, da standen wir vor einer sumpfartigen Wasserfläche. Vom Lager aus war nichts davon zu erkennen gewesen. Beim Versuch, sie nordostwärts zu umgehen, gerieten wir immer tiefer in ein System von Tümpeln und kleinen Seen, die uns bald zum Rückzug zwangen. Jetzt wurde klar, warum die beiden Kameltreiber einen Haken nach Süden hatten schlagen wollen, denn nur dort gab es ein Durchkommen. Die Karawane hatte uns bald eingeholt, und gemeinsam tasteten wir uns am äußersten Rand der Sümpfe entlang. Die Hitze war in den ersten Stunden noch einigermaßen auszuhalten, und wir hofften, daß am Nachmittag wieder ein thermischer Wind aufkäme, der sie erträglich machen würde.

Auf die feuchten Sümpfe folgte trockene Dornbuschsteppe. Flach wie ein Billardtisch dehnte sie sich vor uns aus. Nur gegen Osten erhoben sich einzelne Sandgebilde. Jetzt gab es keine Hindernisse mehr, und ich dirigierte die Karawane wieder auf Nordnordost-Kurs – unsere Ideallinie, die das GPS-Gerät vorgab. Die Landschaft bot keinerlei Abwechslung. Den Blick auf einen fernen Geländepunkt fixiert, den ich vorher mittels Kompaß anvisiert hatte, lief ich voraus. Helmut folgte mir wie ein Schatten. Wir sprachen kaum ein Wort, jeder hing seinen eigenen Gedanken nach. Erinnerungen an vergangene Wüstenwanderungen stiegen auf und vergingen wieder wie in einem Traum. Kaleidoskopartig zogen die Bilder vorbei, während die Füße wie von allein liefen.

Die Karawane konnte unser Tempo nicht lange halten, sie fiel immer weiter zurück, und schließlich verloren wir sie ganz aus den Augen. Jede Stunde hielt ich für ein paar Minuten, um die Position zu bestimmen und den Kurs zu überprüfen. Dann ging es weiter. Die Sanddünen rückten immer näher. Den ersten konnten wir noch ausweichen, doch sie verdichteten sich rasch zu zusammenhängenden Gebilden, die uns zu immer extremerem Zickzackkurs zwangen. Ich blickte auf die Uhr; es war 14 Uhr, als wir uns auf der messerscharfen Schneide einer Mondsicheldüne in den Sand fallen ließen, nach Atem ringend. Wir packten unsere Lunchrationen aus. Das trockene Fladenbrot und der Käse blieben mir buchstäblich im Halse stecken: Mund und Schleimhäute waren ausgetrocknet. Da half nur trinken. Ich mußte der Versuchung widerstehen, einfach zur Flasche zu greifen und sie mit ein paar kräftigen Zügen zu leeren. Es wäre sehr unklug gewesen – dann hätte ich die nächsten Stunden ohne Wasser laufen müssen und erst recht Durst gelitten. So nuckelte ich am Schlauch, benetzte Mund und Gaumen und trank nur schlückchenweise, in kleinen Mengen.

Von der Höhe der Düne konnten wir gut das Terrain überblicken, aus dem wir gekommen waren. Von der Karawane war nicht mehr zu erkennen als ein sich bewegender dunkler Punkt. Manchmal wirbelte sie Staub auf, der wie aufsteigende Rauchschwaden aussah. Es war lähmend zuzusehen, wie langsam sie vorwärts kam. Ich war ungeduldig und unzufrieden – vor allem mit Wang. Als sie endlich da waren, rügte ich ihn. Ich warf ihm vor, daß er seine Aufgabe nicht erfüllte, die Karawane anzutreiben. Er entgegnete, daß sie mehrmals gezwungen gewesen seien anzuhalten, weil Lasten verrutschten und neu festgezurrt werden mußten. Dann, sagte ich, hätten sie ja schon genügend Pausen gemacht, und wir könnten sofort weitermarschieren. Wang machte ein verdrießliches Gesicht und meinte, daß sie noch nichts gegessen hätten. »Dann macht meinetwegen 20 Minuten Pause, aber nicht länger.«

»Gehe zu Roze und Saud und sage ihnen, daß wir heute mindestens 18 Kilometer zurücklegen müssen, und wenn sie weiter so langsam marschieren, werden wir eben so lange laufen, bis wir diese Distanz geschafft haben«, forderte ich Wang auf.

Augenblicke später kam er mit den beiden zurück.

»Wir müssen heute früher unser Lager aufschlagen«, verkündete Saud, »weil wir einen Brunnen graben wollen, um die Tiere zu tränken.«

»Diese Arbeit läßt sich auch bei Dunkelheit verrichten, dann ist es nicht mehr so heiß«, erwiderte ich.

Sie versprachen, ab jetzt schneller hinterherzukommen. Dann zogen wir weiter.

Bereits am zweiten Lagerplatz, noch am Rande der hohen Sandberge, gruben wir nach Sonnenuntergang den ersten Brunnen. Roze und Saud teilten sich die Knochenarbeit brüderlich.

Die lautstarken Unmutsäußerungen von »Niki«, der sich gewohnheitsmäßig wehrte, wenn er sich in Bewegung setzen sollte, begleiteten uns noch eine Zeitlang, als ich mit Helmut in das Dünengewirr eintauchte. Die Sandberge waren nicht hoch, ungefähr zehn bis 15 Meter, aber ungünstig geschichtet, so daß die steilen Leeseiten uns zugewandt waren und wir ständig das Gefühl hatten, über Treppen bergauf steigen zu müssen. Wann immer es ging, versuchte ich, Steilanstiege zu vermeiden und der Karawane einen leichten Weg vorzugeben. Das funktionierte ganz gut, weil die Dünen in größerem Abstand zueinander standen. Dazwischen gab es flache Passagen, wo allerdings weicher Flugsand lag, der zu mühsamer Spurarbeit zwang. Auch war der Sand keineswegs völlig unfruchtbar. In den Dünentälern wuchsen Tamarisken und Kameldorn. An manchen Stellen gab es sogar trockenes Kamisch. Die Kamele verschmähten es beharrlich, aber für uns war es

Bereits einen halben Meter unter der Oberfläche wurde der Sand feucht, dann schlammig, und in einem Meter Tiefe sammelte sich darin Wasser.

ein Indiz, daß Wasser nicht allzu tief unter der Oberfläche zu finden war.

Mein GPS-Gerät zeigte exakt 18 Kilometer an, als ich anhielt, den Rucksack in den Sand stellte und Helmut bedeutete, daß wir unser Tagesziel erreicht hatten. Wie waren acht Stunden gelaufen. Die beiden Kamelführer hatten ihr Versprechen leidlich gehalten. Wir brauchten nicht länger als eine halbe Stunde zu warten, bis sie hinter den letzten Dünen auftauchten. Ich überließ es ihnen, den Lagerplatz auszuwählen. Roze lief nun wie ein Wünschelrutengänger mit einem dünnen Stab in der Hand voraus. Wo er Wasser vermutete, trieb er den Stab in den Wüstenboden, und nachdem er ihn wieder herausgezogen hatte, prüfte er, ob feuchter Sand daran klebte. Auf diese Weise konnte er sichergehen, nicht umsonst zu graben. Schon nach wenigen Probebohrungen hörten wir ihn rufen: »Su! Su!« – Wasser! Wasser!

Nach dem Abladen der Kamele begannen die beiden sofort mit dem Graben. Sie teilten sich die Plackerei brüderlich. Abwechselnd baggerte einer in der Grube, während der andere

157

den aufgehäuften Sand am oberen Rand zur Seite schaufelte. Bald gerieten sie ordentlich ins Schwitzen. Je tiefer sie kamen, desto größer mußte der Durchmesser des Brunnenlochs angelegt werden. Der Platz war gut gewählt. Schon in einem Meter Tiefe sammelte sich genügend Wasser, um die durstigen Kamele zu tränken.

Es war der erste Lagerplatz, an dem ich das Gefühl hatte, nun wirklich in der Wüste angekommen zu sein. Alles, was vorher war, schien weit weg, ohne Bedeutung; die hektischen Wochen der Vorbereitung zu Hause, dann die Anreise, ja selbst der Aufbruch von Merket. Wie kam es, daß man schon nach so kurzer Zeit das Gefühl hatte, in eine völlig andere Welt geraten zu sein? Vielleicht, weil plötzlich all die Dinge fehlten, mit denen man sich sonst beschäftigte und umgab. Es war eine Welt, in der es sonst nichts gab, nur den Sand und uns. Die Karawane war Fortbewegungsmittel und soziales Umfeld zugleich. Freilich in sehr reduzierter Weise. Hier trank man, um seinen Durst zu stillen, und nicht aus Langeweile oder einem Konsumbedürfnis, das Essen diente primär der notwendigen Kalorienzufuhr und weniger dem Lustgewinn für den Gaumen. Unser ganzes Tagesziel bestand darin, lächerliche 18 Kilometer zurückzulegen – in der Tat lächerlich, wenn ich daran dachte, was 18 Kilometer für mich zu Hause bedeuteten. Nicht viel mehr, als im Auto für ein paar Minuten auf das Gaspedal zu treten. Trotzdem waren wir auf unsere Leistung mächtig stolz. Sorgen bereiteten uns nur die Füße. Wir hatten alle Blasen an den Sohlen, die wir dick bepflasterten. Es war eine Wohltat, die Schuhe auszuziehen und die heißgelaufenen Füße in den abendkühlen Sand zu stecken.

Wir saßen im Kreis und beobachteten Wang, der sich abmühte, den Gaskocher in Gang zu bringen. Wir könnten uns ganz auf ihn verlassen, beruhigte er uns, er habe die Technik voll im Griff, weil er in seiner Wohnung in Beijing dasselbe Modell in Gebrauch habe.

»Du meinst wohl, deine Frau«, neckte ich ihn. Er warf mir einen bösen Blick zu und verdoppelte seine Anstrengungen. Mit Erfolg. Wieso das Ding funktionierte, obwohl er es völlig in den Sand einbuddelte, blieb

Während wir zumeist noch mit dem Aufstellen der Zelte beschäftigt waren, hatten Roze und Saud bereits ein Feuer in Gang gebracht und ihre Nudeln zubereitet.

mir ein Rätsel. Meine Frage, ob er das in seiner Wohnung auch so handhabe, ließ er unbeantwortet.

Am nächsten Morgen verzögerte sich der Aufbruch. Grund: Systemlosigkeit beim Bepacken der Kamele. Die Lasten hatten sich um zwei volle Wasserkanister verringert, die wir inzwischen aufgebraucht hatten, und deshalb mußte neu ausgewogen werden. Ich bemerkte, daß das große, kräftige Kamel viel weniger schwere Lasten aufgebürdet bekam als das kleinste, dessen Höcker noch dazu schlaff zur Seite hingen. Der »Große« sei das einzige Kamel, das Saud gehöre, und er wolle es schonen, klärte mich Roze auf. Ich fand es zwar merkwürdig, daß sie die Kamele im Verhältnis eins zu fünf untereinander aufgeteilt hatten, aber das war ihre

*»Der mit dem Kamel tanzt«
nannten wir Saud scherzhaft.
Nach einem Tritt in den
Rücken, den ihm »Niki«
verpaßte, lehnte er sich
schmerzverkrümmt an den
Körper seines Kamels.*

Sache. Daß sie die Lasten jedoch so ungleich verteilten, dagegen hatte ich etwas. Ich forderte sie auf, die Lasten zugunsten des »Kleinen« umzuverteilen.

Damit war der Frieden in der Karawane jedoch nicht hergestellt. Saud und »Niki« konnten einander immer weniger riechen. Es genügte schon, daß er nur in die Nähe des Tieres kam, und »Niki« fauchte ihn wutschäumend an. Saud revanchierte sich mit Tritten gegen sein Hinterteil. Das schien sich das Tier gemerkt zu haben. Und was Saud konnte, darauf verstand sich »Niki« noch besser. Einmal machte er den Fehler, in allzu geringer Entfernung zu dem Tier am Boden Stricke aufzusammeln und ihm dabei den Rücken zuzukehren. Ansatzlos fuhr »Nikis« Hinterbein aus und trat Saud mit voller Wucht in den Rücken, daß er kopfüber in den Sand stürzte. Er krümmte sich vor Schmerz am Boden. Wir zogen ihm das Hemd aus und rieben eine Rheumasalbe auf

160

die betroffene Stelle, wo sich der tellergroße Kamelfuß wie ein Brandmal abzeichnete.

Wang meinte, ihn schmerze zwar der Rücken auch vom Rucksacktragen und er könne eine Massage gebrauchen, aber auf eine so rauhe Behandlung wollte er doch lieber verzichten und in Zukunft um »Niki« einen großen Bogen schlagen.

Ich hoffte, daß Saud nun klüger war und das Kamel nicht weiter reizte.

Trotz der Startschwierigkeiten kamen wir an diesem Tag gut voran. Schon um die Mittagszeit hatten wir 12 Kilometer zurückgelegt. Dann hörten die Dünen überraschend auf, und an ihre Stelle trat eine abschreckende Landschaft. Wir betraten eine Art Salzsteppe, offenbar der Grund eines ausgetrockneten Sees oder Sumpfes, der einmal riesige Ausmaße gehabt haben mußte. Bis zum Horizont dehnte sich diese braune, verkrustete Fläche aus. Nirgendwo gab es eine Erhöhung, einen Anhaltspunkt, an dem man sich orientieren konnte, nirgendwo einen Trost für das Auge. Wenigstens würden wir auf diesem ebenen Gelände schnell vorankommen, dachte ich. Aber schon die ersten Schritte machten diese Hoffnung zunichte. Die bläsrige Salzkruste trug unser Gewicht nicht. Wir brachen durch, sanken bei jedem Schritt bis über die Knöchel ein. Der darunterliegende Staub war weich wie Triebschnee. Jeder Schritt kostete Mühe und Kraft. Damit nicht genug. Der Boden war stellenweise mit dichtem Dornengestrüpp überwuchert, dessen spitze Nadeln durch die Kleidung drangen und sich in die Haut bohrten. Keine Wolke zeigte sich am Himmel, kein Luftzug regte sich. Die Sonne strahlte mit unverminderter Kraft auf die Oberfläche, heizte den Boden auf bis zu 70 Grad auf. Nirgendwo auch nur der geringste Schatten.

Als wir rasteten, blickte mich Helmut fragend an. Es war nicht schwer, seine Gedanken zu erraten. Was taten wir hier, in dieser abscheulichen Gegend? War das die Wüste, von der ich ihm vorgeschwärmt hatte? Ich sagte zu ihm, da müßten wir

◄ Die warmen Farben der versinkenden Sonne lassen den Grund des ausgetrockneten Sees in einem rosigen Licht erscheinen. In Wirklichkeit zählte die flache, salzverkrustete Steppe zu den unangenehmsten Passagen, die wir zu überwinden hatten.

durch, morgen würde es wieder besser werden. Doch meine Worte klangen wenig überzeugend. Wir blickten wie Schiffbrüchige in die Runde, nirgendwo war ein Anzeichen erkennbar, daß dieses erstarrte »Meer« eine Küste hatte. Auch die Karawane war wie vom Erdboden verschluckt. Vergeblich suchte ich mit dem Fernglas die Richtung ab, aus der sie kommen mußte. Nach einer halben Stunde beschloß ich, den Weg fortzusetzen, allein. Helmut sollte auf die Karawane warten und sie hinterherführen.

Ich lief wie in Trance, den Blick starr nach vorn gerichtet. Die abstrahlende Bodenhitze steigerte meinen Durst. In immer kürzeren Abständen griff ich zum Wasserschlauch. Aber ich nahm immer nur eine winzige Menge, behielt das Wasser so lange wie möglich im Mund, bevor ich es schluckte. Das geschah im Gehen, ohne den Bewegungsrhythmus zu unterbrechen. An einer kleinen, flachen Erhebung hielt ich schließlich an. Es war der einzige geeignete Lagerplatz weit und breit. Das GPS-Gerät zeigte 21,3 Kilometer an, unsere bisher größte Tagesleistung. Gierig trank ich den letzten Rest meiner Wasserreserven und hoffte, daß die Karawane bald auftauchte. Es dauerte jedoch noch fast eine Stunde, bis sie kam. Alle wirkten sehr erschöpft. »Die große Hitze, der staubige Boden, der Ärger mit den Kamelen und der abgebrochene Teleskopstock«, notierte Helmut in sein Tagebuch, »das alles hat mir heute sehr zugesetzt und mich ermüdet. Außerdem fühlte sich mein trockener Hals an, als würde ich anstatt Wasser Sand in mich hineingeschüttet haben.«

Wang fehlte. Roze machte eine abfällige Handbewegung, als ich nach ihm fragte. Da sah ich ihn. Er humpelte, auf einen Stock gestützt, daher. Am Lager angekommen, fiel er um und bettelte um Wasser. Kaum war sein Durst gestillt, kam der Hunger. Mit der Begründung, er könne nicht mit sowenig

Das Gesicht in Richtung Mekka gewandt, hat sich Saud zum Abendgebet niedergelassen. Wir lagerten inmitten einer Salzsteppe, die sich einförmig bis zum Horizont ausdehnte. Winderosion hatte die Ober- fläche zerfräst und in ein Wellenmuster gelegt.

Nahrung durch die Wüste laufen wie wir, bediente er sich aus den Vorrä- ten. Es bekümmerte ihn wenig, daß wir das meiste streng rationiert hat- ten. Äpfel zum Beispiel zählten ne- ben Wasser zu unseren kostbarsten Schätzen, und jeder erhielt zwei pro Tag.

Ich hatte Wang eigentlich als Helfer mitgenommen, nun wurde er mehr und mehr zur Belastung. Nicht einmal als Dolmetscher war er von Nutzen, weil die beiden Kameltreiber nur wenige Brocken Chinesisch konnten und meine simplen Ausdrücke zumeist besser verstanden als sein gewähltes Hochchinesisch.

Erst als die Sonne hinter dem Horizont verschwand, wurde es kühler. Ich nahm mir eine Schaufel und begann, die Salz- kruste zu bearbeiten, um einen brauchbaren Untergrund zu schaffen, wo ich mein Zelt aufstellen konnte. Saud kniete ne- ben seinem Kamel, den Blick Richtung Mekka gewandt, und betete andächtig. Er schien sehr gläubig, denn er ließ keine der vorgeschriebenen Gebetszeiten aus, weder morgens noch abends. Roze verließ sich seelsorgerisch ganz auf seinen Gefährten. Er lag am Boden und paffte eine selbstgedrehte Zigarette.

Ich versuchte mir vorzustellen, wie diese Landschaft wohl zu Hedins Zeit ausgesehen haben mochte. Mit Sicherheit war sie nicht so trocken wie heute. Er und seine Begleiter hatten hier sogar einen Tümpel mit Wasser »süß wie Honig« gefunden, der ihnen einen so idyllischen Lagerplatz bot, daß Hedin beschloß, einen Rasttag einzulegen. Davon waren wir weit entfernt. Wir wünschten nichts mehr, als die unwirtliche Stelle baldmöglichst zu verlassen. Da war uns die Sandwüste allemal lieber als diese sinnestötende Öde, in der es nichts gab außer vertrockneten Dornbüschen.

Gemäß den Karten, die ich abends im Zelt studierte, befanden wir uns exakt auf der Route Hedins. Bis zum Ufer des Yarkand-darya im Norden waren es nicht mehr als 25 Kilometer Luftlinie.

In einer Zeit, in der dieser Teil der Welt aus der Sicht der Europäer noch »terra incognita« war, hatte es zu den wichtigsten Aufgaben von Forschungsreisenden gehört, kartographische Bestandsaufnahmen durchzuführen. Hedin erlangte darin eine Meisterschaft, die von keinem seiner Kollegen erreicht wurde. Heute, wo scharfe Augen aus dem All jede Bodenerhebung auf diesem Planeten aufnehmen, mag es befremdend klingen, daß einer auf Reisen geht und Monate damit verbringt, mit der Stoppuhr in der Hand Schritte zu zählen oder minutiös die Topographie seiner Umgebung zu skizzieren. Genau das tat Hedin. Bewegte er sich in einer bestimmten Geländeform, dann ließ er zuvor sein Reittier eine festgelegte Meßstrecke abschreiten, stoppte die Zeit, die es dafür brauchte, und besaß somit ein Maß für die zurückgelegte Entfernung. Die Präzision hing davon ab, wie konsequent er die reinen Marschzeiten stoppte und natürlich wie

Sven Hedin im Alter von 30 Jahren auf seiner ersten großen Asienreise. Zu seiner Standardausrüstung gehörten die Bibel, ein schwedischer Offiziersrevolver und Meßinstrumente für seine kartographischen Aufnahmen.

genau die jeweiligen Geländeformen der Meßstrecke entsprachen. Die Höhe der Sanddünen schätzte er, indem er die Karawane am Kamm entlangziehen ließ, sich in einiger Entfernung postierte, einen Bleistift vor das Auge hielt und durch Kerben bestimmte, wie viele Kamelgrößen die Dünenhöhe hatte.

Ging er zu Fuß, was nicht so häufig vorkam, dann zählte er buchstäblich seine eigenen Schritte. Seine Schwester Alma gab eine lebendige Schilderung, wie er dabei zu Werke ging: »Sven zählte immer 100 Schritt. Die Hunderte wurden an den Fingern gerechnet und jedes Tausend durch einen Strich auf den Notizblättern. Man erstrebt einen Strich auf den Notizblättern. Vielleicht vermag man noch einen weiteren zu erreichen, ehe man es sich erlaubt, vor Ermattung zusammenzubrechen.«

Daß Hedin die nötige Willensstärke besaß, unter normalen Umständen jeden Meter seines Weges kartographisch zu erfassen, stand außer Zweifel, aber daß er es auch dann noch tat, als er, den Verdurstungstod vor Augen, ums nackte Leben lief, wie er in seinem Reisebericht behauptete, erschien mir doch ziemlich unglaubwürdig.

Allein vom verhängnisvollen Takla-Makan-Trip hatte Hedin 60 Seiten mit Aufzeichnungen und Skizzen angefertigt. Daraus schuf der Kartograph Hassenstein eine meterlange, handgezeichnete farbige Karte, in der buchstäblich jede Pappel und jede Tamariske, die Hedin erwähnte, eingezeichnet waren. Eine Kopie davon hatte ich dabei. Mit ihrer Hilfe ließen sich die enormen Veränderungen erkennen, die hier im Randbereich der Wüste in den letzten 100 Jahren stattgefunden haben. Vor allem eben das Verschwinden von Feuchtlandschaften, die es zu Hedins Zeit noch gegeben hatte.

Hassenstein lobte Hedins Aufzeichnungen über den grünen Klee. Sie gehörten »zum Besten, was er auf diesem Gebiet gesehen hatte«, schwärmte er. Für die praktische Navigation war die Karte nur von begrenztem Nutzen, weil Hedin auf der ganzen Strecke nur ein einziges Mal eine genaue Positionsbestimmung durchgeführt hatte.

Kum-tagh – Im Sandgebirge

Am nächsten Morgen zeigte sich die Landschaft in verführerisch schönem Licht. Die Luft war klar und rein, weit entfernte Formen, die sich gestern im Dunstschleier verborgen hatten, traten nun markant hervor. Gegen Osten und Nordosten sahen wir einen schmalen, langgezogenen gelbroten Streifen, der sich aus der Salzsteppe erhob. »Kum-tagh!«, Sandgebirge, rief Roze und begehrte auch einmal durch das Fernglas zu gucken. Der Sandwall, den wir sahen, mußte der äußerste Rand jenes Dünenmeeres sein, das sich über fast 200 Kilometer bis zum Khotan-darya erstreckte. Kaum war die Sonne über den Horizont heraufgekrochen, wurde es drückend heiß, und die euphorische Stimmung verflog schnell. Der Weg war höllisch. Stundenlang wateten wir über die dornenbewehrte Steppe. Bei jedem Schritt sackten wir ein. Es war, als würde man über eine weiche Schneefläche laufen. Ich spurte voraus, blieb immer wieder an den Dornen hängen. Nach vier Stunden standen wir an einem Scheideweg.

Wir hatten uns den Sandbergen so weit genähert, daß wir ihre Formen und Strukturen gut erkennen konnten. Wenn wir weiter der Luftlinie und damit dem kürzesten Weg folgten, dann mußten wir den Sand kreuzen.

Hedin hatte sich, wohl auf Anraten von Jolltschi, dazu entschlossen, den hohen Sand vorerst zu meiden. Sie wichen deshalb in einem weiten Bogen nach Nordwesten aus und hielten sich stets an seinem Rande. Dort fanden sie flache Steppe, wo es genügend Wasser gab und auf der sie gut vorankamen – vor allem wenn man wie Hedin auf dem Rücken eines Kamels saß.

Uns stellte sich – mehr als 100 Jahre später – diese Sache anders dar. Von den Seenlandschaften war nur noch eine wasserlose Salzsteppe übrig, und statt Hedins schattigen Lagerplätzen unter Pappeln erwartete uns dort trockenes Dorngestrüpp. Warum sollten wir seiner Route folgen? Wir hatten keine Lust, uns dort die Füße weiter wund zu laufen und unnötige Umwege zu machen, da war uns das Auf und Ab in den Dünen allemal lieber. Selbst Wang fragte erwartungsvoll: »Kommen wir jetzt in die wirkliche Wüste?« Nur die Kameltreiber machten ein ernstes Gesicht, als ich in Richtung des Sandes losmarschierte, aber sie zögerten keinen Augenblick, mir zu folgen.

Kaum hatten wir das Dünengelände betreten, erhob sich ein Wind. Die Sandberge wuchsen schnell höher und höher, und auch der Wind nahm an Stärke zu. Bald befanden wir uns in einem ausgewachsenen Sandsturm, zumindest was wir zu diesem Zeitpunkt für einen hielten. Unser Tempo verlangsamte sich zusehends, und immer häufiger mußte ich auf die Karawane warten. Helmut ging nun in Sichtweite zu Roze, der wie immer den Zug anführte, und ich blieb in Sicht-

Dem Sandsturm schutzlos ausgesetzt, wurde der Durst noch größer. Mit Hilfe des Trinkschlauches, an dessen Ende sich ein Ventil befand, konnte ich den Flüssigkeitsverbrauch dosieren. Der Wasserbeutel war in den Rucksack integriert.

weite zu Helmut. Wir verständigten uns durch Zeichen mit den Stöcken. Zwei über den Kopf gekreuzte Stöcke bedeuteten »Stop«. Dann wußte ich, daß die Karawane aus irgendeinem Grund angehalten hatte, und blieb ebenfalls stehen. Zeigten Helmuts Stöcke waagerecht zur Seite, dann setzte ich meinen Weg fort. So bewegten wir uns stundenlang im ständigen Auf und Ab durch das Gewirr der Wanderdünen. Eigentlich waren es zunächst schmale, etwa ein bis zwei Kilometer breite Gürtel aus Sand, die wir zu überqueren hatten. Dazwischen lagen kilometerbreite Ebenen, wo der ursprüngliche Boden zum Vorschein kam: Flächen von schwarzem harten Kies, auf dem wir zügig vorankamen. Diesen Passagen verdankten wir die Rekordleistung von 22,2 Kilometern. Allerdings waren wir neun Stunden gelaufen und rechtschaffen müde, als wir in einer Senke zwischen den Dünen unser viertes Lager aufschlugen. Zuvor hatte

Roze mit seinem Zauberstab geprüft, ob es Wasser gab. Zum Brunnengraben fehlte den beiden jedoch die Kraft. Sie holten es am nächsten Morgen nach.

Der Brunnenaushub, das Tränken der Kamele, das Entsanden des Gepäcks nahmen viel Zeit in Anspruch. Es war fast Mittag, als wir losmarschierten. Das Wetter hatte sich in schöner Regelmäßigkeit eingependelt. Einem windigen Tag folgte ein heißer. Mit jedem Schritt kamen wir nun tiefer in die Sandwüste hinein. Die Sandformationen, die uns den Weg verstellten, wurden immer höher, die flachen Passagen dazwischen verschwanden ganz, so daß wir uns bald einem geschlossenen Meer von Wanderdünen gegenüber sahen. Ihre Höhe überraschte mich. In keinem Teil der Takla Makan, den ich kannte, hatte ich derart gewaltige Sandberge gesehen, sie erinnerten mich eher an die Gobi. Sie waren jedoch nicht so eng ineinander verschachtelt und eröffneten uns Passagen, wo auch die beladenen Kamele ein Durchkommen fanden. »Dawan-kum«, Sand mit Pässen, nannte ihn Roze. Helmut zeigte sich sichtlich beeindruckt davon. »Der heutige Tag führte uns zum erstenmal durch die Sandwüste, deren Ausmaße mit bloßem Auge nicht erkennbar waren«, trug er in sein Tagebuch ein. »In jede Richtung, in die man blickte, konnte man nur Sanddünen erkennen. Es war wie ein erstarrtes Wellenmeer. Man glaubte, in eine scheinbare Unendlichkeit zu schauen.«

Diese zog mich magisch an. Ich lief den ganzen Tag über allein voraus. Weil es windstill war, brauchte ich nicht zu fürchten, daß die anderen meine Spur verlieren könnten. Zum erstenmal konnte ich mein Tempo gehen, meinem eigenen Rhythmus folgen. Ich hielt erst an, als es bereits später Nachmittag war. Genüßlich verzehrte ich meinen Apfel. Mit wie wenig konnte man hier zufrieden sein! Dann zog ich mir die Schuhe aus und kippte den Sand heraus, mit dem sie sich gefüllt hatten. Es war ein Ritual, das ich bei jeder Rast vollführte. Die Füße im Sand eingegraben, blickte ich in die

Runde. Meine einsame Spur, die ich mit den Augen zurückverfolgte, verlor sich im gelben Nichts. Gelbe, gestaffelte Sandberge, so weit das Auge reichte, in alle Richtungen hin.

Unwirkliche Stille umgab mich. Es war die Stille eines Endzustandes. Die Materie hatte sich in die Größe von Sandkörnern verwandelt, die kein Geräusch mehr verursachten.

Es dauerte lange, bis die Karawane am Horizont auftauchte. Dann verschwand sie wieder, um sich über den nächsten Dünengrat zu winden.

Helmut führte sie an. Er ging in größerem Abstand voraus, hielt aber immer wieder, um sich umzublicken und auf sie zu warten. Dann folgte Roze, der das »Weiße«, das »Kleine« und »Niki« führte, die mit Stricken aneinandergebunden waren. Dahinter trottete Saud mit drei Kamelen – dem »Großen« und zweien, die einander wie Geschwister glichen und die wir einfach »die Starken« nannten. Den Abschluß bildete Wang. Er hielt sich dicht an den Fersen des letzten Kamels. Mir war schon aufgefallen, daß er es als eine Art Garderobe benutzte. Zuerst hängte er nur seine Wasserflasche an seinen Sattel, dann seine Sturmbekleidung und zuletzt den Rucksack. Nun hing er sogar noch selbst dran. Bei jedem Aufstieg zu einer Düne hielt er sich am losen Ende eines Strickes fest, wie bei einem Schlepplift, und ließ sich den Sandberg hinaufziehen. Als er sah, daß ich ihn dabei beobachtete, ließ er sofort los.

Und auch Roze erregte meinen Unmut. Er bewegte sich provozierend langsam, den Strick lässig um die Schulter geschlungen, eine Zigarette zwischen den Lippen. Ich wies ihn zurecht, er solle schneller laufen, sonst würden wir alle verdursten, bevor wir ans Ziel kämen. Nie hätte ich zum damaligen Zeitpunkt gedacht, daß diese unbedachte Äußerung einmal tödliche Realität werden könnte.

»Sieh doch, die Kamele gehen nicht schneller«, gab er zurück und zog dabei nach Leibeskräften am Strick.

»Dann müssen wir um so länger gehen«, antwortete ich, schulterte den Rucksack und marschierte los. Trotz dieser

Schwierigkeiten schafften wir auch an diesem Tag 20 Kilometer Luftlinie. Die wirklich zurückgelegte Gehstrecke dürfte wegen des Zickzackkurses noch um ein paar Kilometer mehr betragen haben.

Einen ganzen Tag lang liefen wir gegen den Sandsturm an. Wir bewegten uns wie durch einen Nebel aus feinem Flugsand, der stellenweise so dicht wurde, daß wir anhalten mußten, weil wir nichts mehr sehen konnten.

Nach der bisherigen Wetterlogik mußte es am nächsten Tag wieder Sturm geben. Nur der hielt sich nicht daran. Er überfiel uns bereits nachts, mitten im Schlaf. Ich wachte erst auf, als es schon fast zu spät war. Wie immer hatte ich nur das dünne Innenzelt aufgestellt. Der Sturm drückte es mühelos nieder und hatte bereits massenhaft Sand hereingewirbelt. Ich überlegte fieberhaft, was ich tun konnte. Um das Überzelt darüber zu schlagen, brauchte ich mehrere volle Wasserkanister, an denen ich es hätte befestigen können, denn herkömmliche Zeltheringe sind im Sand nutzlos. Mein Zelt hatte ich weit abseits des Lagers aufgeschlagen. Wenn ich meine Behausung auch nur für wenige Augenblicke verließe, dann, das wußte ich,

173

◀ Über die Dünenkämme, die
dem Wind am stärksten aus-
gesetzt sind, bildete der Flug-
sand meterlange Fahnen, durch
die wir hindurchtauchten.

würde sie fortfliegen. Also blieb ich liegen, so lange, bis der erstickende Staub nicht mehr zu ertragen war. Schließlich öffnete ich beide Eingange, drehte das Zelt in die Sturmrichtung, so daß er ungehindert durch das Zelt wehen konnte. Beim einen Eingang hinein, beim anderen hinaus. Damit sandete ich zwar ziemlich ein, hatte aber wenigstens genügend Luft zum Atmen.

Am Morgen wurde der Sturm zwar schwächer, er flaute jedoch nie ganz ab. Das hatte den Vorteil, daß wir viel früher als sonst aufbrachen. Das sandige Frühstück schmeckte nicht so recht. Jeder wollte den unwirtlichen Platz so schnell wie möglich verlassen, und selbst »Niki« schien an diesem Tag arbeitswilliger als sonst. Darin jedoch sollte ich mich täuschen. Ich gab von Anfang an die Order aus, daß wir an diesem Tag eng zusammenbleiben müßten, denn die Spuren würden im Nu verwischt sein. Niemand dürfe sich von der Karawane entfernen. Das war ganz in Wangs Sinne. Er hing den ganzen Tag wie eine Klette am Schweif des letzten Kamels. Trachtete er vorher noch den Anschein zu erwecken, er würde nebenherlaufen, so ließ er sich nun ungeniert vom Kamel durch die Wüste schleppen. Ich hatte längst beschlossen, ihn nach Möglichkeit in Tusluk loszuwerden. Hier konnten wir uns noch einen Mitläufer leisten, später jedoch, im schwierigen Teil der Wüstendurchquerung, gewiß nicht mehr.

Die Sonne blieb von Anbeginn des Tages hinter milchigweißem Dunst verborgen. Der Sturm trieb den Sand in waagerechten Fahnen über die Dünen. Er blies aus Nordwesten, und deshalb mußten wir gegen ihn anlaufen. Manchmal verschwand die Landschaft in konturlosem Weiß, und wir tasteten uns wie durch eine Nebelwand. Schemenhaft wie ein Geisterzug tauchte die Karawane daraus auf. Bei jedem Kamm, den wir überquerten, wurden wir von Flugsand überhäuft. Er drang überall ein – in die Augen, in Mund und Nase, in die

Ohren. Gegen Mittag rasteten wir hinter einer hohen Düne. Der Sand knisterte zwischen den Zähnen, als ich versuchte, eine Stück Käsebrot hinunterzuwürgen. Nirgendwo gab es den geringsten Schutz. Doch! Die Kamele. Wir krochen hinter ihre massigen Körper und drückten uns an ihre Flanken. Nach einer halben Stunde ging es weiter. Obwohl das Gewicht der Lasten schon beträchtlich geringer geworden war, kam die Karawane nur sehr langsam voran. Wir hatten noch nicht einmal 15 Kilometer zurückgelegt, da wollte Roze bereits lagern. Ich deutete auf die Uhr, um ihm zu signalisieren, daß es noch nicht Zeit dafür war – und marschierte weiter.

Verlorenes Paradies

Der nächste Zwischenfall ließ nicht lange auf sich warten. Er erwies sich als ungleich schwerwiegender. Saud hatte wieder einmal versucht, »Niki« anzutreiben. Das Kamel zeigte kein Verständnis für die ungebührliche Eile und versetzte ihm einen kräftigen Tritt gegen das Knie. Saud stieß einen Schmerzensschrei aus und fiel um wie ein Baum, den man fällt. Roze reagierte schnell. Als er sah, was passiert war, nahm er eines der rohen Eier, die wir zwischen den Höckern des weißen Kamels transportierten, schob Sauds Hose hoch und klatschte es auf sein verletztes Knie. Um die Wirkung zu steigern, wiederholte er die Behandlung. Das Knie schwoll trotzdem an, kugelrund wie ein Ball. Mit Rozes Hilfe richtete sich der Verletzte auf, dann humpelte er mit schmerzverzerrtem Gesicht der Karawane hinterher. Wegen Sauds zertrümmertem Knie beschlossen wir, bei der nächsten Gelegenheit, sobald es Wasser gab, zu lagern. Doch alle Feuchtigkeitsprüfungen, die Roze mit seinem Stab durchführte, verliefen negativ. Schließlich begann es, dunkel zu werden, und wir mußten unser Lager in einer tiefen Senke aufschlagen. Während Roze sich sofort auf die Suche nach Wasser machte, kümmerte ich mich

Ein gezielter Kameltritt gegen das Knie hatte Saud außer Gefecht gesetzt. Das verletzte Gelenk schwoll in kurzer Zeit mächtig an, so daß er nur noch im Sitzen Arbeiten zu verrichten imstande war.

um Sauds Knie. Es sah übel aus. Ich behandelte es mit Voltaren-Salbe und legte einen dicken Verband an. Bald kam auch Roze zurück. Sein Blick verriet, daß er kein Wasser gefunden hatte. Hatten wir uns schon so weit in die Wüste vorgewagt, daß das Grundwasser in unerreichbarer Tiefe lag, oder war einfach die Stelle schlecht gewählt? Vielleicht war es nicht so klug gewesen, von Hedins Route abzuweichen, und unsere scheinbare Abkürzung nichts weiter als ein Pyrrhussieg.

Saud merkte man es an, daß die »Kamel-Karambolage« ihn tief in seiner Ehre getroffen hatte. Seine Kompetenz stand auf dem Spiel, und so tat er alles, um nicht zum Pflegefall zu werden. Mühsam schleppte er sich ans Feuer, um das Abendessen zuzubereiten, während Roze sich allein um die Kamele kümmerte. Aber es half nichts. Über Nacht schwoll das Knie weiter an, und es war klar, daß Saud kaum würde weiterlaufen können. Mein Angebot, eines der Kamele unbepackt zu lassen, damit er darauf reiten konnte, lehnte er entrüstet ab. Auf einen Stock gestützt, humpelte er hinterher. Dies war jedoch nicht der einzige Grund, weshalb wir nur im Schneckentempo vorankamen. Die Tiere schienen müde, vom Wassermangel geschwächt. Roze hatte sie zu einer Gruppe zusammengebunden. Folge: Bei Steilabstiegen liefen sie aufeinander auf, die Lasten verhedderten sich, verrutschten und mußten neu geschnürt werden. Das kostete Zeit. Außerdem hielt Roze immer wieder an, um nach Wasser zu suchen. Endlich wurde er fündig. Wir halfen ihm beim Graben, schaufelten abwechselnd. Zum Glück war es an diesem Tag nicht so heiß. Trotzdem rann der Schweiß bald in Strömen. Nachdem die Tiere getränkt waren, setzten wir den Marsch fort. Saud hatte indessen eingesehen, daß er uns nur unnötig aufhielt, und ritt seinen »Großen«.

Wir befanden uns nur noch 25 Kilometer von Tusluk entfernt. Die beiden Bergmassive sollten längst zu sehen sein. Doch nach dem gestrigen Sandsturm war die Atmosphäre mit Staub gefüllt, und die Sicht reichte nur wenige Kilometer. Bald mußten wir aus dem hohen Sand hinauskommen. Es war jedesmal deprimierend, auf eine Dünenkamm zu steigen, um dann festzustellen, daß sich dahinter ein weiterer erhob. In der Hoffnung, schneller an den Rand der Sandzone zu gelangen, änderte ich den Kurs, schlug eine mehr nördliche Richtung ein. Endlich flachten die Dünen ab, liefen in einer ebenen Steppe aus, die sich bis zum Horizont erstreckte. Ich hatte schon befürchtet, der Sand könnte bis zum Gebirge heranreichen. Jetzt kamen wir wieder schneller voran. Der Boden war fester als am ausgetrockneten Salzsee und das Gehen um vieles leichter. Jedenfalls schien es so. Vielleicht hatten wir uns auch nur besser daran gewöhnt, und die Nähe des Zieles beflügelte die Schritte. Wir befanden uns in einer kilometerbreiten Furche, offenbar in einem lange schon ausgetrockneten Seitenarm des Yarkand-darya. Nach meinen Berechnungen mußten wir unmittelbar vor dem westlichen der beiden Berg-

◄ Über flachen Sand, der gut zu begehen war, näherten wir uns dem Mazar-aldi, einem Bergmassiv, dessen südliche Ausläufer wir querten. massive stehen. Es war jedoch immer noch keine Spur davon zu erkennen. Der aufgewirbelte Sand hing wie eine Dunstglocke über der Wüste. Das bescherte uns zwar angenehme Temperaturen, aber null Sicht. Ich kam mir wie auf einem Blindflug vor und mußte mich ganz auf die Genauigkeit von GPS-Gerät und Karte verlassen. Nur noch zehn Kilometer trennten uns vom Ufer von Hedins »Langem See«, als wir auf einer sandigen Erhöhung, die einmal eine Insel gebildet hatte, unser siebtes Lager aufschlugen. Am Abend kreisten die Gespräche nur noch um Tusluk. Der Name gewann einen magischen Klang. Keiner von uns hatte den Ort je gesehen, aber jeder hegte die größten Erwartungen.

Am nächsten Morgen hatte sich der Dunstvorhang gelüftet und enthüllte ein gezacktes, dunkles Felsmassiv, das in der flachen Umgebung viel mächtiger und höher wirkte, als es tatsächlich war. Hätten wir gestern unseren Weg fortgesetzt, wären wir mit der Nase dagegen gestoßen. Wir hatten es plötzlich mächtig eilig. In rekordverdächtiger Geschwindigkeit waren die Kamele bepackt. Die Hälfte von ihnen trugen nur noch leere Wasserkanister. Mit dem geringen Gewicht, dem flachen Gelände und der Hoffnung auf fette Weidegründe schlugen sie ein respektables Tempo an. Hedins Route war einige Kilometer weiter nördlich verlaufen, und er hatte deshalb das Gebirge im Norden umgangen. Danach erreichte er die Ebene zwischen den beiden Bergzügen, in die der »Lange See« eingebettet war. Wenn es uns gelang, den Mazar-aldi, wie der Berg hieß, im Süden zu überqueren, dann konnten wir das Seeufer direkt erreichen und sparten viel Weg und Zeit. Das drohte ein sandiger Kamm zu verhindern, der in unsere Richtung fast senkrecht abfiel und für die Kamele eine unüberwindbare Hürde darstellte. Ich suchte nach einer Schwachstelle.

Sie fand sich am Ansatz des Gebirges, dort, wo der angewehte Sand den nackten Fels berührte. Über eine steile, ver-

Auf eine lange Holzstange gestützt, quälte sich Saud einen versandeten Berghang des Mazar-aldi hoch, der uns den Weiterweg versperrte.

sandete Rampe ging es hoch. Die Kamele mußten einzeln geführt werden. Saud war abgestiegen und half, so gut er konnte, mit. Oben angekommen, genossen wir einmal ausgiebig den Rundblick, der sich uns bot. Nach Tagen im Sand konnten wir uns nicht satt sehen an den farbenprächtigen Gesteinen und Formen des Mazar-aldi. Der Wind hatte mächtige Dünen aus Flugsand anmodelliert, so daß die Südabdachung wie ein Patchwork aussah. Wir mieden den nackten Fels, damit sich die Kamele nicht die Sohlen daran wund scheuerten, und überstiegen mehrere Sanddünen, bis wir die dahinter liegende Ebene erreichten. Hier stießen wir auf erste Fahrzeugspuren.

Nach einer weiteren Stunde Marsch entlang der Südspitze des Berges standen wir um Ufer des »Langen Sees« – theoretisch jedenfalls. Praktisch blickten wir über eine dunstverhangene Steppe, die sich durch nichts von dem unterschied, was wir hinter uns hatten. Sie schien genauso staubtrocken wie die Wüste selbst, aus der wir kamen. Wir standen da, mit

In die Furchen und Schneisen des Mazar-aldi hat sich der Flugsand gezwängt, mit Dünen und weiterer Verwüstung.

offenem Mund, sprachlos, und man spürte förmlich, wie die Träume zerplatzten. Unsere Phantasie reichte nicht aus, um diesen Ort mit Hedins Beschreibungen in Einklang zu bringen. Wo waren die undurchdringlichen Pappelwälder, die kamischbewachsenen Sümpfe, der Süßwassersee, die Wildgänse und Enten, die sich plätschernd aus dem Wasser erhoben? Nicht eine einzige Pappel reckte ihre knorrigen Äste aus dem Boden, kein einziger Wassertümpel glitzerte im Licht, kein Zeichen von Leben. »Das irdische Paradies«, wie Hedin die üppige Seenlandschaft nannte, hatte sich in einem Jahrhundert in eine menschenfeindliche Hölle verwandelt.

Wie hatten wir uns auf diesen Ort gefreut, auf ein Bad im See, auf einen schattigen Rastplatz unter Pappeln, auf Trinken ohne Beschränkung, nun mußten wir uns mit weniger zufriedengeben – mit viel weniger. Daß wir hier einen Rasttag verbringen würden, stand außer Zweifel, nur wie und wo, war noch offen. Die Enttäuschung ins Gesicht geschrieben, hockten wir im Staub und hielten Rat. Das vordringlichste Ziel war, Wasser zu finden, darüber waren wir uns alle einig. Aber wo suchen? Die Steppe vor uns erstreckte sich noch circa zehn Kilometer nach Nordosten. Dort wurde sie von einem weiteren Gebirge begrenzt, das Hedin irrtümlich mit dem Mazar-tagh am Khotan-darya in Verbindung gebracht hatte. Der langgestreckte Bergzug hielt sich ganz im Dunst verborgen und konnte nur erahnt werden. An seinem Fuß gab es vielleicht eine Quelle oder einen letzten Rest des Sees. Aber dorthin zu laufen, um das zu prüfen, hätte hin und zurück eine satte Tagesetappe be-

Vom »Langen See«, an dessen Ufer einst Sven Hedin mit seiner Karawane rastete, ist nur noch eine völlig versandete Ebene übrig, bar allen Lebens. ▶

deutet. Was, wenn es dort kein Wasser gab? Im Süden gähnte das Sandmeer. Ich schlug vor, zunächst einmal am Mazar-aldi entlang nordwärts zu marschieren. Sollten wir dort kein

Wasser finden, konnten wir immer noch das trockene Seebett überqueren, um am Fuße des östlichen Bergmassivs nach Wasser zu suchen. So geschah es.

Wir waren kaum eine halbe Stunde unterwegs, da sah ich ein dunkles, würfelförmiges Gebilde, das sich von seiner Umgebung deutlich abhob. Im Fernglas betrachtet, entpuppte es sich als einzelnes Haus, das unbewohnt schien. Als wir uns weiter genähert hatten, entdeckten wir oberhalb Gestalten. »Menschen!« Es klang so, als hätten wir soeben Außerirdische gesichtet. Das dürften sich die Leute auch gedacht haben, als sie uns erblickten, denn sie nahmen schnell Reißaus. Ein buntgekleidetes Mädchen lief wieselflink über einen Geländerücken hoch, blieb stehen, blickte sich um und lief weiter. Die anderen verschwanden in einem geduckten Gebäude, das wir vorher nicht bemerkt hatten. Um sie nicht weiter zu verschrecken, schickten wir Roze mit der Karawane vor. Offensichtlich gelang es ihm, sie davon zu überzeugen, daß wir harmlose Wüstenwanderer waren, denn als wir ankamen, stand das Empfangskomitee schon bereit. Bald tauchte auch das geflohene Mädchen wieder auf, mit mehreren Männern als Geleitschutz, die uns umringten und neugierig musterten.

Wo Menschen leben, gibt es logischerweise auch Wasser. »Su! Shui!« rief ich in die Runde. Sie deuteten auf eine entfernte Stelle in der Steppe, wo eine Ansammlung niedriger Büsche war. Dort mußte der Brunnen sein. Da Roze bereits mit dem Abladen der Kamele begonnen hatte, ging ich davon aus, daß wir als Gäste willkommen waren. Hier beschlossen wir, einen Rasttag einzulegen – wie damals Sven Hedin, ehe er ins Verderben zog. Hier sollten die Kamele zum letztenmal frisches Futter bekommen und Wasser, soviel sie wollten. Hier galt es, folgenschwere Entscheidungen zu treffen.

Gefangen im Meer des Sandes

Wege entstehen dadurch,
daß wir sie gehen.

Franz Kafka

Die erste Entscheidung, die anstand, betraf Saud. Für ihn war die Wüstenreise hier zu Ende. Auch wenn er beteuerte, seine Verletzung sei schon am Heilen und übermorgen könne er wieder laufen, blieb ich hart. Es war allzu offensichtlich, daß das Knie ernsthaft verletzt war und er unbedingt ärztliche Hilfe benötigte. Zum Glück fanden wir vor Ort einen Ersatz für ihn. Der Mann hieß Omarjan Tursun, war knapp 30 Jahre alt, bärenstark und schien hochmotiviert. Saud fühlte sich gekränkt und würdigte ihn zunächst keines Blickes. Nach einem klärenden Gespräch lenkte er jedoch ein, reichte dem Nachfolger versöhnlich die Hand und wünschte ihm viel Glück. Wenn Saud gewußt hätte, welches Drama ihm dadurch erspart blieb, hätte er Omarjan sicher weit weniger um seinen Job beneidet. Auch ein anderes Problem löste sich damit von selbst: Wang. Ich bat ihn, die verantwortungsvolle Aufgabe zu übernehmen, Saud so schnell wie möglich nach Kashgar zu bringen. Er ließ sich nicht zweimal bitten. Ohne zu zögern, ergriff er die Gelegenheit, ohne Gesichtsverlust aus der Sache herauszukommen. Er wäre zwar gerne weiter mit uns gegangen, erklärte er diplomatisch, sehe aber ein, daß nun Saud seine Hilfe nötiger hätte.

Letzteres entsprach sogar der Wahrheit. Wie wir später erfuhren, erforderte die Behandlung von Sauds Verletzung einen mehrtägigen stationären Krankenhausaufenthalt. Das einzige Transportmittel, über das man hier verfügte, war ein Eselskarren. Erst etwa 20 Kilometer weiter im Norden gab es eine kleine Siedlung, wo eine mit Autos befahrbare Piste ansetzte, die zur Stadt Maral-bashi führte. Von dort fuhr ein Bus nach Kashgar.

Die beiden hatten schnell ihre Sachen gepackt und machten sich gleich auf den Weg. Zum Abschied ließ uns Wang wissen, daß er im Seman Hotel auf uns warten werde. Dort gäbe es eine Badewanne und zeitweise sogar heißes Wasser. Wir dachten mehr an ein kaltes Bier, denn Wasser hatten wir hier noch mehr als genug. Hinter dem Haus kippten wir uns gegenseitig einen Eimer voll nach dem anderen über die staubigen Körper, als wollten wir den Sand der letzten Tage wie böse Dämonen vertreiben. Wir taten es so ausgiebig, daß selbst der Esel, der in der Nähe futterte, von Zeit zu Zeit innehielt, den Kopf hob und unser Treiben beobachtete. Das Brunnenwasser war erfrischend kühl, und es schmeckte kaum salzig.

Das Anwesen stand auf aussichtsreicher Hanglange. Von seiner Höhe eröffnete sich ein weiter Rundblick über den ausgetrockneten See und seine Umgebung. Nach Norden zu schien der Steppenstreifen schmäler zu werden, und die beiden Bergzüge traten enger zusammen. In die andere Richtung weitete sich das Tal zur Wüste hin, und man konnte am Horizont das schmale gelbe Band erkennen, das den Rand des Sandmeeres anzeigte.

Ein kleiner Wassertümpel, der von einem Seitenarm des Yarkand-darya übriggeblieben ist, bildet die Lebensbasis für die Salzmänner von Tusluk. ▶

Das Wohnhaus war ein langgestrecktes Gebäude mit flachem Dach. Es war so gebaut, daß es wie eine

Das aus grob gehauenen Stein-blöcken errichtete Haus war denkbar einfach. Jede der bei-den Familien bewohnte zwei fensterlose Räume. Vor der Eingangstür gab es einen lehmverkleideten Ofen zum Brotbacken. Das Vordach aus trockenen Ästen bot wohl-tuenden Schatten.

Schanze am Hang klebte und dem Wind möglichst wenig Angriffsfläche bot. Türen gab es nur an der Vorderseite, Fen-ster überhaupt keine. Davor hatten sie einen Platz eingeebnet, auf dem wir unser Lager aufstellten. Zwei junge Familien leb-ten hier. Sie waren aus Maral-bashi hierhergezogen, um im Mazar-aldi Steinsalz zu gewinnen. Gewöhnlich arbeiteten die Männer den ganzen Tag über in den Steinbrüchen, die Frauen führten den Haushalt und betreuten die Kinder. Aber seit unserer Ankunft herrschte Ausnahmezustand. Kein Wunder. So seltsame Gäste hatte man noch nie gesehen. Niemand konnte sich entsinnen, daß von hier jemals eine Karawane in die Wüste gezogen war. Meines Wissens hatte dies nach He-din auch nur einer versucht: der gebürtige Ungar Aurel Stein. Stein unternahm vor der Mitte des 20. Jahrhunderts im Dien-ste der Briten eine Reihe von archäologischen Forschungs-expeditionen in die Takla Makan. Dabei verdankte er Hedin manch bedeutende Fundstätte. Der Schwede wies ihm den Weg nach Dandan-oilik, eine im Sand begrabene Ruinenstadt in der Nähe von Khotan, er machte ihn auf Loulan aufmerksam, die uralte chinesische Garnison am ausgetrockneten Lop-Nor-See – und er lockte ihn offenbar auch in diesen Teil der Wüste. Warum es Stein, der sonst ausschließlich wissenschaftliche Interessen verfolgte, einfiel, den Spuren des Todesmarsches zu folgen, läßt sich nur mit Neugier erklären. Denn ihm muß klargewesen sein, daß er dort nichts anderes finden konnte außer Sand und den Tod. Vielleicht hegte auch er gewisse Zweifel am Wahrheitsgehalt von Hedins Schilderungen, vielleicht wollte er dem Schweden aus Dank für dessen Pfadfinderrolle seine in der Wüste zurückgelassene Ausrüstung wiederbringen. Wie dem auch sei, 18 Jahre nach Hedins fataler Erfahrung machte sich der Ungar von eben jenem »Langen See«, über dessen ausgetrocknete Fläche wir jetzt blickten, auf den Weg. Aber Stein war kein liebeskranker Abenteurer, sondern ein kühl kalkulierender Forschergeist. Deshalb hatte er sich die denkbar beste Jahreszeit ausgesucht. Er kannte die Takla Makan schon gut genug, um zu wissen, daß im Herbst die angenehmsten Temperaturen herrschten und die Gefahr, in einen der schrecklichen Schwarzen Sandstürme zu geraten, am geringsten war. Die Kamele waren um diese Zeit wohlgenährt, und weil es tagsüber nicht mehr so heiß wurde, konnten sie länger ohne Flüssigkeit auskommen. Am 29. Oktober 1913 zog Stein vom See los, dessen Wasser er ziemlich brackig fand. Eine interessante Feststellung, weil doch Hedin ausdrücklich die besondere Süßwasserqualität hervorgehoben hatte. War es nur um diese Jahreszeit so oder bereits ein Zeichen beginnender Austrocknung?

Das Seewasser brauchte Aurel Stein allerdings nicht lange zu trinken, denn trotz der ungleich günstigeren Bedingungen kam er in der Wüste nicht weit. »Es war bei weitem der übelste Boden, den ich in der Takla Makan angetroffen habe«, erinnerte sich der wüstenerfahrene Mann an den ersten Eindruck. Was dann folgte, lehrte ihn das Fürchten. Die Sanddünen waren so eng und steil, daß er das Gefühl hatte, sie würden seine Karawane erdrücken. Gegen die Marschrichtung geschichtet, wuchsen sie höher und höher. »Am zweiten Tag«, so stellte Stein fest, »hatten wir jede Spur von totem oder lebendigem Pflanzenwuchs hinter uns gelassen und standen vor einer endlosen Folge von mächtigen Rücken, zwischen denen sich nicht ein Stück ebener Sand befindet. Die Rücken, auf die wir hinauf mußten«, so führte er weiter aus, »erreichten bald eine Höhe von zwei- bis dreihundert Fuß, und wir kamen mit den schwerbeladenen Kamelen schmerzlich langsam vorwärts.« Einen Tag später mußte er resigniert aufgeben. Sein Vordringen erstickte buchstäblich im Sand.

Wenn man bedenkt, daß Stein gewarnt war und weder die Schwierigkeiten unterschätzte noch den tödlichen Fehler beging, am See zuwenig Wasser aufzuladen, wog sein Scheitern um so schwerer. Warum kam auch er nicht durch? Er selbst erklärte dies so: »Am Abend des dritten Tages waren die gemieteten Kamele entweder vollständig niedergebrochen oder zeigten ernste Zeichen der Erschöpfung.« Er stieg auf eine der hohen Dünen hinauf, um Ausschau zu halten, aber was er erblickte, erfüllte ihn mit Schaudern: »Ich konnte nichts weiter sehen«, schrieb er, »als daß sich die schrecklichen Sandrücken auch weiterhin wie riesige Wogen eines wütenden Ozeans erstreckten, die plötzlich erstarrt sind.« Auch er vernahm den Lockruf der Wüste »in diesem Ausblick, der die Natur in der Verzerrung der Todes zeigte«, wie er formulierte. Doch an dieser Stelle obsiegte die Vernunft, und er entschied, den Wüstenmarsch nach Osten nicht weiter fortzusetzen. »Aber so schwer es schien«, begründete er diesen Schritt, »den Sirenenstimmen der Wüste, die mich riefen, zu widerstehen, fühlte ich mich gezwungen, nach Norden umzukehren.« Gerade noch rechtzeitig, denn drei Tage später fegte ein verheerender *Kara Buran* über die Wüste hinweg. Und von der Stelle,

Der schmale Steppenstreifen, der vor der Silhouette des Tschoka-tagh im ersten Morgenlicht aufleuchtet, bot unseren Kamelen die einzige Futtermöglichkeit. ▶

*Der Blick vom Gehöft der Salz-
männer in Richtung Osten.
Im Hintergrund die Ausläufer
des Tschoka-tagh, dahinter
beginnt das Sandmeer.*

an der die Kamele bereits wankten,
hätte er noch 130 Kilometer bis zum
rettenden Khotan-darya zurückzulegen gehabt.

Wir hatten gehofft, von den Leuten
hier etwas mehr über die Wüste in Erfahrung bringen zu können, aber sie war offensichtlich nicht Gegenstand ihrer Hei-
matkunde. Sie kannten jede Einzelheit des Weges nach Maral-
bashi, von der Wüste, die nur wenige Kilometer entfernt begann, wußten sie jedoch nicht mehr, als daß es dort nichts als
Sand und nirgendwo Wasser gebe. Eine ähnlich aufschlußrei-
che Auskunft hatte auch Sven Hedin vor über 100 Jahren erhalten. »Wie weit reicht die Sandwüste?« fragte er einen Hirten. »Bis ans Ende der Welt«, lautete die Antwort, »und bis
dorthin sind es drei Monate.«

Das »Ende der Welt«, wenn man es mit dem Ende der
Sandwüste gleichsetzt, war für uns der Khotan-darya, und
bis dorthin waren es laut meinem Garmin GPS-Gerät exakt
180 Kilometer. Wenn ich davon ausging, daß wir 15 Kilometer

196

Luftlinie pro Tag schafften, dann mußten wir für zwölf Tage Wasser mitnehmen. Bisher kamen wir mit einem 25-Liter-Kanister pro Tag gut aus, und es gab keinen Grund anzunehmen, warum dies auf der vor uns liegenden Strecke anders sein sollte. Um kein Risiko einzugehen, kalkulierte ich noch drei zusätzliche Kanister als Reserve ein. Nach Meinung von Roze sollten die Kamele an den ersten fünf Tagen Wasser bekommen, dann würden sie den Rest der Strecke problemlos ohne zusätzliche Flüssigkeit bewältigen können. Dies entsprach auch meiner Erfahrung. Bei den vorangegangenen Wüstendurchquerungen sowohl in der Takla Makan als auch in der Gobi hatte ich festgestellt, daß die Kamele, wenn sie hohen Sand kreuzten, fünf bis sechs Tage ohne Wasser laufen konnten. Allerdings hatten sie vorher und nachher stets nach Belieben saufen können. Nun aber stand eine zwölftägige wasserlose Strecke bevor. Die Frage war: Wieviel Wasser brauchten die Tiere, um durchzukommen? Tja, das wußte keiner von uns so recht, auch nicht die beiden Kameltreiber. Ich hatte noch nie eine Situation erlebt, in der das eine Rolle spielte. Eines jedoch war mir klar, wir konnten niemals so viel Wasser für die Tiere mitnehmen, daß sie völlig ihren Durst hätten stillen können. Auch ein Kamel ist nicht imstande, seinen eigenen Wasserbedarf über längere Strecken durch die Wüste zu schleppen. Hedin hatte überhaupt kein Wasser für die Kamele eingeplant, sie dafür allerdings um so schwerer beladen. Trotzdem schaffte er mit seiner Karawane neun Tagesmärsche, bis sie das erste Tier verloren. Wenn wir den Kamelen zumindest an den ersten Tagen zusätzlich Wasser gaben und sie weniger schwer beluden als Hedin, so rechnete ich mir aus, dann mußten wir durchkommen. Aller Voraussicht nach würden wir sogar noch einen Tag eher am Ziel sein als der Schwede, der erst am 13. Tag den rettenden Wassertümpel am Khotan-darya erreicht hatte.

Das alles war jedoch Theorie, und ob es Wirklichkeit werden würde, hing von vielen Unwägbarkeiten ab. Was, wenn

*Während des Rasttages konn-
ten wir am Wassertümpel der
Salzmänner unsere Kanister
auffüllen. Im Hintergrund sind
die nördlichen Ausläufer des
Tschoka-tagh zu erkennen, den
Hedin fälscherlicherweise als
Mazar-tagh bezeichnete.*

wir in einen *Kara Buran* gerieten, der
uns einen Tag oder länger festhielt,
oder wenn ein Kamel so unglücklich
stürzte, daß wir Wasserkanister verloren? Es hatte keinen Sinn, die Tiere
an die Grenze ihrer Belastbarkeit zu
beladen, selbst wenn es sich um Wasser handelte, denn dann kamen sie
erst recht nicht voran und brauchten obendrein noch mehr
Flüssigkeit. Die Kapazität hatte klare Grenzen. Ich wollte
keinem der Kamele eine größere Last als 130 Kilogramm auf-
bürden, nicht einmal am allerersten Tag. Mit dieser Maßgabe
konnten wir es uns leisten, 100 Liter Wasser für die Tiere mitzunehmen. Im Notfall konnten wir ihnen noch alle unsere
Reserven, also weitere 75 Liter, zukommen lassen. Allein die
gemeinsamen Wasservorräte umfaßten schon fast vier Kamellasten. Hinzu kam noch Futter für die Tiere in Form von
zwei prall gefüllten Getreidesäcken.

Um das Gewicht der Lasten so gering wie möglich zu halten, unterzogen wir noch einmal unsere komplette Ausrüstung und Verpflegung einer strengen Prüfung. Alles Entbehrliche sollte aussortiert und hier zurückgelassen werden. Vor allem die Verpflegung wurde unter dem Diktat von Gewicht und Nährwert noch einmal überprüft. Einziger Luxus, den wir uns leisteten, waren Äpfel. Sie enthalten viel Flüssigkeit und waren deshalb während der langen Marschstunden ein zusätzlicher Durstlöscher. Außerdem schmeckten sie uns so gut, und wir hatten uns so daran gewöhnt, daß keiner darauf verzichten mochte. Die ausgesonderte Verpflegung schenkten wir den Frauen, die damit freudestrahlend von dannen zogen. Im Gegenzug bereiteten sie uns ein opulentes Mahl. Am Abend stellten sie uns eine Waschschüssel voll selbstgemachter Nudeln vor die Zelte, und wir schaufelten Unmengen an Kohlehydraten in uns hinein.

Während der Nachtstunden verflüchtigte sich der Staubnebel, der in den letzten Tagen wie eine Dunstglocke über der Wüste gehangen hatte, und als ich morgens durch die Zeltöffnung blickte, konnte ich zum erstenmal jenen Berg erkennen, der den ausgetrockneten See gegen Nordosten hin begrenzte. Es war ein langgestreckter Bergkamm, gezackt wie ein Drachenschweif, der nach Süden zu immer niedriger wurde und schließlich in der Sandwüste auslief.

Grüner Schiefer mit Bändern aus rostrotem Porphyr, von den Kräften der Erosion zerfurcht und zersägt. Die sandbeladenen Winde hatten horizontale Rillen und Schneisen in das Gebirge gefräst. Jedes Staubkorn, das der Wind aufwirbelte, wurde zum Schleifmaterial, das am noch so festen Gestein permanent schmirgelte und schliff, bis es ebenfalls zu Sand und Staub zerfiel – Nahrung für die Wüste.

Sven Hedin bezeichnete den Berg als »Mazar-tagh«. *Mazar* bedeutet Heiligengrab, und *tagh* ist die Entsprechung für Berg. Jedes muslimische Heiligengrab, das auf einem Hügel liegt, ist ein Mazar-tagh. Davon gibt es viele. Warum Hedin ausgerechnet der Idee verfiel, der hier müsse mit jenem

200 Kilometer entfernten Mazar-tagh am Khotan-darya in Verbindung stehen, ist schwer nachvollziehbar. Diese Frage ist aber deshalb von Bedeutung, weil Hedin seinen verlustreichen Wüstenmarsch später dadurch rechtfertigte, daß er überprüfen wollte, ob sich der Mazar-tagh als ein geschlossener Bergzug quer durch die Wüste bis zum Khotan-darya erstrecke. Die Verwirrung wurde noch größer, als wir von unseren Gastgebern erfuhren, daß sie das Gebirge nur unter dem Namen Tschoka-tagh kannten. Hier gebe es kein Mazar, wie sie versicherten. Nur weiter nördlich, in Richtung Maral-bashi, wußten sie von einem Mazar-tagh. Hatte Hedin vielleicht von diesem gehört und den Namen auch auf den langen Bergkamm übertragen, der eigentlich Tschoka-tagh hieß? Wie dem auch sei, jedenfalls konnte man von hier bereits erkennen, daß es sich um ein isoliertes Massiv handelte, das keinerlei Fortsetzung in die Wüste hinein findet.

Wir verbrachten einen faulen Tag im Schatten des Gebäudes. Dabei versuchten wir, unsere Habseligkeiten, so gut es ging, vom Sand zu befreien. Er war überall eingedrungen, in die Bekleidung, die Schuhe, den Schlafsack, das Zelt. Zerstörerisch wirkte er sich vor allem auf technische Geräte aus. Er hatte sich in die optischen Linsen gefressen, so daß sie knirschten, als wären sie verrostet, wenn man daran drehte. Die Wüste forderte auch diesbezüglich ihre Opfer. Der Fotoapparat von Helmut war so versandet, daß sich der Filmtransporthebel nicht mehr betätigen ließ. Betrübt zog er sich in sein Zelt zurück und begann, das Gerät zu zerlegen. Es nützte nichts. Ich bot ihm meine zweite Leica-Kamera als Ersatz an, die ich bisher als eiserne Reserve in einem staubdichten Behältnis mitgeführt hatte.

Auch Omarjan sortierte seine Ausrüstung für den bevorstehenden Einsatz. Der junge Mann schien recht romantische Vorstellungen von der Wüste zu haben. Seine Ausrüstung bestand aus einem Koran, einem Notizheft mit Kugelschreiber und einer alten Motorradbrille. Seltsamerweise schien er

Kälte mehr zu fürchten als den Durst. Als Sturmbekleidung hatte er einen dick gefütterten olivgrünen Armeemantel im Gepäck, ergänzt durch eine Pelzmütze mit umklappbaren Ohrenschützern. Für die persönlichen Wasservorräte hingegen hielt er eine Halbliter-Feldflasche für ausreichend, die – wie die Farbe erkennen ließ – ebenfalls aus den Beständen der Volksbefreiungsarmee stammte. Immerhin besaß er noch einen Peilkompaß und ein zusammenlegbares Eßbesteck.

In seinem Notizbuch, das er neben dem Koran ständig bei sich trug, waren bereits unsere Namen vermerkt und eine Reihe englischer Begriffe, die er von Helmut abgefragt hatte.

Omarjan hatte eigentlich das Friseurhandwerk erlernt. Eine Kostprobe seines Könnens gab er zum Einstand bei Roze zum besten. Er tat es so sorgfältig und gekonnt, als würde Roze morgen eine Pilgerschaft nach Mekka antreten und nicht einen Wüstenmarsch. Wenn er sich im Umgang mit Kamelen nur halb so geschickt anstellte, dann hatten wir mit ihm eindeutig das große Los gezogen.

Am Nachmittag, als ein unangenehmer Wind aufkam, zog ich mich ebenfalls in das Zelt zurück. Während Helmut sich noch immer vergeblich abmühte, seine Kamera zu reparieren, beschäftigte ich mich mit Sven Hedin. Je mehr ich von ihm las, desto stärker spürte ich, daß es zwei Hedins gab: einen für die Öffentlichkeit und den, der er wirklich war. Das Bild, das er der Öffentlichkeit vermittelte, war das Abbild seiner Ideale und Wertvorstellungen. Wobei unter Öffentlichkeit zwei unterschiedliche Zielgruppen zu verstehen sind: Hedin schrieb einerseits für das »große Publikum«, wie er im Briefwechsel mit dem Verleger Albert Brockhaus jene Leserschaft gerne bezeichnete, die er mit seinen populären Büchern bediente, und andererseits für einen kleinen Kreis von Fachgelehrten, von denen er wissenschaftliche Lorbeeren erwartete. Ersteren gegenüber präsentierte er sich als unerschrockene Führerpersönlichkeit, die wie ein Feldherr mit strenger Hand über ein Regiment von Kulis gebot und allen Widerständen zum Trotz fast immer ihre Ziele erreichte – notfalls auch mit Gewalt. Den Weg nach Lhasa wollte er sich buchstäblich erzwingen, und er war erst bereit umzukehren, als die Tibeter ihm allen Ernstes drohten, »keinen Schritt weiter, oder der Kopf ist ab«.

Man muß sich vor Augen halten, daß er in einer Zeit schrieb, in der der Kenntnisstand über die Welt außerhalb Europas verglichen mit heute sehr gering war. Es gab kaum andere Informationsquellen als die Berichte derer, die entweder aus militärischen, religiösen oder beruflichen Gründen in ferne Länder reisten. Dazu zählte letztlich auch Sven Hedin, denn es war die geographische Wissenschaft, die als Legitimation für seine Abenteuerreisen herhalten mußte. Während er die Fachgelehrten zu Hause mit einer Fülle von Daten in Form von nüchternen Zahlen, Fakten, Messungen und trockenen Geologismen beeindruckte, verwöhnte er das »große Publikum« mit der dramatisierten Darstellung seiner Reiseerlebnisse, wobei er stets das eigene heldenhafte Tun ins richtige Licht rückte. Darin hatten eigene Schwächen, persönliche Gefühle oder gar Zweifel am eigenen Tun keinen Platz. Er vermied es sorgfältig, etwas von sich selbst preiszugeben, und flüchtete oft in eine unpersönliche Distanziertheit. Ein Umstand, der auch seinem Verleger auffiel. In einem Brief ermunterte Albert Brockhaus den Schweden, mehr von sich zu geben, weil nur dann ein Buch ein Erfolg werde, wenn – wie er es formulierte – »die Seele des Autors zur Seele des Lesers spricht«.

Hedin nahm sich das nicht unbedingt zu Herzen. Die Tendenz, alles auszufiltern, was das Bild des einsamen Helden störte, läßt sich an keinem anderen Beispiel besser festmachen als an den Schilderungen seiner Todeskarawane. Keines seiner zahlreichen Abenteuer wurde öfter »aufgewärmt« als dieses. Vergleicht man die allererste Fassung von »Durch Asiens Wüsten« mit den späteren Recyclings, dann erkennt man den Meister im Weglassen. Durch die Kürzungen entstand eine neue Gewichtung. Klangen am Anfang noch Zweifel am

Tod der Gefährten an, war er in späteren Fassungen bereits Tatsache. Der Verdacht gegen Jolltschi als den Hauptschuldigen am Desaster erhärtete sich zur Gewißheit, und zum Schluß war es gar in erster Linie Hedins Verdienst, daß wenigstens zwei seiner Begleiter und ein Kamel überlebten.

In diesem Zusammenhang ist ein Brief sehr aufschlußreich, den Hedin unmittelbar nach seiner Rettung am Khotan-darya schrieb. Der Brief ist doppelt interessant, zum einen, weil er noch ganz im Zeichen des emotional durchlebten Traumas steht, verfaßt noch am Ort des Geschehens, und zweitens, weil er an Hedins wissenschaftlichen Mentor gerichtet ist, dem er präzise Angaben schuldig war. Der Brief ist auf den 17. Mai 1895 datiert und an seinen Doktorvater Ferdinand von Richthofen adressiert. Hedin schrieb den ersten Teil des Briefes, während er sich im Hirtenlager erholte und auf seine beiden Begleiter wartete, die noch einmal in die Wüste zurückgekehrt waren, um die verlorene Ausrüstung zu suchen. Nach ihrer Rückkehr berichteten sie, weder das zuletzt zurückgelassene Kamel noch das Zelt gefunden, statt dessen aber die Spur eines Mannes gesehen zu haben, die von der betreffenden Stelle wegführte. Hedin vollendete den Brief erst am 29. Juni in Kashgar. Ich hatte eine Kopie des Schreibens auf die Tour mitgenommen, und nun las ich mit Erstaunen, für wessen Fährte er die ominöse Fußspur hielt: »Es ist dies gewiß der Kasim aus Yangi-hissar gewesen, der das Kamel gestohlen hat; wir konnten weder ihn noch den Mohammed Schah finden, und niemand hatte die Männer gesehen.« Zweifellos ging Hedin zu diesem Zeitpunkt davon aus, daß die beiden Männer überlebt hatten. Ein besseres Indiz für den Wahrheitsgehalt der Geschichte, die uns »Jolltschis« Enkel und die alten Männer in Yangi-hissar erzählt hatten, konnte ich kaum finden. Doch in keiner der späteren Variationen des Themas tauchte diese Äußerung noch einmal auf. Hedin hatte sie zugunsten der Dramaturgie unter den Tisch fallen lassen.

◀ Vor der Kulisse des Tschoka-tagh breitet sich eine gold-glänzende Prärie aus. Dürres Kamisch und Tamariskenbüsche sind der traurige Rest jener Pappelwälder, die es hier noch vor Jahrzehnten gegeben hat.

Gegen Abend hörte der Wind auf, der Himmel klärte sich. Das warme Licht der untergehenden Sonne, das mein Zelt streifte, trieb mich nach draußen. In der Hoffnung auf ein »Alpenglühen« packte ich mein Stativ und die Fotoausrüstung und stieg auf einen der niedrigen Gipfel des Mazar-aldi hinauf. Unterwegs kam ich regelmäßig an aufgehäuften Hügeln von Steinsalz vorbei, das zum Abtransport nach Maral-bashi vorbereitet war. Später sah ich auch die Löcher und Gruben, die die Salzmänner in den brüchigen Fels geschlagen hatten. Sie sahen wie Bombentrichter aus. Wenn ich mir vorstellte, daß die Männer hier tagaus, tagein arbeiteten, bei sengender Hitze wie bei Sandstürmen, nur mit Spitzhacken und Schaufeln, dann erschienen mir unsere bisherigen Strapazen in der Wüste geradezu lächerlich.

Während ich höher stieg, verschwand die Sonne hinter dem Mazar-aldi und entfesselte am gegenüberliegenden Tschoka-tagh einen Farbenrausch. Die gerippelten Felsen traten plastisch hervor und durchliefen die Farbskala von Gelb über Rosa bis hin zu Rot. Langsam kroch der Schatten immer höher und kündigte den Beginn der magischen Stunde an. Es ist jene Zeit nach Sonnenuntergang, wo der Widerschein des Himmels, der noch im Sonnenlicht badet, auf die Landschaft zarte Pastellfarben zaubert. Durch einen Einschnitt im Gebirge fiel ein Streiflicht auf die Steppe, das sie wie eine goldglänzende Prärie aufleuchten ließ. Unsere Kamele, die darauf weideten, hoben sich als dunkle Punkte ab. Die abendliche Idylle blieb das letzte Bild, das ich als Erinnerung an Tusluk mit in die Wüste nahm.

Yaman-kum – Im bösen Sand

Am nächsten Morgen hieß es Aufbruch. Obwohl ich Roze beschworen hatte, möglichst früh mit dem Bepacken der Kamele zu beginnen, kamen wir später denn je los. Der Grund dafür war ausnahmsweise nicht »Niki«, sondern Omarjan. Der stellte sich so ungeschickt an, daß Roze ihn erst einmal anlernen mußte. Seine Unerfahrenheit sollte später sogar eine kritische Situation heraufbeschwören. Trotzdem mußten wir froh sein, überhaupt Ersatz für Saud gefunden zu haben. Die Auswahl an Kandidaten war begrenzt. Genauer gesagt gab es außer Omarjan niemanden, der bereit gewesen wäre, uns in die Wüste zu begleiten. Ein zweiter Kameltreiber schien jedoch unverzichtbar, denn einer allein war nicht imstande, die Tiere im schwierigen Gelände zu führen. Das hatte sich schon an den vorangegangenen Tagen gezeigt. Auch wenn Omarjan für Roze zunächst noch keine große Hilfe war, so hofften wir, daß er sich bald die wichtigsten Fertigkeiten aneignen würde.

Kein Luftzug regte sich, ein glühend heißer Tag kündigte sich an, als wir losmarschierten. Die Hausbewohner waren vollzählig zu unserer Verabschiedung angetreten, und ich glaubte in ihren Gesichtern eine Mischung aus Mitleid und Unverständnis zu erkennen. Ich blickte mich nicht mehr um; das nächste Ziel, die Südostspitze des Tschoka-tagh, fest im Visier, lief ich in die Steppe hinaus. Die Karawane folgte auf den Fuß. Aber schon nach einer halben Stunde kam sie zum Stillstand. Wir dachten bereits, »Niki« hätte sich in sein Schicksal gefügt, aber kaum hatte ihn Omarjan übernommen, legte er sich flach zu Boden und schrie ihn drohend an. Durch die schmerzliche Erfahrung seines Vorgängers gewarnt, überließ dieser es lieber Roze, das widerspenstige Kamel wieder auf die Beine zu bringen. Als ob »Niki« ahnte, was ihm bevorstand, verweigerte er noch mehrmals den Weitermarsch.

*Unmittelbar an der Süd-
spitze des Tschoka-tagh beginnt
die Wüste, ein Meer des
Sandes, das sich mehr als
1000 Kilometer in Richtung
Osten erstreckt.*

Schließlich gab er seinen Widerstand auf und trottete mit gefletschten Zähnen hinterher.

Hedin mußte den gesamten See umrunden, dessen sumpfige Ausläufer in die Wüste hineinreichten, um an das Ende des Gebirges zu gelangen. Wir hatten es leichter. Ich lief kerzengerade wie an einer Schnur quer über die dürre Steppe, die den einstigen Seegrund bildete. Der Boden war fest und gut begehbar, so daß wir trotz der »Boxenstops« von »Niki« erstaunlich schnell vorankamen. Nach drei Stunden standen wir am äußersten Rand des Tschoka-tagh, der wie ein Kap in die Wüste vorsprang. Spätestens hier wurde klar, daß das Gebirge keinerlei Fortsetzung nach Südosten hin fand. In diese Richtung sah man nur Sand, ein Meer von Wanderdünen, die wie Wogen gegen die Felsen anbrandeten. Das konnte Hedin keinesfalls entgangen sein. Dennoch setzte er den Wüstenmarsch nach Südosten fort. Als Begründung dafür mußte die geographische Wissenschaft herhalten. Er beharrte darauf, weiterhin der Frage nachzugehen, ob das Gebirge mit dem Mazar-tagh am Khotan-darya in Verbindung stand. Eine Frage, die an dieser Stelle bereits beantwortet war. Das angebliche geographische Rätsel diente ihm offensichtlich ebenso als nachträgliche Rechtfertigung für die tragische Wüstenreise wie der Vorwand, er habe gehört, daß es im öden Wüstensand antike Ruinen gebe. Alle diesbezüglichen Geschichten, die ihm zugetragen wurden, bezogen sich auf die Gegend um Khotan und keineswegs auf die wasserlose Extremwüste hier.

Als hätte Hedin selbst an der Glaubwürdigkeit seiner Beweggründe gezweifelt, schlüpfte er in die Rolle des kritischen Lesers, indem er ihn in seiner Autobiographie »Mein Leben als Entdecker« fragen läßt: »Was hatte es eigentlich für einen Zweck, daß Sie Ihr Leben und das der Leute und Kamele und die ganze Ausrüstung den ungeheuren Gefahren aussetzen, mit denen diese langen Durchquerungen wasserloser Sandwüsten verbunden sind?«

Was trieb ihn wirklich in die Wüste? Es mußten noch andere Motive im Spiel gewesen sein als die bereits genannten. Die verschmähte Liebe zu Mille war eines davon – aber nicht der Hauptgrund. Die tiefe Enttäuschung ließ ihn vielleicht mehr riskieren, als er es in einem ausgeglicheneren seelischen Zustand getan hätte. Möglicherweise wäre er rechtzeitig umgekehrt oder hätte die Gefahren realistischer eingeschätzt, wenn er den verhängnisvollen Brief nicht mehr vor dem Aufbruch erhalten hätte. Doch den Entschluß, die Wüsten Asiens zu »erobern«, hatte er schon viel früher gefaßt, lange bevor er Mille kennenlernte. Bereits nach der Rückkehr von seiner ersten Asienreise im Frühjahr 1891 verkündete er großspurig: »Meine asiatischen Lehrjahre lagen jetzt hinter mir ... Ich traute mir daher zu, nun eine große Schlacht zu schlagen und ganz Asien erobern zu können, von Westen bis zum Osten.« Das waren markige Worte für einen 26jährigen, der sich gerade die ersten Sporen verdient hatte. Sie werfen ein Licht auf die enormen Ansprüche, die er an sich stellte, und den daraus resultierenden Leistungsdruck. Größenphantasien haben ihm die Biographen vorgeworfen. In seinen eigenen Büchern findet sich denn auch eine Inflation von Superlativen. »Alles, womit Hedin zu tun hatte«, stellte Sven Wennerholm fest, »war groß, war kolossal: die Höhe der Berge, die Weite der Wüsten, die Entfernungen, die Anzahl der Buchseiten, der Umfang der Karten, aber auch die Menge der verliehenen Auszeichnungen und – der Mangel an politischem Urteilsvermögen.«

Die Sehnsucht nach dem Unbekannten, die er selbst »desiderium incogniti« nannte, war die treibende Kraft hinter seinen Unternehmungen. »Ich brannte vor Sehnsucht«, schrieb er noch vor seiner Abreise in Schweden, »wieder hinauszukommen zu wilden Abenteuern.« Die Suche nach Flecken, an denen die Erde jungfräulich war, und nach Erlebnissen, die seine bisherige Erfahrungswelt überstiegen, war jene Sirenenstimme, die ihn unwiderstehlich in die Wüste lockte. »Sie hypnotisierte mich«, gab er offen zu, »ich wurde blind gegen jede Gefahr, die unheimliche Wüste verhexte mich; sogar die Sandstürme, die ihre Wurzeln in der Tiefe der Wüste haben, erschienen mir prachtvoll und bezaubernd.«

Es war ein seltsamer Augenblick, als wir die letzten Felsausläufer des Tschoka-tagh hinter uns ließen. Auch wenn das nackte, ausgeglühte Gestein genauso trocken war wie der Sand, hatte man das Gefühl, den schützenden Hafen des Lebens zu verlassen und in ein ungewisses Nichts zu steuern, wo es keinerlei Basis mehr gab. Wir wußten: Bis zum Khotandarya würden wir nirgendwo mehr Wasser finden, keinen Platz, an dem wir bleiben konnten. Die Sandwüste duldet den Menschen nur als flüchtigen Gast, sie läßt sich nicht erobern, nur berühren, indem man sie durchwandert. Bewegung ist Leben, Stillstand bedeutet Tod. Unsere Wasserreserven reichten genau für zwölf Tage. In dieser Zeit mußten wir die Wüste durchquert haben, sonst würde es uns ähnlich ergehen wie Hedin. Exakt 175 Kilometer Luftlinie betrug die Distanz zum Khotan-darya. Hedin hatte nur 130 Kilometer errechnet – ein fataler Irrtum. Wie er auf diese Entfernung kam, ist mir unerklärlich, denn er hatte am See selbst eine genaue und richtige Positionsbestimmung durchgeführt, und dank der Forschungsreise seines Vorgängers Przewalskij kannte er sowohl die Lage des Mazar-tagh als auch den Verlauf des Khotan-darya. Bis zum Mazar-tagh, den er an den ersten Tagen noch als Ziel anpeilte, waren es sogar mehr als 200 Kilometer. Außerdem glaubte Hedin, pro Tag mehr als 20 Kilometer zurücklegen zu können und ähnlich wie am Yarkand-darya schon lange vor dem Flußbett an Wasser zu kommen. Er verschätzte sich also um mindestens 45 Kilometer. Das mag nicht viel erscheinen, aber in dieser Wüste bedeutete es drei Tagesmärsche, und, wenn man – wie er – zuwenig dabei hat, drei Tage ohne Wasser.

Das Wasser war zweifellos unsere Lebensversicherung, und ich hatte deshalb Helmut gebeten, es zu hüten wie einen kostbaren Schatz. Niemand außer ihm durfte an die Kanister heran. Er sollte jeden Tag die festgelegten Mengen verteilen. Jeder bekam die gleiche Ration zugeteilt. Insgesamt durften wir nicht mehr als einen Kanister pro Tag verbrauchen. Der Rest des Wassers war für die Kamele bestimmt.

Diese Rechnung ging aber nur dann auf, wenn wir schnell genug waren und die 15 Kilometer Tagesleistung schafften. Dafür zu sorgen gehörte zu meinen Aufgaben. Wir mußten nicht nur gegen den Sand anlaufen, sondern vor allem auch gegen die Zeit. Es war nur ein unbestimmtes Gefühl, eine Vorahnung, aber ich spürte, daß es letztlich darauf ankommen würde. Deshalb achtete ich von Anfang an aufs Tempo. Wenn wir jeden Tag nur zwei Kilometer mehr zurücklegten als unser Soll, dann – so rechnete ich mir aus – konnten wir einen Tag früher am Khotan-darya sein.

Die Wüste kam schnell. Fast von einem Schritt zum nächsten ließen wir die Steppe zurück und betraten den Sand. Die

Nach allen Richtungen, wohin man seinen Blick auch richtete, gab es nur Sand, zu Dünen geformt, die von Stunde zu Stunde höher wuchsen.

Dünen wuchsen rasch höher. Auf dem ersten hohen Dünenkamm hielten wir an. Uns stockte der Atem beim Anblick, der sich uns bot. Da gab es nichts mehr, keinen Baum, keinen Strauch, keinen Trost für das Auge. Nur Sand, so weit das Auge reichte, nichts als gestaffelte Wanderdünen. Fast andächtig standen wir da. Keiner sprach ein Wort, jeder hing seinen Gedanken nach. Die Augen fanden keinen Halt mehr, nichts, woran sich der Blick festklammern konnte. Es war die perfekte Wüste, von einer Dimension, die sich erst begreifen läßt, wenn man sie betritt. Mehr als 1000 Kilometer erstreckte sich der Sand nach Osten, unterbrochen nur durch den Khotan-darya, der dünn wie ein Seidenfaden das Sandmeer durchschneidet.

Unwillkürlich fragt man sich, wie solch ein gigantischer Sandhaufen entstehen konnte. Im Gegensatz zur Sahara, wo nur rund ein Viertel der Fläche mit Sand bedeckt ist, stellt die Takla Makan mit ihren 338000 Quadratkilometern die größte zusammenhänge Sandwüste der Welt dar. Sie ist letztlich das Ergebnis jenes interkontinentalen »Auffahrunfalles«, der auch das Himalayagebirge formte. Vor rund 40 Millionen Jahren stieß der indische Subkontinent gegen den asiatischen Erdteil. Als Folge des Aufpralls faltete sich der Himalaya bis in schwindelerregende Höhen von fast 9000 Metern auf. Die Enstehung der gewaltigen Gebirgsbarriere beeinflußte das Klima Innerasiens und den Wasserhaushalt. Die Flüsse mußten sich neue Wege zum Meer suchen – und Seen, die einstmals von deren Wasser abhängig waren, trockneten aus. Vor allem aber blockte der Himalaya den Monsun ab, der feuchte Luftmassen vom Golf von Bengalen nach Norden führt. In seinem nördlichen Wind-

Sand als das Zerfallsprodukt ehemaliger Gebirge, Sand als Folge klimatischer Extreme, mit klirrend kalten Wintern und brütendheißen Sommern, vom Wind in Wellen gelegt, die das Bild eines erstarrten Meeres heraufbeschwören. ▶

◄ Magische Stunde in der Wüste. Die Schatten der Dünen werden immer länger, die Rippelmuster treten plastisch hervor, während die Karawane auf einem schmalen Grat an der Grenze zwischen Licht und Schatten entlangzieht.

schatten entstanden dann die trockenen Hochländer Zentralasiens und letztlich auch die Wüste Takla Makan. Der Sand ist nichts anderes als das Endprodukt einstiger Gebirge und Hochplateaus. Dieser Prozeß der Umwandlung dauert noch immer an. Unter den enormen Kräften der Erosion geht der Zerfall weiter, wie wir das am Tschoka-tagh gut beobachten konnten.

Noch ganz unter dem Eindruck der menschenleeren Weite, die vor uns lag, zogen wir los. Aber schon bei der nächsten Düne relativierte sich dieser Eindruck wieder. Der Ort schien voller Leben. Aus dem Sand tauchten plötzlich zwei Männer auf und liefen geradewegs auf uns zu. Sie mußten uns schon längere Zeit beobachtet haben. Weiter entfernt, in der Richtung, aus der sie kamen, sahen wir noch zwei weitere Gestalten, und versteckt zwischen den Dünen stand ein einsames Haus. Wir staunten. Was konnte Menschen bewogen haben, so weit abseits ihrer Artgenossen am Rande der Wüste ihr Dasein zu fristen? Warum hatten sie ihr Haus inmitten der Dünen versteckt? Hatten sie etwas zu verbergen? Wir rätselten.

Jedenfalls mußte es dort Wasser geben. Ich packte mein GPS-Gerät aus und bestimmte die Position. Wir hatten bereits knapp 15 Kilometer zurückgelegt. Während ich überlegte, ob es nicht besser war, hier zu lagern, als der Wüste noch den einen oder anderen Kilometer abzutrotzen, unterhielten sich Omarjan und Roze mit den beiden Männern. Mir schien es wichtig, die Wasserstelle zu nutzen, vor allem um die Kamele noch einmal zu tränken und damit die mitgeführten Vorräte zu schonen. Die beiden Karawaniers waren jedoch anderer Meinung. Meinen Versuch, sie zum Haus zu dirigieren, lehnten sie entschieden ab. Sie hatten es plötzlich mächtig eilig und zogen die Kamele am gespannten Strick hinterher. Vielleicht hatten ihnen die beiden Männer eine Wasserstelle verra-

218

Erst nach Sonnenuntergang schlugen wir an diesem Tag unser Lager auf. Aus Furcht vor den vermeintlichen Banditen hielten wir die ganze Nacht über abwechselnd Wache.

ten, zu der sie unbedingt wollten, dachte ich zunächst. Aber weit gefehlt: Es waren die Männer selbst, die ihnen einen solchen Schrecken eingejagt hatten, daß sie möglichst viel Wüste zwischen sie und unseren Lagerplatz bringen wollten. Omarjan jedenfalls machte kein Hehl daraus, daß er sie für gefährliche Banditen hielt, und jedesmal, wenn ich lagern wollte und meinen Rucksack abstellte, machte er die Geste des Halsabschneidens und drängte zum Weitermarsch. So liefen wir immer weiter in die Wüste hinein, während sich die Sonne langsam auf den Horizont im Westen herabsenkte. Sie brachte die Wüste zum Blühen. Je tiefer die Sonne sank, desto mehr verfärbte sich der Sand, und auf den messerscharf geschwungenen Graten der Wanderdünen brach sich das Licht. Die Schatten wurden immer länger. Sie zeigten die Richtung an, die wir einzuschlagen hatten. Sie hieß Osten. Die Karawane bewegte sich im Wechsel zwischen Licht und Schatten. Sie trieb ein Versteckspiel

Die gefürchteten Banditen entpuppten sich als harmlose Wurzelsucher, die uns nach der durchwachten Nacht im Lager besuchten.

mit den Dünen. Plötzlich verschwand sie hinter einem Kamm, tauchte kurze Zeit später wieder an anderer Stelle auf, um abermals zu verschwinden.

Es begann bereits zu dämmern, als wir unser Lager aufschlugen. Wir hatten an diesem Tag 18,2 Kilometer zurückgelegt und konnten mit dieser Leistung hoch zufrieden sein. Aber wäre es nach Omarjan gegangen, wären wir noch ein Stück weitergelaufen. Er malte uns mit dramatischen Gebärden aus, wie gefährlich die Männer waren und daß sie gewiß in der Nacht versuchen würden, uns zu berauben. Mit seiner Angst hatte er bereits Roze angesteckt, und nun begannen auch wir zu überlegen. Warum hatten die Männer ihr Haus in den Dünen versteckt, wenn sich ihnen ganz in der Nähe viel bessere Lebensbedingungen boten? Was taten sie hier, wo es nichts als Sand gab? Vielleicht hatte Omarjan doch recht, und es waren Banditen oder Gesetzlose, die die menschliche Gemeinschaft mieden. Wenn ja, dann war unsere beladene Karawane sicher eine lohnende Beute. Falls uns etwas zu-

stieße, würde sicher nicht so schnell jemand nach uns suchen. Niemand konnte uns hier zu Hilfe kommen.

Die seltsame Wurzel, aus der die traditionelle chinesische Medizin ein wirksames Mittel gegen Hautkrankheiten gewinnt, wächst mitten im Sand, allerdings nur dort, wo es in unmittelbarer Nähe Tamarisken gibt.

Unter diesen Gesichtspunkten erschien Omarjans Räuberphobie nicht mehr ganz so abwegig. Eine gewisse Vorsicht konnte nicht schaden. Deshalb beschlossen wir, nachts Wache zu halten, abwechselnd, jeder von uns für drei Stunden. Mir fiel die erste Schicht zu. Mit ausgeschalteter Taschenlampe und einem Kashgar-Dolch bewaffnet, den mir Omarjan zugesteckt hatte, setzte ich mich unter einen abgestorbenen Tamariskenbusch, so daß ich mit seiner dunklen Silhouette verschmolz und kaum gesehen werden konnte. Von Helmut bekam ich den Tip, eine farblich möglichst auf die Umgebung abgestimmte Kleidung zu wählen. Das hatte er einmal bei Karl May gelesen. Nur zu dumm, daß ich vergessen hatte, entsprechende Garderobe mitzubringen.

Bald trieb mich die Nachtkälte aus meinem Versteck heraus,

und ich begann, Runden um das Lager zu drehen. Es war eine sternenklare Nacht von wunderbarer Stille. Der Mond goß sein Licht verschwenderisch auf die Sandoberfläche, die glitzerte und glänzte, als wären es Eiskristalle. Der nächtliche Wüstenhimmel aber übertraf alles. Ich wurde nicht müde, ihn zu betrachten. Ich fühlte mich geborgen wie unter einem riesigen Zelt, und die Sterne leuchteten darin, als wären sie um Lichtjahre näher. Im Nu verflog die Zeit. Es war kurz nach Mitternacht, als ich Helmut weckte. »Keine besonderen Vorkommnisse«, sagte ich zu ihm und kroch in den wärmenden Schlafsack. Wo Omarjan und Roze in ihre Decken eingerollt lagen, waren rhythmische Laute zu hören. So groß schien die Angst nun auch wieder nicht, daß sie sie um ihren Schlaf gebracht hätte. Von Schnarchtönen abgesehen, verlief die Nacht ruhig.

Am nächsten Morgen erhoben wir uns müde und schlaftrunken von unserem Lager. Wir wollten gerade damit beginnen, die Kamele zu bepacken, da erschienen die vermeintlichen Banditen in vollzähliger Besetzung. Sie kamen im Gänsemarsch unsere Spur entlang, mit Hacken und Schaufeln bewaffnet, und jeder von ihnen hatte einen Jutesack geschultert. Schüchtern traten sie näher und beantworteten bereitwillig unsere Fragen. Omarjan machte ein verdutztes Gesicht, als er hörte, daß es sich um harmlose Wurzelsammler handelte. Zum Beweis zogen sie aus ihren Säcken Gewächse hervor, die wie Riesenspargel aussahen, aus denen man – wie sie erklärten – ein Heilmittel gegen Hautkrankheiten gewinne. Die seltsame Wüstenpflanze ist so rar und kostbar, daß sie bereit sind, ein derartig entbehrungsreiches Leben zu führen. Jeden Tag schwärmen sie in die Wüste aus, aber nur so weit, daß sie abends wieder zu ihrem Haus zurückkehren können. Ein Stück Brot und eine Halbliterflasche mit Wasser ist alles, was sie bei ihren Streifzügen dabeihaben. Sie verabschiedeten sich bald, um ihrer Arbeit nachzugehen. Daß wir ihretwegen die ganze Nacht Wache geschoben hatten, verrieten wir nicht. Dafür schämten wir uns zu sehr.

Helmut, unser »Kamelflüsterer«. Im Verlauf der Expedition wurde unser Verhältnis zu den Tieren, mit denen uns das Schicksal zusammengeführt hatte, immer enger.

Unser gestriger Vorsatz, früher loszumarschieren, um die kühleren Vormittagsstunden auszunutzen, ließ sich nicht in die Tat umsetzen. Helmut und ich standen zwar bereit, ein großer Teil unserer Lasten lag jedoch noch am Boden. Vielleicht war es meine Ungeduld, aber ich hatte das Gefühl, das Bepacken dauerte an diesem Morgen länger als je zuvor. Roze und Omarjan waren alles andere als ein eingespieltes Team. Weil die Lasten jeden Tag weniger wurden, gab es jeden Tag eine neue Packordnung. Eine eigene Herausforderung bildete »Niki«. Obwohl seine Last weitaus die leichteste war – ihm wurden die schwindenden Futterreserven aufgebürdet –, wehrte er sich nach Kräften. Allein ihm den Holzsattel über den Rücken zu legen war schon nicht einfach. Meistens hielten Helmut und Omarjan ihn am kurzen Strick fest, während ich mit Roze den Packsattel anschleppte, den wir ihm, weil er nicht wie alle anderen hockte, in weitem Schwung über die Höcker wuchten mußten. Oft machte er im letzten Augenblick einen Schritt zur Seite, und wir trafen ins Leere. Dasselbe Spielchen wiederholte sich bei jeder einzelnen Last. Kaum war die letzte Last oben, legte er sich zum Hohn zu Boden. Während die beiden die anderen Kamele beluden, versuchte sich Helmut als Kamelflüsterer. Er setzte sich zu »Niki« in den Sand, streichelte ihn und gab ihm einen seiner drei Äpfel, die jeder von uns inzwischen als Tagesration hatte. Dann sprach er ruhig und mit sonorer Stimme zu ihm. »Lieber Niki«, sagte er, »sieh, das Schicksal hat uns beide zusammengeführt, ich, der Mensch, und du, das Kamel.« Dabei kraulte er ihn am Hals und blickte in seine großen braunen Augen. »Jeder von uns«, so setzte er seinen Monolog fort, »hat in seinem gegenwärtigen Leben bestimmte Aufgaben zu erfüllen. Es ist nun einmal dein Los, Lasten zu tragen, auch wenn es nicht immer leicht ist, mit den Gepäckstücken die Dünen hinauf- und hinunterzugehen, aber das Gewicht der Last wird täglich weniger, und dann kommen bessere Zeiten – Zeiten«, so tröstete er ihn, »in denen du auch mehr Futter zu fressen bekommst, und vor allem wird der Tag kommen, wo auch wieder ausreichend Wasser für dich dasein wird, damit du deinen Durst stillen kannst.«

»Niki«, so schien es, spitzte die Ohren und hörte ihm gelassen zu, ohne auch nur ein einziges Mal böse zu schreien, wie es sonst seine Art war. Als Helmut jedoch geendet hatte, bleckte das Kamel seine braunen, vorstehenden Zähne, rülpste laut und spuckte ihm einen grünen, übelriechenden Schleim auf sein Hemd.

Es wurde fast Mittag, bis wir endlich aufbrachen. Und wir kamen nicht so richtig voran. Das Gelände wurde immer schwieriger. Hoch und steil bauten sich die Sandberge vor uns auf, zwangen zu immer größeren Umwegen. Ich stieg immer wieder auf die höchsten Erhebungen hinauf, um nach einem gangbaren Weg Ausschau zu halten. Zunächst zeigten sich noch Spuren der Wurzelsammler, auch gab es vereinzelte

grüne Tamarisken. An einer fanden wir mehrere der begehrten Heilwurzeln. Sie wachsen, wie man uns erzählt hatte, immer in unmittelbarer Nähe von Tamarisken und ragen wie abgeschälte Spargel aus dem Sand. Roze und Omarjan ließen sich die Ge-

Schon am zweiten Tag erreichten die Sandberge Höhen von bis zu 60 Metern. Sie bildeten für die Karawane nur schwer zu überwindende Hindernisse und zwangen zu immer größerem Zickzackkurs.

legenheit nicht entgehen, sie auszugraben, mit der Absicht, sie später gewinnbringend zu verkaufen. Nach einigen Stunden hörten die Tamarisken ganz auf, und auch die letzte Spur menschlicher Anwesenheit verschwand. Der Sand präsentierte sich so unberührt wie im Augenblick, als Hedin ihn betrat. »Das unbekannte verzauberte Land«, wie er es nannte, das er als erster erkunden wollte. Wie bei vielen anderen seiner »Entdeckungen« beanspruchte er auch hier, der erste zu sein. Aber vieles von dem, was Hedin und seinesgleichen aus europäischer Sicht »entdeckten« und arrogant benannten, waren Orte, die die Einheimischen längst kannten. In diesem Fall jedoch dürfte sein Anspruch ausnahmsweise zutreffend gewesen sein, denn auch die Wüstenbewohner mieden diesen Teil der Takla Makan. Hier gab es nichts zu holen, das sich lohnte, weder religiöse Verdienste noch weltliche Güter.

Für uns gab es an diesem Tag ebenfalls nicht viel zu holen. Die Karawane kroch lähmend langsam dahin. Immer wieder hielt sie an, weil Lasten verrutschten oder sich die Stricke verhedderten. Endlich erspähte ich von einer hohen Düne aus ein langes Tal, in dem das Gelände einfacher zu sein schien. Es lag zwar nicht genau in unserer Marschrichtung, aber wir würden dort trotzdem schneller vorankommen als im ewigen Zickzack. Hier gab es sogar nackte Flächen, die mit einem salzhaltigen, feinen weißen Staub überzogen waren, letzte Reste des ursprünglichen Bodens, auf denen sich kein Sand aufgetürmt hatte. Dank dieser Stellen, die sich, mit kurzen Unterbrechungen, über mehrere Kilometer zwischen den Dünen hinzogen, schafften wir an diesem Tag immerhin noch 14,5 Kilometer. Die Kamele zeigten erste Ermüdungserscheinungen. Kaum waren ihnen die Lasten und Sättel abgenommen, legten sie sich flach zu Boden.

Am nächsten Morgen erhielten sie 50 Liter Wasser. Das waren acht Liter pro Tier, nicht viel für ein durstiges Wüstenschiff, aber viel mehr, als seinerzeit die Kamele von Hedins Karawane bekamen. Weil wir noch dazu schneller unterwegs waren als der Schwede, sahen wir keine Gefahr, die Karawane nicht durchzubringen. Wie jeden Tag gab es auch Futter für die Tiere: mit Wasser angerührten Maisschrot. Wir verfütterten zusätzlich unsere letzten Brotreserven an sie, die wir in Merket eingekauft hatten. Sie waren so versessen darauf, daß sie bettelnd zu unseren Zelten kamen. Der »Starke« hatte sich daran gewöhnt, das Fladenbrot aus meinem Mund zu nehmen. Ich hielt ein großes Stück zwischen den Zähnen fest. Behutsam glitt der Kopf des Kamels heran, und dann griff es sich mit der sabbernden Lippe den Leckerbissen. Dabei berührten sich unsere Lippen wie bei einem Kuß, und ich spürte den heißen Atem, der streng nach Wiedergekäutem roch.

Kamelfütterung. Das trockene Fladenbrot war an diesen Tagen so begehrt, daß die Kamele zutraulich wie Haustiere wurden.

Das Wasser wurde zunehmend zum beherrschenden Thema. Helmut führte genau Buch über jeden Liter, den er ausgab. Zusammen stellten wir Hochrechnungen auf, wie viele Tage unser Vorrat noch reichte, wenn der Tagesverbrauch sich nicht änderte.

An diesem Tag wurden wir alle – Menschen und Tiere – auf eine harte Probe gestellt. Gnadenlos brannte die Sonne auf uns nieder. Die Sandoberfläche heizte sich bis auf 70 Grad auf. Die Fußsohlen liefen heiß und brannten wie Feuer. Wann immer ich rastete, zog ich die Schuhe aus und steckte die Füße so tief wie möglich in den Sand hinein. Kein Windhauch regte sich, und in den tiefen Senken und Dünentälern flimmerte die heiße Luft wie in einem Backofen. Wir stöhnten und schwitzten. Unsere Gedanken kreisten nur noch um Wasser. Wir sehnten uns nach den kühlen Sandsturmtagen der vergangenen Woche. Bei jedem Atemzug trockneten Mund und Schleimhäute aus, suggerierten Durst. Es war verführerisch, einfach zur Flasche zu greifen und nach Herzenslust zu trinken, aber man wußte, dann wäre die Tagesration aufgebraucht und der Durst binnen kürzestem nur um so größer. Deshalb versuchte ich, mit geringen Mengen von Zeit zu Zeit die Mundhöhle zu befeuchten. Wann immer ich mir einen Schluck gönnte, hatte ich das Gefühl, die Flüssigkeit verdunste bereits im Rachen und kein Tropfen gelange in den ausgedörrten Körper.

Doch die Hitze war nicht das einzige Übel, das uns an diesem Tag plagte. Die Sandberge erreichten bisher noch nie gesehene Höhen. Gewöhnlich zeigen Dünengürtel eine gewisse Ordnung und Regelmäßigkeit. Der Wind ist ihr Baumeister. Seine Energie überträgt sich auf die Oberfläche des Sandes, die sich zu bewegen beginnt wie Wellen im Meer – nur viel langsamer. Er formt die Dünen zu *Barchans*, halbmondförmigen Gebilden, flach und mit weichem Flugsand gefüllt auf der einen Seite und steil abfallend auf der anderen. Aber hier wehte der Wind aus verschiedenen Richtungen. So entstanden Kreuzungspunkte, an denen sich mehrere Dünen vereinigten und ein unüberschaubares Gewirr bildeten, deren höchste Spitzen 50 bis 60 Meter hoch aufragten. Zuweilen formten zwei Mondsicheldünen einen geschlossenen Ringwall mit einer tiefen Senke dazwischen, die für die Kamele unbegehbar war.

In Schwierigkeiten

Ich spurte weit voraus, um den besten Weg zu erkunden. Durch die Unregelmäßigkeit der Formationen mußte jede Kombination neu ausprobiert werden. Ich versuchte, um den Tieren kraftraubende Auf- und Abstiege zu ersparen, möglichst den geschwungenen Kämmen zu folgen, die dem Wind am stärksten ausgesetzt waren. Das bedeutete jedoch, daß wir zwischendurch immer wieder zu steilen Traversierungen in die weichen Leeseiten gezwungen wurden. Von Zeit zu Zeit hielt ich an, um zu sehen, ob die Karawane meiner Spur hinterherkam. Ich sah sie soeben noch in einiger Entfernung

Beim Queren dieser Düne stürzte Sauds Kamel so unglücklich, daß es auf dem Rücken liegend von seiner Last geschnitten und den Hang hinuntergerollt werden mußte. Es erholte sich von seinem Schock, während wir die Lasten einsammelten.

als winzige Punkte über einen Dünenkamm heraufkommen und schulterte gerade wieder meinen Rucksack, da hörte ich ein markerschütterndes Kamelgebrüll. Es klang, als würde das Tier geschlachtet und schrie sich die Todesängste aus dem Leib. Es dauerte Minuten, in denen ich, wie gelähmt, dastand, dann plötzlich war es still. »Das war's«, sagte ich mir, »das Kamel hat ausgelitten«, denn ich war mir sicher, daß es tot war. Die gräßlichen Todesschreie noch im Ohr, machte ich mich traurig und müde auf den Weg zurück. Ich war gut einen halben Kilometer vorausgewesen und mußte mehrere Dünenkämme überqueren, bis ich mich der Unfallstelle näherte. Für mich stand außer Zweifel, daß das Kamel abgestürzt war und sich dabei mit den schweren Lasten auf dem Rücken das Genick gebrochen hatte. Ich hoffte inständig, daß es keines unserer Wasserkamele war.

Die Unglücksstelle war erst einsehbar, als ich am letzten Dünengrat stand, wo Helmut seinen Rucksack zurückgelassen hatte. Als erstes sah ich den steilen Abbruch mit der tiefen Spur, die das stürzende Kamel im Sand hinterlassen hatte. Es war so, wie ich vermutet hatte. Bei der Traversierung mußte es zu weit in den Steilhang geraten sein, der Sand gab nach, das Tier rutschte und überschlug sich. Auf der Mitte des Hanges lagen verstreut ein paar Holztrümmer des zerborstenen Packsattels und gerissene Stricke. Die drei Männer mühten sich ab, die Lasten zu bergen. Das Kamel aber kauerte am flachen Dünengrund. Es atmete schwer, schien jedoch unverletzt. Es war der »Große«, Sauds Kamel. Seine Last bestand aus vier vollen Wasserkanistern und einem weiteren, in den wir Äpfel gefüllt hatten. Wie durch ein Wunder war keiner der Wasserkanister beschädigt, während der Apfelcontainer zerplatzt war und die Äpfel im Sand verstreut umherlagen. Einige davon gaben wir dem gestürzten Kamel, das sie gierig verschlang. Wir hatten riesiges Glück, daß sich weder das Tier verletzt hatte, noch Wasser bei dem Unfall verlorengegangen war. Andernfalls hätten wir hier auf der Stelle umkehren müssen. Wenn wir allerdings gewußt hätten, was uns in den nächsten Tagen bevorstand, hätten wir es sicher ebenfalls getan.

Das Mißgeschick ging auf Omarjans Konto. Er war unachtsam gewesen und hatte das ihm anvertraute Kamel zu weit in den Steilhang geführt. Roze, der mit seinen Tieren vorausging und die Spur legte, hatte die Stelle problemlos gemeistert. Omarjan wich zwar nur um Haaresbreite von seiner Spur ab, aber das genügte, um das Kamel ins Wanken zu bringen. Es kam aus dem Gleichgewicht, überschlug sich und blieb mitten im Steilhang liegen, mit der Last nach unten, den Körper draufgeschnürt und die Beine in der Luft. Es war, so erfuhr ich von Helmut, im Schock wie erstarrt und rührte sich nicht. Erst als die beiden Kameltreiber begannen, es von den Lasten zu schneiden, und versuchten, das Tier, das kopfüber nach unten lag, wieder auf die Beine zu bringen, schrie es aus Leibeskräften. Sie mußten es den restlichen Hang hinabrollen, bis zu der Stelle, wo ich es im Sand kauernd erblickte.

Die Kameltreiber wollten den zerbrochenen Packsattel zurücklassen und die Kanister dem Kamel auf den mit Stroh ausgepolsterten Sattel, den es am Körper trug, aufbinden, aber damit war ich nicht einverstanden, denn ohne das hölzerne Gestell wären die Wasserkanister mit großer Wahrscheinlichkeit zerplatzt. Mit Stricken gelang es uns notdürftig, das Gestell zu flicken, dann wurde das Kamel wieder beladen, und nach einer Unterbrechung von zwei Stunden setzten wir den Marsch fort. Wir marschierten bis zum Sonnenuntergang und schafften exakt 15 Kilometer Luftlinie.

Das Etappenziel war ein schöner Lagerplatz. Er befand sich auf einem weiten Hochplateau, und wir konnten nach allen Richtungen in die Ferne sehen. Vor allem schweiften unsere Blicke in die Richtung, in die wir morgen zu laufen hatten, und es hatte den Anschein, als zeigte die Wüste sich gnädig. Die Sandberge schienen niedriger zu werden, da und dort konnte man Talfurchen erkennen, die einen leichteren Weg versprachen. Doch ich gab mich keinen allzu großen Illusionen hin, dafür kannte ich Hedins Geschichte zu genau, wußte um die grausamen Wechselbäder der Gefühle, die er durchlebt hatte. All seine Hoffnungen, das Gelände würde einfacher werden, waren wie Seifenblasen zerplatzt. Die flachen Passagen waren nie von Dauer, nie mehr als kurze Unterbrechungen im »schlimmen Sand«, und danach wuchsen die Dünen schnell wieder höher. Nein, wir durften keinesfalls damit rechnen, daß wir es in den nächsten Tagen leichter haben würden, im Gegenteil, die Karawane würde noch mehr Mühe haben, die Sandberge zu überwinden, weil die Kamele von Tag zu Tag schwächer wurden. Wir befanden uns im Bereich von Hedins Lager 13, dort, wo er feststellte, daß ihre Wasserreserven nur noch für zwei Tage reichten. Unsere Vorräte reichten meinen Berechnungen nach aus. Wir hatten jedoch in den letz-

◀ Roze lenkte im Licht der untergehenden Sonne die Karawane auf meiner Spur hinterher. Das weiße Leitkamel führte die Reihe der Kamele an. Auf seinem Rücken befanden sich unsere persönliche Ausrüstung und das Solarpanel.

ten beiden Tagen keinen Kilometer mehr als die Soll-Leistung zurückgelegt, so daß wir noch neun Tage bis zum Khotan-darya kalkulieren mußten und nicht etwa einen Tag weniger, wie ich anfangs gehofft hatte. Deshalb konnten wir uns keine Verluste leisten; vor allem durften wir nicht riskieren, daß noch einmal eines der Wasserkamele stürzte, denn so glimpflich wie heute dürften wir kaum ein zweites Mal davonkommen. Schwund gab es an diesem Tag dennoch.

Bei der routinemäßigen Kontrolle der Wasservorräte stellte Helmut fest, daß einer der vollen Kanister unterwegs angebrochen worden war und fast ein Drittel des Inhalts fehlte. Er war empört darüber. Die Sünder waren schnell gefunden: Kleinlaut gestanden Roze und Omarjan, daß sie nach der anstrengenden Bergungsaktion solchen Durst gehabt hatten, daß sie der Versuchung, einmal aus dem vollen zu schöpfen, nicht hatten widerstehen können. Helmut redete den beiden ins Gewissen, in Zukunft nicht mehr eigenmächtig ans Wasser zu gehen, sonst kämen wir alle bald in große Schwierigkeiten. Es war keineswegs so, daß wir ihnen die Extraration Wasser nicht gönnen wollten, wenn besondere Umstände sie erforderten, aber es ging nicht an, daß sie es sich einfach heimlich nahmen. Ich hatte das Gefühl, Roze mochte noch immer nicht glauben, daß wir unterwegs kein Wasser finden würden. Er erzählte von einer britischen Expedition, die er zusammen mit seinem betagten Schwiegervater Esa Polta im Jahre 1993 von Merket bis zum Mazar-tagh begleitet hatte. Damals, so sagte er, hätten sie fast jeden Tag erfolgreich einen Brunnen gegraben und die Tiere tränken können. Damals war eben nicht heute. Und die Erkenntnis nützte uns nicht viel, denn ihre Route war 150 Kilometer weiter südlich, viel näher am Randbereich der Wüste, verlaufen, und offenbar war dort der Sand nicht so hoch oder Wasser näher an der Oberfläche.

Nach jeder Tagesetappe trug ich unsere Route auf der Karte ein und verglich die Daten mit dem Weg Hedins, der zu unserem unsichtbaren Begleiter wurde.

Die Briten hatten ihre Tour bei einem chinesischen Reisebüro gebucht und wunderten sich, daß das für den Trip abkommandierte Personal den nötigen Pioniergeist vermissen ließ. Allerdings hatten sie ihre chinesischen Gastgeber schon im Vorfeld brüskiert, indem sie auf dem Gebäude von Chini-bagh, dem alten britischen Konsulat in Kashgar, den Union Jack hißten und davor für Erinnerungsphotos posierten. Mit den Bildern belieferten sie die heimische Boulevardpresse. Ein eigens aus England angereister Fahrzeugkonvoi begleitete die »Expedition« zu Versorgungszwecken und hielt ständigen Funkkontakt. Die Gespräche handelten hauptsächlich vom Gezänk mit den chinesischen Begleitern. Es gab aber auch Dramatisches zu vermelden: Drei der Teilnehmer litten an Darmunpäßlichkeiten, weil ihr Koch die Bratpfanne gleichzeitig zum Tränken der Tiere verwendete, andere mußten wegen der wund gelaufenen Füße bald auf den Kamelen reiten. Selbstverständlich gaben sie vor, den Spuren von Sven Hedin zu fol-

Wir hatten noch nicht einmal die Hälfte der Strecke zurückgelegt, als die Kamele erste Ermüdungserscheinungen zeigten. Wir schenkten dem keine weitere Beachtung, weil wir glaubten, noch genügend Wasserreserven zu besitzen, um sie bei Kräften zu halten.

gen, so wie jeder Pauschaltourist, der sich einmal im Dünenpark von Dunhuang die Beine vertritt. Mit der Route Hedins freilich hatte ihr Weg kaum etwas gemeinsam. Abgesehen davon, daß sie von der Oase Merket starteten, gab es keine Berührungspunkte. Während der Schwede nur den lieben Gott zu Hilfe rufen konnte, standen für sie unterwegs mobile »Versorgungsstationen« zum Catering und als Abschleppdienst zur Verfügung.

Am nächsten Morgen, es war der 20. April, marschierten wir eine Stunde früher als an den vorangegangenen Tagen los. Helmut blieb ab jetzt ständig bei der Karawane, um den Wasservorrat im Auge zu behalten, aber auch um schnell mit anpacken zu können, wenn es Probleme gab, während ich wie immer vorauslief. Omarjan war völlig verunsichert. Auf Grund der gestrigen Erfahrung wagte er nicht mehr, die ihm anvertrauten Kamele über die Dünenkämme zu führen. Vor jeder abschüssigen Stelle hielt er an und wartete auf Roze. Der mußte mit seinen Kamelen zuerst die heikle Passage überwinden, dann gab er Helmut die Zügel in die Hand, lief zurück und holte Omarjans Tiere nach. Das kostete viel Zeit. Zum Glück war an diesem Tag das Gelände tatsächlich einfacher. Wir fanden immer wieder Täler mit niedrigen *Barchanen* und stellenweise sogar sandfreie Flecken, auf denen wir zügig vorankamen. So hatten wir 17,3 Kilometer Luftlinie zurückgelegt, als wir nach neuneinhalbstündigem Marsch unser Lager 12 aufschlugen.

Nachdem wir unsere Zelte aufgestellt hatten und die Kamele versorgt waren, kam Roze zu mir. Seine unbeschwerte, spitzbübische Art schien ganz von ihm gewichen. Er blickte mich mit sorgenvoller Miene an. »Wie viele Kilometer sind es noch bis zum Khotan-darya?« fragte er mich. Es war das erste Mal, daß er sich dafür interessierte. »Genau 115 Kilometer«, antwortete ich ihm in chinesischer Sprache. Er malte die Zahl in den Sand, um mir zu verstehen zu geben, daß er sie richtig verstanden hatte. Ich zeichnete eine gerade Linie hinzu, damit er begriff, daß ich damit die Luftlinie meinte und nicht die tatsächliche Wegstrecke, die wir durch unsere Schlangenlinien liefen. Dann deutete er zu den Tieren hinüber, die in einer kleinen Mulde ruhten. Der »Weiße« lag auf der Seite, die Beine weit ausgestreckt. Die anderen reckten die Hälse in den Sand, und selbst »Niki«, der sonst ruhelos umherstreifte, hockte regungslos da, die Zähne wie immer gefletscht.

»Die Kamele brauchen Wasser«, fuhr er fort.

»Geh zu Helmut«, erwiderte ich, »er wird dir welches geben, aber bedenke, daß wir nur noch zwei Kanister für die Tiere zur Verfügung haben.«

An diesem Abend lag ich noch lange wach im Zelt. Im matten Schein der Stirnlampe las ich in den Schriften Hedins. Es war eine seltsame Zwiesprache, die ich mit ihm hielt. Durch die intensive Beschäftigung war mir seine Person vertraut geworden. Er war unser unsichtbarer ständiger Begleiter, gerade so, als ob wir nebeneinander herliefen. Manchmal spürte ich seine Nähe so stark, daß ich glaubte, er würde im nächsten Augenblick leibhaftig erscheinen und in unser Lager spazieren. Ich konnte seine Gedanken oft schon im voraus erraten und das Unausgesprochene zwischen den Zeilen lesen. Vieles verstand ich erst jetzt, nachdem ich bis hierher seinen Spuren gefolgt war. Beispielsweise seine ungebrochene Sehnsucht nach der Wüste, die hier ihren Ursprung hatte. Keine andere Landschaft hat ihn so berührt wie die Wüste, »mit ihrer Einsamkeit, mit ihrer tiefen Stille, mit ihren seltsamen Flugsandmassen«, wie er es ausdrückte. Hier liegt vielleicht die Ursache für jenes Spannungsverhältnis zwischen der Welt, in der er wurzelte, und dem Ort, an dem sein Herz zu Hause war, das sich als roter Faden durch sein Leben zog. »Asiens unbekannte Weiten waren seine Welt – Schweden blieb sein Zuhause«, wurde von den Hinterbliebenen noch als Quintessenz seines Lebens in den Grabstein gemeißelt. Sein Tun war die Antwort auf den unlösbaren Konflikt zwischen der Einsamkeit, die er suchte und unter der er litt. Manches erschien mir allerdings rätselhafter als je zuvor, und jeder Tag warf wieder neue Fragen auf. Die Antworten sollten nicht lange auf sich warten lassen – nur in einer Weise, wie es sich keiner von uns gewünscht hatte.

Kara Buran

Omarjan war zweifellos ein gläubiger Mann. Im Morgengrauen stand er auf, warf sich seinen Mantel über die Schulter und lief barfüßig, den Koran in der Hand, die nächste Düne empor. Dann breitete er seinen Mantel aus, kniete sich darauf, das Gesicht in Richtung Mekka gewandt, und betete leise. Er tat dies zweimal täglich, morgens und abends. Wenn sie nicht zu müde waren, las er Roze vor dem Einschlafen noch aus dem Koran vor. Er hielt sich streng an die religiösen

Gebote. Während es Roze in keinerlei Gewissenskonflikt stürzte, bei Gelegenheit einen Schluck aus Helmuts Flachmann zu nehmen, wäre Omarjan eher verdurstet, als daß er den Alkohol auch nur angerührt hätte.

Zuerst verschmähten die Kamele den Getreidebrei, weil ihnen die Kehlen bereits ausgetrocknet waren. Erst als wir ihnen eine zusätzliche Wasserration gaben, machten sie sich über das Futter her.

Der Durst plagte an diesem Morgen vor allem unsere vierbeinigen Gefährten. Sie würdigten das Fressen keines Blickes, weil ihre Kehlen so ausgetrocknet waren. Statt dessen wurden sie ganz wild, als sie sahen, wie Helmut und Roze an den Wasserkanistern hantierten. Jedes Kamel bekam nun seine Ration einzeln vorgesetzt. Insgesamt verteilten wir 50 Liter. Damit war alles Wasser, das wir für die Tiere einkalkuliert hatten, verbraucht. Wir hatten ihnen sogar schon einiges von unseren eigenen Vorräten abgetreten, die Menge, die Roze jeden Tag zusätzlich benötigte, um ihnen das Futter schmackhaft zu machen. Trotzdem hatten sie es an diesem Morgen glatt verweigert. Erst nachdem sie getrunken hatten, machten sie sich über den Getreidebrei her.

Die Hoffnung, noch Spuren der Hedin-Expedition zu finden, erfüllte sich nicht. Ich konnte noch so angestrengt Ausschau halten, der Sand schien alle Überreste verschluckt zu haben.

Der Zustand der Kamele bereitete uns zunehmend Sorgen. Während die beiden Uiguren sie bepackten, erörterte ich mit Helmut unsere Optionen. Es blieben nicht viele. Daß wir hier irgendwie Wasser finden würden, schlossen wir völlig aus. Im besten Fall würden wir nach sieben Tagen den Khotan-darya erreichen. Mit viel Glück stießen wir schon einen Tag vorher auf eine grüne Tamariske oder Pappel, an der wir durch Graben an Wasser herankommen konnten. Aber diese Möglichkeit war mehr als vage, wir mußten vielmehr davon ausgehen, selbst am Khotan-darya nicht auf Anhieb Wasser zu finden. Ohne zusätzliches Wasser würden die Kamele keine sieben Tagesmärsche mehr durchhalten, das war uns klar. Umkehr? Dafür müßten wir uns sofort entscheiden, denn morgen wäre es zu spät. Morgen würden wir aller Voraussicht nach die halbe Strecke zurückgelegt haben, und dann wäre es zurück nach Tusluk genauso weit wie zum Khotan-darya.

Sofern wir Menschen weiterhin mit dem Wasser so sparsam umgingen und die von mir geplante Gehleistung erbrachten, konnten wir den Kamelen noch einmal 50 Liter geben. Dann allerdings hätten wir uns aller Reserven entledigt. Doch was nützten uns schon die Reserven, wenn die Kamele, von denen wir wiederum symbiotisch abhängig waren, nicht mehr weiterkamen? Keiner von uns wäre imstande gewesen, die noch vor uns liegende Strecke ohne Kamele zu überwinden. Wir überlegten folgendes: Heute hatten die Tiere Wasser bekommen. Nach den bisherigen Erfahrungen kamen sie damit zwei Tage aus. Wenn wir ihnen am Morgen des dritten Tages noch einmal 50 Liter gäben, verblieben nur noch vier Tage bis zum Khotan-darya, wobei wir dort am Abend des vierten Tages schon einen Brunnen hätten, vielleicht sogar schon am dritten Tag. Unter diesem Gesichtspunkt erschien uns das Risiko nicht zu groß, den Wüstenmarsch fortzusetzen. Verglichen mit Hedin, war unsere Lage noch immer sehr komfortabel. Während seine Männer zu diesem Zeitpunkt bereits um ihr Leben nach Wasser gruben, hatten wir unsere Rationen noch kaum eingeschränkt.

Der Tagesverlauf schien unsere Entscheidung zu bestätigen. Trotz drückender Hitze kamen wir ohne besondere Zwischenfälle gut voran. Ich lief weit voraus und nutzte meinen Vorsprung, um immer wieder auf Dünen hinaufzusteigen, die eine gute Aussicht versprachen. Dort packte ich mein Fernglas aus und suchte das Blickfeld nach allen Richtungen hin ab. Wir mußten ganz in der Nähe der Stelle sein, an der Hedin die ersten Lasten zurücklassen hatte müssen. Er hatte die Sachen, in Kisten verpackt, zwischen die Dünen gestellt und als weithin sichtbares Erkennungszeichen einen Holzpfahl in die Dünenspitze gerammt. Da die hohen Sandberge sich kaum verändert hatten, konnte es durchaus sein, daß der Pfahl noch heute an dem betreffenden Platz herausragte. Dort oben lagerte sich kein Sand ab, ganz im Gegensatz zu den Senken. Wenn wir überhaupt eine Chance hatten, noch Spuren von Hedins Expedition zu finden, vielleicht sogar das »Todeslager« selbst, dann nur durch eine dieser Markierungen. Die Kisten und die Körper der toten Kamele würden zwar wie alles in der Wüste infolge des trockenen Klimas auch nach über 100 Jahren nicht verrottet sein, inzwischen waren jedoch ungezählte *Burans* darüber hinweggefegt, die alle Überreste tief unter dem Sand begraben hatten.

Noch etwas erschwerte eine gezielte Suche: Hedins Kilometerangaben stimmten hinten und vorn nicht. Schon die errechnete Entfernung von 130 Kilometern, gemessen von seinem letzten Lager am Südende des »Langen See« bis zum Khotan-darya, war falsch. In Wirklichkeit betrug die Gerade (Luftlinie) 170 Kilometer. Noch irritierender waren seine täglichen Kilometerleistungen. Bis zum »Todeslager« hatte er eigenen Angaben zufolge jeden Meter seines Weges mit der bereits geschilderten Methode ausgemessen. Addiert man seine Zahlen, ergibt sich vom Lager am »Langen See« bis zum »Todeslager« eine Strecke von 165,4 Kilometern. Demnach wäre das »Todeslager« bereits in unmittelbarer Nähe des Khotan-darya gewesen, nur noch 15 Kilometer vom rettenden Wasser entfernt. Aber nach seinen Schilderungen benötigte Hedin volle vier Tage, um vom »Todeslager« aus den Wassertümpel am Khotan-darya zu erreichen. Selbst wenn man seinen geschwächten körperlichen Zustand berücksichtigt, konnte er dafür unmöglich so lange gebraucht haben.

Die 165,4 Kilometer beziehen sich freilich auf die tatsächlich zurückgelegte Strecke und nicht auf eine fiktive Gerade, die man als Strich auf der Karte zieht. Aber der Unterschied ist nicht sehr groß. Nach unseren eigenen Messungen legten wir im Schnitt nur 10 Prozent mehr an Kilometern zurück, als es die Gerade ausmachte. Mag sein, daß Hedin mit seiner Karawane die Dünen in weiteren Bögen umging und stärkeren Zickzackkurs lief als wir, keinesfalls jedoch konnte seine Abweichung mehr als 20 Prozent betragen. Demzufolge mußte das »Todeslager« zwischen 15 und 45 Kilometer vom Khotan-

darya entfernt gewesen sein. Die Lager, in denen er bereits vorher Ausrüstung abwarf, lagen entsprechend weiter zurück.

Gegen Nachmittag wuchsen die Dünen wieder auf bis zu 60 Meter Höhe an, analog dazu verlangsamte sich das Tempo unserer Karawane. Es

Der Wind ist der Baumeister jener faszinierenden Dünenordnung, die wir immer wieder bestaunen. Seine Energie überträgt sich auf die Sandoberfläche, die sich zu bewegen beginnt, wie Wellen im Meer, nur viel langsamer.

war windstill, und die Sonne entfaltete ihre ganze vernichtende Kraft. Ich hatte das Gefühl, bei lebendigem Leib auszudörren. Das Blut dickte ein, weil wir nicht genug tranken, und die Beine wurden schwer wie Blei. Mein GPS-Gerät zeigte 17,6 Kilometer Tagesleistung an, als ich nach einem geeigneten Lagerplatz Ausschau hielt. Wir befanden uns inmitten eines sehr unübersichtlichen Geländes. Die Dünenberge reihten sich so eng aneinander, daß kaum eine ebene Stelle zu finden war. Endlich entdeckte ich eine tiefe Senke mit ein paar Quadratmetern flachem Grund. Dort führten wir die Kamele hinunter. Sie legten sich sofort nieder. Wir selbst stellten unsere Zelte etwas erhöht auf einem darüberliegenden Geländeabsatz auf.

Helmut fingerte gerade am völlig versandeten Gaskocher herum, um ihn in Gang zu bringen; Roze und ich saßen daneben und beobachteten ihn dabei. Plötzlich drehte Roze sich um, deutete zum Himmel und sagte nur zwei Worte: »*Kara Buran!*« Ich blickte auf, und im selben Augenblick sah ich die pechschwarze Walze, die auf uns zukam. Ich sprang auf. »In das Zelt«, raunte ich Helmut zu und rannte los. Unterwegs schnappte ich mir noch zwei volle Wasserkanister. Beim Zelt angekommen, öffnete ich den Eingang und stellte die beiden Kanister schon einmal sicherheitshalber hinein. Jetzt brauchte ich das Zelt nicht mehr festzuhalten und hatte beide Hände frei. Schnell sammelte ich alle Ausrüstungsgegenstände ein, die noch draußen umherlagen, und warf sie ins Zeltinnere. Dann packte ich das Überzelt aus und befestigte es, so gut es ging, in der Hoffnung, es würde dem Sturm standhalten. Es herrschte eine unheimliche Stimmung. Ein feines Vibrieren war in der Luft zu spüren, dann kam ein erster Windstoß, der in die Zelthaut fuhr und sie aufblähte. Die Zeit reichte gerade noch aus, um das Überzelt an den beiden Kanistern zu verspannen, dann brach ein Inferno ohnegleichen los. Ich kroch ins Zelt, setzte Mütze und Sturmbrille auf und band mir ein angefeuchtetes Tuch um den Mund. Mein warnender Zuruf an Helmut, er solle sein Zelt ebenfalls mit Wasserkanistern sichern, ging im ohrenbetäubenden Lärm unter. Der Sturm schleuderte den Sand in solchen Mengen und mit solcher Wucht gegen die Zeltwände, daß ich fürchtete, im nächsten Augenblick begraben zu werden. Auf dem Rücken liegend, stemmte ich die Beine gegen die Decke, ansonsten wäre das Zelt einfach niedergewalzt worden. Die Zeltstangen verbogen sich bedenklich, doch sie hielten. Zwei Stunden lang wütete der *Buran* ohne Unterbrechung. Schließlich flaute er genauso plötzlich ab, wie er begonnen hatte. Ein letzter Windstoß, dann hingen die Zeltwände wie erschlaffte Segel herunter, und es wurde still.

Der verheerende nächtliche Kara Buran hatte überall seine Spuren hinterlassen, auch auf unseren Gesichtern. Sie waren genauso versandet wie Haare und Kleidung.

Ich war völlig eingesandet. Zentimeterdick lag der feine Staub im Zelt. Vorsichtig öffnete ich den Zelteingang. Dann kroch ich nach draußen. Die Kanister waren zwar umgefallen, aber fest im Sand vergaben. Es war stockdunkel, kein einziger Stern zeigte sich am Himmel. War es nur die Ruhe vor dem nächsten Sturm, oder war der *Kara Buran* weitergezogen? Sicherheitshalber holte ich mir noch einen weiteren Wasserkanister ans Zelt und knotete eine zusätzliche Sturmleine daran fest. Die beiden Kameltreiber lagen regungslos in ihre Decken gehüllt, Körper an Körper aneinander. Sie waren bis zur Unkenntlichkeit vermummt und halb vom Sande verweht. Helmut besaß nun ein »Open-Air-Zelt«. Die Reißverschlüsse seiner Zelteingänge waren gebrochen. Notdürftig versuchte er, sie mit Klebeband abzudichten.

Ich blickte auf die Uhr, es war kurz vor Mitternacht, als ich wieder in das Zelt kroch. Vor Müdigkeit schlief ich rasch ein. Aber schon nach kurzer Zeit wurde ich unsanft aus dem Schlaf gerissen, weil ich keine Luft mehr bekam. Ich fühlte das Zelt im Gesicht. Eine neue Sturmwelle hatte es platt gedrückt und

*Der Kara Buran ließ Zelt-
reißverschlüsse platzen und
trieb Unmengen an Flugsand
ins Zeltinnere. Nur die
Leica-Kamera funktionierte
trotzdem noch.*

mich darunter begraben. Ich stemmte mich mit dem ganzen Körper dagegen, um es wieder aufzurichten. Feiner Staub wirbelte auf. Ich rang nach Atem und spürte gleichzeitig, wie ausgetrocknet meine Kehle war. Da half nur trinken, aber ich hatte keine Hand frei, um nach der Flasche zu greifen. Draußen tobte nach wie vor der Sturm mit ungehemmter Kraft, und ich hatte alle Hände voll zu tun, das Zelt vor dem Kollaps zu bewahren. Ich vermag nicht zu sagen, wie lange der Sturm andauerte, denn mir war jedes Gefühl für Zeit abhanden gekommen. Irgendwann, es muß in den frühen Morgenstunden gewesen sein, flaute er ab, und ich fiel in einen Halbschlaf, aus dem mich erst die Morgensonne erweckte.

Unser Lager sah aus wie nach einem Lawinenabgang. Nur mit dem Unterschied, daß statt unter Schnee alles von Sand begraben war. Wir buddelten zuerst unsere lebenswichtigen Wasserkanister aus, dann die Nahrungsreserven. Den letzten Rest von Gemüse, den wir noch hatten, verfütterten wir an die Kamele. Auch ihnen hatte der Sturm übel mitgespielt. Lustlos kauten sie an der Nahrung herum und spieen das meiste wieder aus. Aber alle Tiere konnten sich erheben, bis auf das »Kleine«. Roze stand bei ihm und machte ein trauriges Gesicht. Nur Wasser konnte es noch einmal auf die Beine bringen. Omarjan führte die anderen Kamele zur Seite, während Roze mit Helmut zu einem der vollen Kanister ging. Wir füllten dem »Kleinen« ein Viertel davon ab. Als es das Wasser witterte, erhob es sich sofort. Mit einem Zug trank es den Behälter leer, den wir ihm vorgesetzt hatten. Aus der Sicht des Kamels dürften die sechs Liter nicht viel mehr gewesen sein als damit einmal die Zunge zu befeuchten, aber unsere Reserven erschöpften sich allmählich. Es lief uns bettelnd hinterher. So gering die Menge auch gewesen sein mochte, das Tier wurde quicklebendig und fraß nun auch den Getreidebrei, den es zuvor verschmäht hatte. Um seine Kräfte zu schonen, wurde die Packlast so umverteilt, daß es heute nur ein unbedeutendes Gewicht zu tragen hatte.

Beim Entsanden meines Zeltes fand ich einen Marienkäfer, den der *Kara Buran* hierhergefegt hatte, dann noch einen und noch einen ... insgesamt fünf. Ich hielt sie in der Hand und betrachtete sie wie ein Wunder. Sie erschienen mir als Sendboten des Lebens, und vielleicht waren sie unsere Glücksbringer, die uns vom nahenden Wasser kündeten. Deshalb beschloß ich, sie mitzunehmen. Sie sollten mich bis zum Khotan-darya in meinem Rucksack begleiten. Ich bohrte Luftlöcher in eine leere Filmdose, steckte ein grünes Blatt Chinakohl hinein und die Marienkäfer hinterher.

Karawane ohne
Wiederkehr

Ein einzig Bild der Schönheit ist die Düne.
Die Wüste beschenkt, sie verändert Dich.
Gib Dich hin, entsage, leide, kämpfe,
durchquere die Wüste voller Durst,
weise die Tränen zurück,
und so werde ich Dir zur Entfaltung
Deiner Selbst helfen.

Antoine de Saint-Exupéry

Es dauerte lange, bis wir das Lager aufgeräumt hatten, deshalb wurde es Mittag, ehe wir losmarschierten. Eine Art Sandnebel lag über der Wüste. Nur zaghaft kam die Sonne durch, so daß in den ersten Marschstunden die Temperaturen noch erträglich blieben. Das Gelände jedoch kannte kein Erbarmen. Die Dünenberge bildeten ein enges, nur schwer überschaubares Labyrinth. Alle paar Minuten galt es, einen Kamm zu überqueren. Das »Kleine« hielt sich tapfer, und im Laufe des Tages hatte es sich so weit erholt, daß es erstaunlich gut mit den anderen Schritt halten konnte.

Am frühen Nachmittag rasteten wir unterhalb eines hohen Dünenkammes. Es war ein besonderer Augenblick. Wir hatten die Hälfte unserer Wegstrecke zurückgelegt. Jetzt gab es kein Zurück mehr, ab jetzt war die Distanz zum Khotandarya kürzer als nach Tusluk. Wir empfanden es alle als zusätzliche Motivation. Die Stimmung wurde noch besser, als ich etwas später das erste trockene Pappelblatt fand. Wir standen mit glänzenden Augen davor, als hätten wir soeben einen kostbaren Schatz entdeckt. Der Wind hatte es bis hier-

Das erste Blatt einer wilden Pappel, die der Wind vom Khotan-darya hierher verfrachtet hatte, gab uns neue Hoffnung, den Rand der Vegetationszone bald zu erreichen.

her geschleudert. Sofort keimte die Hoffnung auf, womöglich schon einen oder zwei Tage früher auf einen Baum und damit auf Wasser zu stoßen. Das würde uns aller Probleme entledigen. Nur, es war eine trügerische Hoffnung, auf die wir keinesfalls bauen durften.

Ich hielt immer wieder Ausschau nach Spuren der Hedinschen Expedition, aber nirgendwo zeigte sich ein Anzeichen. Der Sand hatte sie verschluckt, ihre Spuren für immer ausgelöscht, so wie unsere Spuren, die schon nach dem gestrigen *Kara Buran* verschwunden waren. Irgendwo in dieser gelben Ödnis hatte Hedin eines seiner ersten Kamele verloren, mitten in einem tobenden Sandsturm, der ihn während des Marsches traf. Ich war dankbar, daß uns diese Erfahrung wenigstens bisher erspart geblieben war.

◄ *Die Karawane, angeführt von Helmut, tastete sich durch einen milchig-weißen Nebel aus feinem Staub, den der nächtliche Kara Buran aufgewirbelt hatte*

Statt eines Sturmes machte uns die Hitze zu schaffen. Eine lähmende Schwüle lag in der Luft, obwohl die Sonne nur als blasse Scheibe am Himmel stand. Hatten wir am Anfang noch 2,5 Kilometer in der Stunde geschafft, so fiel unser Schnitt in der zweiten Tageshälfte auf 1,5 Kilometer. Nach neun Stunden, die Rastpausen eingerechnet, gab ich das Zeichen zum Lagern. Wir waren dem Khotan-darya um weitere 16,6 Kilometer näher gerückt.

Kein Zurück

23. April, Ostersonntag, das Fest des Frühlings und der Erneuerung. Wir waren so weit davon entfernt, wie man es nur sein konnte. Es gab nur noch ein einziges Thema, das uns beschäftigte, die bange Frage: Würden unsere Wasserreserven reichen? Oder umgekehrt: Würden wir schnell genug am Khotan-darya sein, ehe sie zur Neige gingen? Wir waren noch 65 Kilometer vom Ziel entfernt, befanden uns also genau dort, wo sich vor 105 Jahren Hedins Wüstendrama abgespielt hatte. Eine solche Distanz hatte ich solo in der Gobi schon einmal in zwei Tagen zurückgelegt, mit 10 Litern Wasser im Gepäck. Wahrscheinlich würde ich es wieder schaffen, die anderen vielleicht auch, aber es galt, die ganze Karawane durchzubringen.

Doch die Kamele machten einen müden Eindruck. Sie standen mit gesenkten Köpfen da, beschnupperten das Futter, wollten aber nicht mehr fressen – nicht einmal die beiden »Starken«. Seit Tagen hatten wir ihnen jeden Apfelkern, jedes Stück Schale gegeben, und sie hatten es immer gerne genommen, jetzt verschmähten sie auch das. Es stand außer Frage, daß sie an diesem Morgen Wasser bekommen mußten, nur wieviel, darüber diskutierten wir lange. Wenn wir unseren eigenen Bedarf weiter reduzierten, konnten wir ihnen noch zwei volle Kanister überlassen, also weitere 50 Liter. Um die wasserlosen Tage zu verkürzen, beschlossen wir, ihnen heute nur 25 Liter zu geben, die andere Hälfte sollten sie morgen erhalten. Nicht einmal nachdem sie getrunken hatten, rührten sie die Nahrung an. Sie standen nur apathisch da, und selbst »Nikis« lautstarke Unmutsäußerungen waren verstummt. Es hatte keinen Sinn, die schweren Säcke mit Getreide weiter mitzuschleppen. Wir entleerten den einen ganz und den zweiten bis zur Hälfte. Dadurch hatte »Niki« kaum noch Last zu tragen. Roze schnürte ihm nur noch die Schlafdecken und den Sack mit unserem Kochgeschirr auf den Rücken.

Das Bild der Wüste änderte sich auch an diesem Tag nicht im geringsten. »Wie schon seit Tagen müssen wir auch heute wieder hohe Dünen überqueren«, notierte Helmut in sein Tagebuch, »... Dünen, die scheinbar bis in die Unendlichkeit reichen, wenn man am Kamm einer solchen Düne steht und in die Ferne blickt. Es ist völlig gleichgültig, in welche Himmelsrichtung ich schaue, die Sanddünen scheinen kein Ende zu haben, das Auge findet keinen Punkt, auf dem es ruhen könnte.«

Und doch mehrten sich die Anzeichen, daß es auch noch etwas anderes gab als Sand. Immer häufiger fand ich Pappelblätter. Insekten nahmen ebenfalls zu. Einmal stieß ich auf einen Vogelkadaver. Wie lange würde es noch dauern, bis wir die erste grüne Pflanze erblickten?

Bevor ich losmarschierte, hatte ich Helmut, der stets in unmittelbarer Nähe der Karawane blieb, aufgetragen, er solle darauf achten, daß Roze die Tiere nicht unnötig antrieb. Sie sollten, wann immer die Kamele müde wurden, eine Pause einlegen. Jeder Kilometer zählte, jeder Schritt, den wir zurücklegten, brachte uns dem Wasser näher. Ich ging wie immer voraus, in meinem gewohnten Stundenrhythmus. Anfangs kam die Karawane noch gut hinterher, dann wurden die Pausen häufiger, und ich mußte immer länger auf sie warten. Bei jeder schwierigen Passage dachte ich unwillkürlich an die er-

schöpften Kamele, die mit ihren Lasten ebenfalls darüber hinwegmuß-
ten. Doch es gab einfach keinen guten
Weg. Manchmal war das Gelände so
unübersichtlich, daß ich es schwer
abschätzen konnte, wo die beste
Route war. Dann probierte ich es in
mehrere Richtungen, bevor ich mich
entschied. Ich mußte dann jedesmal
wieder bis zu der Stelle zurücklaufen,

Die Hoffnung, bald auf ▶
eine erste grüne Pflanze
zu treffen, an der wir
nach Wasser graben
konnten, erwies sich als
trügerisch, denn das Sand-
meer zeigte weiterhin
sein uns bekanntes Ge-
sicht – nichts als Dünen,
so weit das Auge reichte.

wo sich meine Spuren teilten, um Pfeile in den Sand zu ma-
len, damit die Karawane der richtigen Spur folgte.

Wieder ein Tag, an dem wir unter der sengenden Sonne
marschieren mußten. Wir hatten das Gefühl, daß die Hitze
von Tag zu Tag zunahm, und zuweilen sehnten wir einen
Sandsturm herbei, der wenigstens etwas Kühlung verschaffen würde. Um der brütenden Mittagshitze zu entgehen, pro-
bierten wir es mit der Methode von Sven Hedin: Wir lagerten
auf einem hohen Dünenkamm, steckten unsere Skistöcke in
den Sand und spannten eine Zeltplane darüber. Dann legten
wir uns in ihren Schatten und versuchten, uns im Sand ein-
zugraben. Wir hielten es jedoch nicht lange aus. Der aufge-
heizte Sand verschaffte keinerlei Kühlung, im Gegenteil, wir
trockneten nur noch schneller aus und mußten öfter zur Flasche greifen, als wenn wir marschierten. Niemals würde es
mir einfallen, wenn ich kein Wasser mehr hätte, auch nur eine
Stunde lang auf diese Weise auszuharren, denn man würde
dabei genauso schnell verdursten wie beim Gehen, dem rettenden Wasser jedoch keinen Schritt näher kommen.

Als wären unsere Wünsche erhört worden, kam am späteren Nachmittag ein leichter Sandsturm auf. Die Brise war allerdings zu schwach, um die ermatteten Tiere zu beleben; einzig und allein Wasser hätte sie wieder zu Kräften bringen
können. Aber selbst wenn wir ihnen alles Wasser gegeben
hätten, das wir noch hatten, wäre das bei weitem nicht die

Menge gewesen, die sie brauchten. Nur ein Brunnen konnte Rettung versprechen. Einen Tag mußten sie noch durchhalten, denn dann, so glaubte ich, würden wir bestimmt auf die ersten Tamarisken treffen. Trotz der Schwierigkeiten schafften wir auch an diesem Tag fast 17 Kilometer. In einer windgeschützten Mulde schlugen wir unser Lager 15 auf.

Der Untergang der Karawane

Jeder von uns träumte seinen eigenen schönen Traum: Roze von seiner Familie und Helmut vom Grünen Veltliner, den er auf der Terrasse seines Hauses zu trinken pflegte, ich von einem Münchner Biergarten – und Omarjan von Allah, der uns Wasser schickte. Der Tag jedoch wurde zum Alptraum. Die durstigen Kamele bekamen an diesem Morgen 25 Liter Wasser. Damit hatten sich unsere Vorräte erschöpft. Nach meinen Berechnungen reichten die Reserven gerade noch aus, um den Khotan-darya mit dem letzten Tropfen zu erreichen. Alle Tiere konnten sich erheben, ihre Kehlen waren allerdings so ausgetrocknet, daß sie das Fressen verweigerten. Als wir sie beluden, ahnte keiner von uns, daß es das letzte Mal war, daß die Karawane vollzählig versammelt war. Dann zogen wir los.

Vom ersten Schritt an war es ein trauriger Marsch. »Niki« war nicht in der Lage, auch nur das geringste Gewicht zu tragen. Erst als wir ihm alles abgenommen hatten, kam er mühsam hoch. Von Omarjan geführt, wankte er mit zittrigen Beinen hinterher. Er bot einen bemitleidenswerten Anblick. Immer öfter brach er zusammen. Mehrmals schafften es Roze und Omarjan, ihn wieder auf die Beine zu bringen, doch wir kamen kaum voran. Unerbittlich lief die Zeit gegen uns. Wir hatten keinen Spielraum mehr. Jede Stunde, die wir verloren, wog schwer und konnte am Schluß über Leben und Tod entscheiden. Wie ein schreckliches Damoklesschwert hing das

Gespenst des Verdurstens über unserer Karawane.

Mit schwindenden Kräften, von Flüssigkeitsmangel geschwächt, liefen die Kamele gegen die Zeit und gegen die tödliche Austrocknung an.

Das Ende von »Niki« kam schnell. Hinter einem Dünenkamm, den er mit letzten Kräften noch überwunden hatte, brach er zusammen und legte sich sofort in die Sterbestellung, indem er zur Seite kippte und die Beine ausstreckte. Roze versuchte mit allen Mitteln, ihn wieder aufzurichten. Es war sinnlos. Wie gelähmt standen wir da. Ich hatte bis zum letzten Augenblick gehofft, diese Situation würde nicht eintreten. Wir hatten uns in Sicherheit gewähnt, weil wir eine viel größere Menge Wasser mitgenommen hatten als seinerzeit Hedin, wir dünkten uns überlegen, weil wir eine viel bessere Kenntnis der Geographie und genauere Karten hatten und – wie es sich für das Jahr 2000 gehört – moderne Sattellitennavigation gebrauchten. Nie hätte ich es für möglich gehalten, daß wir in eine ähnlich verheerende Lage schlittern könnten. Jetzt war genau das Wirklichkeit geworden. Aus dem Spiel mit dem Abenteuer war bitterer Ernst geworden. Der einzige Vor-

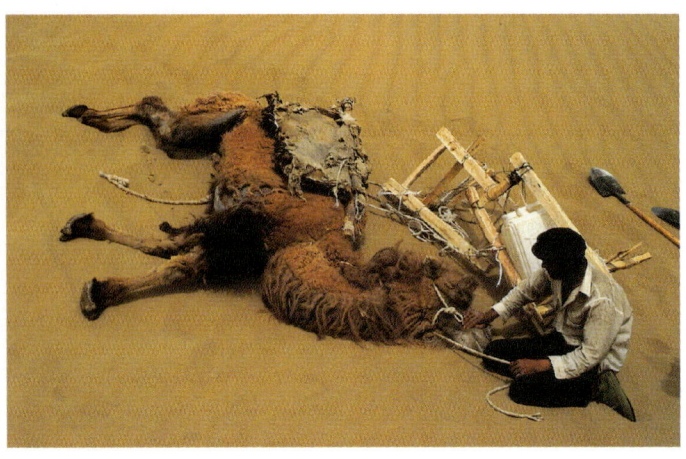

Weinend kniete Roze neben »Niki«, der am Fuße einer Düne zusammengebrochen war und sofort die Todeslage einnahm. Wir fühlten uns schuldig und hilflos.

teil, den wir gegenüber Hedin hatten, war ein zeitlicher, denn das Sterben setzte bei uns erst jetzt ein, zu einem Zeitpunkt also, an dem wir nur noch drei bis vier Tagesmärsche vom Khotan-darya entfernt waren.

»Niki« hatte den Hals im Sand ausgestreckt, er atmete noch, und aus seinem Maul trat weißer Schaum. Omarjan saß daneben, den Kopf in seinen Händen vergraben. Ich mußte eine Entscheidung treffen, gegen die sich alles in mir sträubte, doch ich hatte keine andere Wahl. Entweder ließen wir »Niki« hier sterbend zurück, oder wir blieben bei ihm und riskierten, alle umzukommen. Meine Entscheidung weiterzumarschieren mag einem Außenstehenden vielleicht herzlos erscheinen, doch es war die einzige Möglichkeit, wenn wir mit dem Rest der Karawane lebend herauskommen wollten.

Roze blickte uns fragend an. Helmut gab ihm zu verstehen, daß wir »Niki« zurücklassen müßten. Da fuhr er auf, schrie Helmut zornig an. Wir verstanden zwar kein Wort der uigurischen Sprache, aber es war nicht schwierig zu erraten, daß er uns dafür verantwortlich machte. Zweifellos war es unsere Schuld, daß er nun ein Kamel verlor. Aber gegenseitige Schuldzuweisungen verbesserten unsere Lage nicht. Das sah er selbst ein. Dennoch fiel es ihm sehr schwer, sich mit der Unausweichlichkeit der Situation abzufinden. Nachdem er eine Zeitlang schweigend und nachdenklich dagesessen hatte, ging er zu »Niki«, kniete sich neben ihn in den Sand, strich ihm liebevoll über den Kopf – und weinte. Der Anblick war erschütternd. Ich fühlte mich schuldig. Als glaubte ich, davor flüchten zu können, wandte ich mich ab und lief in die Wüste hinaus. Wie von Furien gejagt, rannte ich ohne Unterbrechung, bis ich vor Erschöpfung umfiel.

Ich kann mich nicht mehr entsinnen, wie lange ich unterwegs war, lange genug jedenfalls, um die Kawawane nicht mehr sehen zu müssen. Ich legte mich auf dem Rücken in den Sand, bedeckte das Gesicht mit einem Tuch und fiel in einen Halbschlaf. Anfangs verfolgten mich noch die Bilder des sterbenden Kamels, die traurige Abschiedsszene, aber dann stiegen andere Szenen auf, viel angenehmere. Es waren Erinnerungen an unbeschwerte Kindheitstage, an das Frühlingserwachen in meiner südsteirischen Heimat – und an das Osterfest. Ich sah mich in einer Gruppe Gleichaltriger. Wir stiegen auf die Berge und zündeten Osterfeuer an. Der religiöse Hintergrund interessierte uns dabei wenig, wir taten es, weil die Eltern uns bei dieser Gelegenheit erlaubten, im Freien zu nächtigen, und das fanden wir spannend. Vor allem erinnerte ich mich an die sprießende Natur, an das frische Gras, die Blumenwiesen, die blühenden Bäume. Dann riß der Faden. Das Herannahen der Karawane brachte mich wieder in die sorgenvolle Gegenwart zurück.

Hineinversetzt in die Weite des Sandmeeres, erschien sie wie Treibgut in den Wellen. Ein verlorenes Häuflein von Menschen und Tieren, die in dieser Welt nichts zu suchen hatten. Die Karawane war weiter geschrumpft. Ich zählte nur

◄ Der Untergang der Kara-
wane hatte begonnen. Gefan-
gen in der Unendlichkeit der
Wüste, glich sie Treibgut im
Meer, über dem schon im näch-
sten Augenblick die Wellen
zusammenschlagen konnten.

noch vier Kamele. Der »Große«
fehlte, das einzige Kamel, das Saud
gehörte. Ich konnte es nicht fassen.
Als ich es zum letztenmal gesehen
hatte, zeigte es noch keine besonderen Anzeichen von Schwäche. Es war
das einzige Tier gewesen, bei dem die
Höcker noch aufrecht standen. Vielleicht hatte es sich beim
Absturz doch innerlich verletzt und war deshalb eingebrochen. Die Lage wurde zunehmend dramatisch. Jetzt hatten
wir innerhalb weniger Stunden zwei Kamele verloren; wenn
es in diesem Tempo weiterging, müßten wir morgen um unser nacktes Leben laufen. »Es hat mich tief getroffen, nach so
kurzer Zeit wieder von einem Kamel Abschied zu nehmen
und es in der Wüste zurückzulassen«, schrieb Helmut über
diesen bitteren Augenblick. »Ich mußte an Sven Hedin denken; in einem seiner Bücher schrieb er über seine Takla-Makan-Expedition: ›Zuerst sterben die Kamele, dann kommen
die Menschen an die Reihe.‹«

Unter diesen düsteren Vorzeichen marschierten wir weiter.
Ich wagte mich kaum noch umzublicken, aus Furcht, das
nächste Kamel im Sand liegen zu sehen. Aber die letzten vier
hielten tapfer durch. Die Sonne versank gerade hinter den
Dünen, als wir in einer weiten Mulde unser Lager aufschlugen. Es herrschte eine bedrückte Stimmung. Roze und Omarjan rollten sich bald in ihre Decken und schliefen ein, nachdem sie sich von Helmut ihre Wasserration geholt hatten. Ich
lag im Zelt, starrte zum Himmel, und die Gedanken liefen im
Kreis. Sooft ich es drehte und wendete, es blieben noch immer drei volle Tage bis zum Khotan-darya. Es ging jetzt nicht
mehr um die Frage, ob die Kamele den Khotan-darya erreichten – bis dorthin würden es die Tiere ohne Wasser nicht mehr
schaffen –, sondern nur noch darum, wie weit davor wir
einen rettenden Brunnen graben konnten.

Am nächsten Morgen prüfte ich mit Helmut noch die vor-

Omarjan kletterte jeden Morgen vom Lagerplatz auf eine der Sanddünen hinauf, erst, um zu Allah zu beten, dann, um sehnsüchtig nach Osten Ausschau zu halten.

handenen Wasservorräte. Wenn wir unseren Verbrauch weiter einschränkten und alles auf eine Karte setzten, konnten wir noch einmal einen bis eineinhalb Kanister den Kamelen geben. »Wenn wir Glück haben«, so sagte ich zu Helmut, »dann werden wir schon heute abend einen Brunnen graben.« Es war keine leere Versprechung, um ihn zu beruhigen, denn von meinen vorangegangenen Wüstendurchquerungen wußte ich, daß das ausgetrocknete Flußbett nach Osten hin einen kilometerbreiten Vegetationsgürtel besaß und einzelne Tamarisken weit in die Wüste hinein wuchsen. Warum sollte es auf der Westseite nicht ähnlich sein?

Wie jeden Morgen kletterte Omarjan auf eine der umliegenden Dünen hinauf, aber nicht mehr, um zu beten, sondern um sehnsüchtig nach Osten Ausschau zu halten. Sein enttäuschter Blick verriet alles. Es gab nichts zu sehen außer Sand, nicht eine einzige Pflanze, aus der wir Hoffnung hätten schöpfen können.

Wenn der traurige Gesang von Roze verstummte, wußten wir, daß die Karawane zum Stillstand gekommen war, weil die geschwächten Tiere eine Rast brauchten oder eines gestürzt war.

Auf Grund der gestrigen Erfahrungen beschloß ich, einen Teil unseres Gepäcks hier zurückzulassen. Wir durchforsteten die komplette Ausrüstung, auch das persönliche Gepäck unserer Karawaniers, und sortierten alles Entbehrliche aus. Die gesamte Küchenausrüstung, Kocher und Gasflasche sowie die restliche Verpflegung wurden hier deponiert.

Nachdem die Kamele getränkt waren und Helmut unsere Tagesration von 2,5 Litern pro Person ausgegeben hatte, blieben nur noch zwei Wasserkanister übrig. Ein weiterer Teil des persönlichen Equipments, der notfalls ebenfalls zurückgelassen werden konnte, wurde gesondert in einen Sack gepackt. Er wog nur wenige Kilo. »Welches Kamel ist am schwächsten?« fragte ich Roze. Er deutete auf das »Kleine«. Auf seinen Rücken wurde der leichte Sack gebunden.

Alle vier Kamele konnten sich mit ihren Lasten erheben. Sie wurden zu einer Gruppe zusammengebunden. Der »Weiße«

als Leitkamel, dann folgten die beiden »Starken«, und den Schluß bildete das »Kleine«.

In dieser Formation zogen wir los. Seit Tagen schon stimmte Roze während des Gehens einen monotonen Gesang an. Ich hörte ihn nur selten singen, weil ich meistens weit voraus war, aber für Helmut war es bedeutungsvoll. »Wenn ich Roze hinter mir singen hörte«, erzählte er mir, »dann war ich glücklich; das war ein Zeichen, daß alles in Ordnung war, die Karawane sich bewegte und wir unserem Ziel näher kamen. Doch wenn der Gesang verstummte, dann gab es meistens Probleme mit den Kamelen.« Roze erfand die Texte dazu im Gehen, und sie bezogen sich auf seine Gefühle und Stimmungen. Seit wir »Niki« hatten zurücklassen müssen, hatte sich der Tenor seiner Lieder verändert. Sie klangen traurig und schwermütig. Später erfuhren wir, daß er darin seine Ängste und Zweifel ausdrückte. Er beklagte sein Schicksal, hier fernab von seiner Familie sterben zu müssen, seine Angehörigen nicht mehr wiederzusehen, keiner würde sein sandiges Grab finden, keine Blumen würden es zieren ... so lauteten die Strophen, die er ewig wiederholte. Uns blieb der Sinn der Worte verborgen, als Roze sie mit seiner sonoren Stimme intonierte, aber Omarjan mußte sie ständig hören.

An diesem Tag unterbrach Roze seine Todesarie oft. Das »Kleine« konnte bald das Tempo der Karawane nicht mehr halten. Es wurde vom Zug losgebunden und allein von Omarjan hinterhergeführt. Ich bewegte mich in Rufweite der Karawane. Plötzlich verstummte Rozes Gesang. Ich hielt an, lauschte erwartungsvoll, ihn bald wieder zu vernehmen. Doch diesmal blieb es beklemmend still. Ich ahnte nichts Gutes, als ich meinen Rucksack schulterte und auf meiner eigenen Spur zurücklief. Die Karawane, beziehungsweise das, was von ihr noch übrig war, hatte in einer Senke angehalten. Nur noch drei Kamele standen. Das »Kleine« lag ausgestreckt hinter einem Dünenkamm. Roze hatte es bereits vom Sattel befreit. Das bedeutete sein Todesurteil. Helmut

Einer der bittersten Momente kam, als wir das »Kleine« schweren Herzens zurücklassen mußten. Es war nach Überquerung eines Dünenkammes gestürzt und konnte sich nicht mehr erheben.

kramte in dem Sack herum, den das Kamel bis zuletzt getragen hatte. Waren wir bereits so abgestumpft, daß das Sterben der Tiere zur Routine geworden war? Die Kamele hatten sich für uns aufgeopfert, ohne sie wären wir nie so weit gekommen. Mich überkam ein Gefühl von Ohnmacht und unsäglicher Traurigkeit, als ich zu der Stelle ging, wo das »Kleine« lag. Es blickte mich mit ermattenden Augen an. Noch nie zuvor war ich mir so schuldig vorgekommen. Zum Abschied streichelte ich sein weiches Fell. Mehr konnte ich nicht tun. Ich klammerte mich an den Gedanken, das Tier würde sich nach ein paar Stunden wieder erholen und unserer Spur bis zum Lager folgen. Die Frage, es zu töten, um sein Leiden zu verkürzen, stellte sich nicht, denn weder Helmut noch ich wären dazu fähig gewesen. Die beiden, die es hätten tun können, lehnten es strikt ab. Sie handelten nach einer Art ungeschriebenem Gesetz der Wüste. Das Tier sollte noch eine Chance haben, wie gering diese auch scheinen mochte. Trotzdem war es grausam, das Kamel einfach in der Wüste zurückzulassen, wie ein Gepäckstück, das man nicht mehr braucht. Aber in einer solchen Situation gibt es so gut wie keine Moral mehr.

Dann brachen wir auf. Ich blickte mich noch einmal um und sah, wie das »Kleine« seinen Kopf hob und mit den Beinen zuckte, als wollte es aufstehen. Mir kamen die Tränen. Das Bild ging mir nicht mehr aus dem Kopf. Ich suchte Vergessen, indem ich möglichst viel Raum zwischen mich und den Schauplatz des Dramas bringen wollte. Nach einiger Zeit machte die Traurigkeit unbändiger Wut Platz. Ich verfluchte diese Wüste, mehr noch die Entscheidung, in sie hineingegangen zu sein. Was hatten wir hier verloren? Wenn ich geahnt hätte, daß auch nur eines der Tiere umkommen würde, wäre ich nie losgezogen. Jetzt war jede Reue zu spät. Die Wüste verzeiht keine Fehler; es gibt keine Möglichkeit, etwas zu revidieren. Zuwenig Wasser hat fatale Folgen. Hatten auch wir den Fehler begangen, zuwenig aufzuladen, obwohl wir durch Hedin hätten gewarnt sein müssen? Oberflächlich betrachtet ja. Doch bei näherem Besehen hatten wir überhaupt keine Chance gehabt, mehr Wasser mitzunehmen, denn die Kapazität unserer Karawane hatte ihre Grenzen. Keiner von uns, auch nicht Roze, der mit Kamelen aufgewachsen war, konnte sagen, wieviel Wasser die Tiere brauchten, um die Strecke unter diesen Bedingungen zu überwinden. Wir mußten einsehen, daß dieser Teil der Takla Makan um diese Jahreszeit ohne Verluste nicht zu durchqueren ist. Die wasserlose Distanz ist zu lang und die Wassermenge, die die Tiere benötigen, um durchzukommen, nicht transportierbar.

Daher hatte auch Hedin keine Chance gehabt. Ich bin überzeugt, daß seine Männer ebenfalls die Beladekapazität der Karawane ausgeschöpft hatten. Sie bestand aus acht Kamelen, zwei mehr als unsere. Doch das Gewicht, das jedes Kamel zu schleppen hatte, war aller Wahrscheinlichkeit nach höher. Allein 300 Kilogramm wog Hedins Ausrüstung, mit der er seine Eisenbahnfahrt durch Rußland startete. Das waren schon zwei Kamellasten. In Tashkent und Margelan kaufte er noch eine Menge weiterer Ausrüstung ein: Zelte, Decken, Pelze, Filzstiefel, Sättel, Proviant, Küchengeräte, Revolver und Munition, Werkzeuge und allerlei Gastgeschenke für die Tibeter. Hier fehlen genaue Gewichtsangaben. Wenn man bedenkt, daß er außerdem noch Verpflegung für einen mehrmonatigen Aufenthalt in Tibet durch die Wüste beförderte, dann läßt sich ermessen, wie wenig Kapazität für Wasser übrigblieb. Vielleicht hatten seine einheimischen Begleiter einen Teil des Wassers bereits den Kamelen gegeben, als er feststellen mußte, daß die Behälter halb leer waren. Das waren alles Spekulationen, und die Frage nach dem Warum wird sich vielleicht nie endgültig klären lassen. Es wird wohl so ähnlich abgelaufen sein wie bei uns, nur mit dem Unterschied, daß wir noch immer Wasser zur Verfügung hatten und noch nicht ums nackte Leben laufen mußten. Aber all diese Überlegungen waren für uns in diesem Moment bedeutungslos, darüber konnten wir uns später den Kopf zerbrechen. Jetzt galt es nur noch den Rest der Karawane durchzubringen, nachdem wir die Hälfte unserer Tiere bereits verloren hatten. Denn keines von den dreien sollten wir je wiedersehen.

Es war ein trauriger Zug, der sich durch die Wüste wand. Die Dünen waren zwar merklich niedriger geworden, doch wir kamen nur mühsam voran. »Von jetzt an«, sagte ich zu Helmut, »bestimmen die Kamele die Geschwindigkeit. Wenn sie rasten müssen, dann wird gerastet, und wenn sie nicht mehr weiterkönnen, dann werden wir eben dort unser Lager aufschlagen.« Diese drei letzten Kamele, schwor ich mir, werde ich bis zum Khotan-darya bringen. Wir sprachen kaum mehr. Schweigend, mit langsamen, bedächtigen Schritten, beweg-

Keine Spur vom Khotan-darya, kein Zeichen von Leben, keine Hoffnung. Das Schicksal der Karawane Hedins vor Augen, verfielen wir in tiefe Resignation. ▶

ten wir uns über den Sand. Auf diese Weise erreichten wir ohne weitere Verluste das Lager 17. Wir hatten zwar etwas weniger als 15 Kilometer geschafft, waren jedoch nur noch 35 Kilometer vom Khotan-darya entfernt.

Unser Leben hatte sich auf wenige Handgriffe reduziert. Wir rollten unsere Liegematten aus, breiteten die Schlafsäcke darüber und legten uns mit der verschwitzten und versandeten Kleidung hinein. Die Haare wirr zerzaust und sandverklebt, die Gesichter von der Sonne verbrannt, glichen wir leibhaftig Wüstengeistern. Das ganze Lager bestand aus nicht mehr als drei Packsätteln und ein paar leeren Wasserkanistern, die verstreut im Sand umherlagen. Die Kamele wirkten schon mehr tot als lebendig. Sie lagen wie niedergestreckt und rührten sich nicht. Von der stattlichen Karawane, mit der wir losgezogen waren, existierte nur noch ein jämmerlicher Rest.

Helmut verteilte die abendlichen Wasserrationen – zum letztenmal. Weil wir den Kamelen die doppelte Menge gaben, als wir ursprünglich für sie eingeplant hatten, war fast nichts mehr übrig. Morgen würde der letzte Tropfen Wasser verbraucht sein. Mit den erschöpften Kamelen konnten wir frühestens übermorgen den Khotan-darya erreichen, aber ich rechnete noch immer damit, zuvor schon erfolgreich einen Brunnen zu graben. Heute hatten sich die Zeichen von organischem Leben weiter vermehrt. Immer öfter sahen wir Reptilien. Es gibt zwei Arten von Echsen, die hier endemisch sind. Die am häufigsten anzutreffende ist die gefleckte Wüstenechse. Sie besitzt eine perfekte Tarnung und ist kaum von der Sandoberfläche zu unterscheiden. Da sich der Sand tagsüber auf bis zu 70 Grad aufheizt, kommt sie nur nachts an die Oberfläche. Sie hat sich an die Dynamik des Sandes angepaßt und bewegt sich im und mit dem Sand »schwimmend« fort. Wir beobachteten sie in den ersten Morgenstunden, wenn der Sand noch nachtkalt war. Sie lagen meistens halb im Sand eingegraben, und wenn man sich ihnen näherte, stellten sie sich

Diese Wüstenechse zeigt sich nur äußerst selten an der Sandoberfläche. Die Haut ist hell und transparent.

tot. Deshalb war es leicht, sie aus nächster Nähe zu fotografieren. Erst wenn man sie berührte, sprangen sie auf und rannten pfeilschnell über den Sand davon. Die andere Echsenart ist kleiner, höchstens zehn bis 15 cm lang, und kommt nur selten an die Sandoberfläche. Ihre Haut ist hell, fast transparent. Sie meidet das pralle Sonnenlicht und lebt in kleinen Löchern, die sie in den Sand gräbt. Nur ein einziges Mal ist es mir gelungen, frühmorgens ein Exemplar dieser Spezies abzulichten.

An diesem Abend blieb ich lange wach. Ich lag auf dem Rücken, in den Schlafsack eingerollt, und blickte in den leuchtenden Himmel hinein. Unter anderen Umständen hätte ich mich daran erfreut, aber jetzt verkündeten die funkelnden Sterne nur, daß wir einen weiteren heißen und trockenen Tag zu erwarten hatten. Ich schloß die Augen und versuchte einzuschlafen. Plötzlich waren wieder die schrecklichen Bilder des Tages da. Sie zogen wie ein Film an meinem geistigen Auge vorbei. Um sie loszuwerden, zwang ich mich dazu, an

morgen zu denken. Ich versuchte, mir einen Brunnen vorzustellen, aus dem wir Wasser schöpften. Nichts wünschte ich
mehr, als den Kamelen das rettende Wasser zu geben. Mit
diesen Gedanken schlief ich ein.

Als ich am nächsten Morgen aufwachte, glaubte ich eine
Erscheinung zu haben. Am Himmel hingen dunkle, regen-
schwere Wolken. Ungläubig starrte ich sie an. Es war das erste
Mal überhaupt, daß ich in der Takla Makan einen bewölkten
Himmel sah. Ein Wunder! Da traf mich ein Tropfen mitten im
Gesicht. Wie von der Tarantel gestochen, sprang ich auf und
schrie: »Regen! Regen!« Meine Rufe weckten die anderen.
Roze richtete sich schlaftrunken auf und rieb sich die
Augen. Helmut kroch aus seinem Schlafsack. »Schnell, wir
müssen die Tropfen auffangen«, rief ich ihm zu. Jetzt hätten wir
die Zeltplanen gut gebrauchen können, aber die hatten wir gestern zurückgelassen. Zum Glück besaß Helmut noch eine
dünne Rettungsfolie. Gemeinsam breiteten wir sie aus. Es begann, leicht zu nieseln. Doch nach ein paar Minuten war der
ganze Zauber verflogen. Die Folie und der Sand waren zwar
feucht geworden, aber nicht mehr. Wir standen mit betretenen
Gesichtern da, falteten schweigend die Rettungsdecke wieder
zusammen und packten unsere Sachen.

Jetzt erst bemerkten wir, daß Omarjan fehlte. Roze dachte
zunächst, er sei hinter die nächste Düne gegangen, um ein
menschliches Bedürfnis zu verrichten. Als er nicht kam, rief
er nach ihm – vergeblich. Wir stiegen auf den Dünenkamm
hinauf und folgten mit den Augen seiner Spur, die sich in der
Wüste verlor. Barfüßig rannte Roze an ihr entlang. Aber
schon bald kehrte er resigniert zurück. Omarjan sei verrückt
geworden, machte er uns mit Handbewegungen deutlich. Er
versuche, nach Tusluk zurückzulaufen. Wir konnten es nicht
glauben. Das wäre Wahnsinn, reiner Selbstmord. Er hatte
nicht einen Tropfen Wasser bei sich, denn sein halbvoller
Wasserbehälter lag neben seiner Schlafstelle, ebenso wie der
Koran, den er sonst stets bei sich trug. Einer von uns mußte

ihn zurückholen. Roze fühlte sich dafür verantwortlich. In aller Eile zog er seine Schuhe an, und mit einer Wasserflasche, die wir ihm in die Hand drückten, machte er sich auf den Weg. Ein Wüstenkoller? Das hatte uns gerade noch gefehlt. Wir blickten flehentlich zum Himmel. Alles durfte jetzt passieren, nur kein

Das Sterben der Kamele, die Todesgesänge von Roze, die Angst vor dem Verdursten, das alles war zuviel für Omarjan. Er drehte durch und lief blindlings vom Lager in die Wüste hinein – ohne einen Tropfen Wasser. Roze holte ihn ein und brachte ihn wieder zurück.

Sandsturm, dann wären die Spuren augenblicklich verwischt und Omarjan hoffnungslos verloren. Bange Minuten des Wartens verstrichen. Der Himmel war düster, als ob jeden Augenblick ein *Buran* losbrechen könnte. Von Zeit zu Zeit stieg Roze auf eine Düne hinauf und rief in die Wüste und in das Nichts hinein. Manchmal antwortete ihm eine Stimme, doch es klang wie die Stimme eines Ertrinkenden – und die Stille kehrte sofort zurück.

Eine knappe Stunde verging, bis Roze langsamen Schrittes, Omarjan an der Hand führend, zurückkehrte. Der junge Uigure bewegte sich seltsam gekrümmt und hielt eine Hand auf den Bauch. Er sah völlig verwirrt aus, schien uns nicht zu erkennen, sein Gesicht war kreidebleich, und er zitterte am ganzen Körper wie Espenlaub. Wir betteten ihn in stabile Seitenlage und hüllten seinen Körper in warme Decken. Nachdem er getrunken hatte, verabreichten wir ihm ein krampflösendes Mittel, wohl wissend, daß es gegen seine Krankheit nur ein Mittel gab: Wir mußten so schnell wie möglich aus der Wüste hinauskommen. Das traurige Schicksal der Kamele, die fortwährenden Todesgesänge von Roze, die Angst, daß wir alle umkommen würden, das alles war zuviel für ihn gewesen.

Als wir Omarjan, so gut es ging, versorgt hatten, begannen wir sofort mit den Vorbereitungen zum Aufbruch. Wir durften keine Zeit mehr verlieren. Helmut und ich halfen Roze beim Bepacken der Kamele. Sie machten einen müden Eindruck. Ich rechnete mit dem Schlimmsten, deshalb riet ich Helmut und Roze, die wertvollsten persönlichen Sachen wie Dokumente, Geld und Sturmbekleidung in den Marschrucksack zu packen. Im Falle, daß wir auch die letzten Kamele verlieren würden, konnte jeder nur noch das mitnehmen, was er am eigenen Körper trug. Nachdem wir unsere Wasserflaschen und meinen Hydropack gefüllt hatten, blieb noch ein einziger Kanister. Omarjan bekam eine Extraration daraus. Für die Kamele aber konnten wir keinen Tropfen mehr erübrigen. Einzig ein Brunnnen konnte uns jetzt noch helfen. Uns blieb nur noch die Hoffnung.

Roze mußte die drei Kamele führen, denn Omarjan hatte alle Mühe, seinen eigenen Körper voranzuschleppen. Er taumelte hinterher, von Helmut unterstützt, der ihm Mut zusprach. Wir waren heilfroh, daß er überhaupt noch gehen konnte. Nicht auszudenken, was wir getan hätten, wenn er liegengeblieben wäre. Keines der Kamele wäre imstande gewesen, sein Gewicht zu tragen. Omarjans geistige Verfassung jedoch war weiterhin besorgniserregend. Er phantasierte, rief nach Vater und Mutter und konnte sich nicht einmal daran erinnern, daß er vom Lager allein in die Wüste gelaufen war – noch dazu in die falsche Richtung. Ich bat Helmut, auf ihn aufzupassen, damit er nicht noch einmal eine ähnliche Dummheit beging, und lief voraus, um einen guten Weg zu finden. Aus Rücksicht auf die ermatteten Kamele wich ich jeder höheren Düne aus. Die Spurarbeit war heute doppelt anstrengend, weil die Sandoberfläche durch die Feuchtigkeit aufgeweicht war und ich deshalb tiefer einsank. Wo immer sich eine aussichtsreiche Stelle bot, stieg ich hinauf, packte das Fernglas aus und suchte das Gelände sorgfältig bis zum Horizont ab, in der Hoffnung, eine Tamariske oder, noch besser, ein wilde Pappel zu finden, weil dort das Grundwasser näher an der Oberfläche war. Nirgendwo zeigte sich eine einzige Pflanze. Es war zum Verzweifeln. Allmählich wurde das Gewißheit, was ich nicht hatte glauben wollen, daß nämlich in diesem Teil der Wüste der Sand bis unmittelbar an den Khotan-darya heranreichte. In diesem Punkt hatte Hedin nicht übertrieben. Anders als am Mazar-tagh gab es hier keine Pufferzone zwischen Wald und Wüste, keinen kilometerbreiten Tamariskengürtel, kein Wasser unter dem Sand.

Da erblickte ich plötzlich etwas, das die Hoffnung neu nährte: einen großen Vogel, der mit ausgebreiteten Flügeln auf der nächsten Düne saß. Ich glaubte zuerst, einer Sinnestäuschung zu erliegen, doch als ich mich näherte, schwang er sich in die Lüfte. Es war ein Bussard. Schnell flog er davon. In diesem Augenblick wünschte ich, den Kamelen könnten ebenfalls Flügel wachsen, dann wären wir noch heute mit Leichtigkeit am Khotan-darya. Bussarde können zwar schnell fliegen, das wußte ich, aber sie entfernen sich nie weit von ihrem Jagdrevier. Der Wald des Khotan-darya konnte also nicht mehr weit entfernt sein. Wieder gab ich mich einer trügerischen Hoffnung hin, und wieder zeigte der Blick nach Osten nichts anderes als unfruchtbare Flugsanddünen. Sie flachten jedoch deutlich ab – nur noch vereinzelt ragten

◄ Die wenigen Regentropfen am Morgen hatten genügt, um die Sandoberfläche anzufeuchten, so daß wir eine tiefe Spur hinterließen. Omarjan hatte Mühe, sich zu bewegen, und ging auf zwei Stöcke gestützt.

höhere Formationen auf – und waren einfach zu umgehen.

Hinter mir war die Karawane zum Stillstand gekommen. Ich wartete einige Minuten. Als sie nicht aufrückte, lief ich zurück. Roze war gerade dabei, das weiße Kamel von seiner Last zu befreien. Helmut stand daneben und gab ihm Anweisungen. Omarjan lag neben einem anderen, das noch stand, ausgestreckt im Sand. Das weiße Kamel sei bereits mehrmals gestürzt, und deshalb hätten sie beschlossen, seine Last hier zurückzulassen. Es trug nur noch leere Wasserkanister und seinen eigenen Sattel. Alles wurde in den Sand geworfen. Dann ging es weiter, die beiden beladenen Tiere von Roze geführt, das »Weiße« allein hinterhertrabend.

Als ich die Karawane das nächste Mal sah, waren nur noch zwei Tiere übrig. Dazwischen war nicht einmal eine Stunde vergangen. »Eine halbe Stunde konnte es mit uns noch Schritt halten«, erzählte mir Helmut, »dann versagten ihm endgültig die Kräfte, und es nahm die Stellung ein, die wir alle fürchteten, weil dies das Ende eines Kamels bedeutet.« Ich wußte, daß er an diesem Kamel besonders hing. Wir alle hatten es liebgewonnen und, solange es noch fressen konnte, mit Brot und Apfelresten verwöhnt. Ich hielt es noch nicht für endgültig verloren. Falls es sich in der Nacht erholte, würde es durch seinen feinen Instinkt die Nähe des Khotan-darya wittern und dorthin laufen. Vielleicht gelang es uns, bald Wasser zu finden, und dann würden wir zurückkommen, um es zu retten. Mit diesen Gedanken zog ich weiter.

Die vertrauten Geräusche und Stimmen der Karawane hatten längst aufgehört. Rozes traurige Gesänge waren verstummt, genauso wie die anfeuernden Rufe an die Kamele. Die Stille hinter mir fand ich beängstigend, denn es war die Stille des Todes. Ich wagte kaum, mich umzublicken, weil ich fürchtete, wieder ein Kamel am Boden liegen zu sehen. Wenn die an-

deren in einem Dünental verschwanden, dann hielt ich an und wartete jedesmal bange, ob sie wieder vollzählig auftauchten. Nach zwei Stunden war es soweit: Eben hatte ich sie noch gesehen, nun schienen sie wie vom Sand verschluckt. In wenigen Minuten war ich bei ihnen. Ein Blick genügte, um zu erkennen, daß jetzt das Ende gekommen war. Beide Tiere waren zusammengebrochen. Eines war bereits von seinen Lasten befreit und hatte sich wieder erhoben, das andere lag noch bepackt am Boden. Roze und Helmut versuchten, es erneut auf die Beine zu bringen. »Wir haben keine Zeit mehr«, brüllte ich Helmut an, »wir müssen laufen.« Er solle das Kamel lassen, die Karawane sei verloren, jetzt gelte es nur noch, das eigene Leben zu retten. Wenn er nicht sofort seinen Rucksack packte, würde ich ohne ihn loslaufen.

Unsere Nerven lagen blank. Wir hatten den absoluten Tiefpunkt erreicht. Die Verantwortung lastete schwer auf meinen

*Der absolute Tiefpunkt.
An dieser Stelle mußten wir
notgedrungen die beiden
letzten Kamele zurücklassen,
mitsamt unserer Ausrüstung.
Jetzt galt es nur noch, das
nackte Leben zu retten.*

Schultern. Ich mußte die ganze Zeit über die Führung übernehmen, alle wichtigen Entscheidungen treffen, und ich durfte mir keinen Fehler erlauben. In diesem Augenblick fiel mir das schwerer als je zuvor, denn es war der Entschluß, alles aufzugeben, und er kam mir wie eine Bankrotterklärung vor. Ich hatte die ganze Karawane buchstäblich in den Sand gesetzt. Wir hatten im Sandmeer Schiffbruch erlitten, und nun verließen wir das sinkende Schiff mit der verzweifelten Hoffnung, die rettende Küste doch noch zu erreichen.

Ich gab Roze und Omarjan zu verstehen, sie sollten schleunigst ihre wichtigsten Habseligkeiten aus dem Gepäck nehmen und mit mir kommen. Alles andere würde hier zurückbleiben. Wir waren aufgebrochen, um das Todeslager von Sven Hedin zu suchen, nun hatten wir unser eigenes gefunden. Der letzte Wasserkanister wurde aufgeteilt: Jeder bekam vier Liter. »Wenn wir den Tag und die Nacht durchmarschie-

ren«, sagte ich, »können wir morgen am Khotan-darya sein.«
Ich nahm nur das Allernotwendigste mit: außer Wasser den
Kompaß und das Garmin GPS-Gerät, eine Sturmjacke, Sturm-
maske, ein Schweizer Messer, Feuerzeug, einen reißfesten,
wasserdichten Sack mit Reepschnur, mit dem wir notfalls in
einem tiefen Brunnen Wasser schöpfen konnten, sowie mein
Leica-Fernglas, das uns bei der Suche nach Wasser nützlich
sein konnte. Ein letzter Blick auf unser Lager, wo wir den
spärlichen Rest unserer Karawane der Wüste opferten, dann
zogen wir los. Die beiden Kamele standen neben dem leeren
Wasserkanister und blickten uns traurig nach. Daß unsere Karawane einmal so enden würde, das hatte sich keiner von uns
vorgestellt. Zwar gerieten wir in den letzten Tagen immer
stärker in Bedrängnis, aber daß wir alles verlieren würden,
das hatte ich mir nicht einmal in den schlimmsten Szenarien
ausgemalt. Selbst den Todesmarsch von Hedins Karawane
hatten mindestens zwei Kamele überlebt. Ich riß mich von
den Gedanken los, denn es hatte keinen Sinn, weiter darüber
zu grübeln, es änderte nichts an unserer Situation. Jetzt half
nur laufen, um das nackte Leben.

Die Rettung

Wir waren kaum mehr als eine halbe Stunde unterwegs, da
sah ich in einer tiefen Senke, an deren Rand wir vorbeikamen,
eine erste Tamariske. Sie war vollkommen dürr, ohne einen
einzigen frischen Trieb. Fragend blickte ich mich zu Roze um.
»Su?« Er schien unschlüssig, ob sich ein Grabungsversuch
lohnte. Ich bedeutete ihm, er solle wenigstens nachsehen. Da
bemerkte ich, daß die Schaufel fehlte. Wir hatten sie leichtsin-
nigerweise Omarjan überlassen, und der stand jetzt mit leeren
Händen da. Mit den Augen folgte ich der Spur zurück. Da sah
ich sie auf einem Dünenkamm stecken. Er hatte sie einfach bei
der letzten Rast in den Sand gerammt – und dort vergessen.

Wir fanden an dieser Stelle zwar kein Wasser, dafür hatten wir aber die Schaufel wieder, ohne die wir nicht einmal danach hätten graben können. Es dauerte nicht lange, bis die nächste Tamariske auftauchte. Sie war ebenso verdorrt wie die erste, ein sicheres Zeichen dafür, daß es hier kein Wasser mehr gab. Wir hatten bereits drei Kilometer zurückgelegt, als wir einen höheren Dünenwall kreuzten. Um kraftraubende Auf- und Abstiege zu vermeiden, wählte ich den Weg entlang eines gerundeten Kammes. Dabei kamen wir auch am oberen Rand einer tiefen, kreisrunden Senke vorbei. Am Grund kam ein Stück des ursprünglichen Lehmbodens zum Vorschein. Zwar hatten wir zuvor schon mehrmals solche sandfreien Bodensenken passiert, die jedoch stets leer gewesen waren. Diesmal war es anders. Hier wuchs eine Tamariske mit frischen grünen Nadeln. Sie markierte die äußerste Grenze des Lebens. Wie exponiert sie stand, erfuhren wir erst später, als wir die Umgebung absuchten und weit und breit keine zweite lebende Pflanze entdeckten.

Wir ließen unsere Rucksäcke auf dem Grat zurück und stiegen mit der Schaufel hinunter. Roze versuchte, mit Spatenstichen ein schmales, tiefes Loch auszubaggern. Zu unserer Freude wurde der Sand in etwa einem Meter Tiefe feucht. Ich nahm eine Handvoll, preßte ihn in der Faust zusammen und spürte, wie die Feuchtigkeit in die Finger lief. Das besagte noch nicht viel. Darunter konnte der Sand wieder trocken sein. Roze arbeitete wie ein Berserker, und wir prüften voller Erwartung jeden Aushub. Der Sand wurde feuchter. Um endgültige Gewißheit zu bekommen, hätten wir noch viel tiefer graben müssen. Das ging auf diese Weise aber nicht. Dazu hätten wir ein Loch von mehreren Metern Durchmesser anlegen und uns systematisch tiefer arbeiten müssen. Je tiefer wir kommen wollten, desto größer mußte der Umfang des Loches sein. Eine Arbeit von mehreren Stunden. Schlug der Versuch fehl, hätten wir unsere letzten Tropfen Wasser und unsere Kraft verbraucht. Ich beschloß, alles auf eine Karte zu setzen. Roze sollte sofort zu den beiden Kamelen zurücklaufen. Mit seinem Tempo konnte er in einer Stunde dort sein. Ich bat ihn, alles zu unternehmen, die verdurstenden Tiere bis hierher zu bringen, mit oder ohne Lasten, koste es an Zeit, was es wolle. Wir würden in der Zwischenzeit den Brunnen graben. Roze erhielt die Hälfte der verbliebenen Wasservorräte, den anderen Teil benötigten wir für die bevorstehende Knochenarbeit. Ich blickte auf die Uhr. Es war kurz vor 19 Uhr. Drei Stunden blieben noch bis zum Einbruch der Dunkelheit, aber unsere Spuren waren noch so gut zu erkennen, daß Roze sich auch nachts daran orientieren konnte – vorausgesetzt, es kam kein Sandsturm auf.

Kaum war er hinter der Düne verschwunden, begannen wir mit unserer Arbeit. Die Hoffnung auf Wasser hatte auch Omarjan wieder belebt. Er zog die Schuhe aus, krempelte die Hosenbeine hoch, griff sich die Schaufel und zog einen weiten Kreis im Sand. Er zeigte den Umfang des Brunnenloches an, das wir auszuheben hatten. Trotz einer Luftfeuchtigkeit gleich Null kam er schnell ins Schwitzen. Als seine Bewegungen immer langsamer wurden und der Atem immer schneller, löste ich ihn ab. Dann kam Helmut an die Reihe. Wir wechselten uns im Zehnminutentakt ab. Nach jeder Spatenschicht, die wir aushoben, prüften wir die Konsistenz des Sandes und stellten beglückt fest, daß er zunehmend feuchter wurde. Je tiefer wir kamen, desto mühsamer wurde die Arbeit, um so größer aber auch die Motivation. Dann, in zwei Meter Tiefe, ein Freudenschrei: Der Boden hatte sich in Schlamm verwandelt! Jetzt gab es keinen Zweifel mehr. Eine weitere Spatenstärke tiefer sammelte sich bereits Wasser am Grund. Es war herrlich frisch und kaum salzig. Omarjan konnte es nicht erwarten, bis der Sand sich absenkte und das Wasser klar wurde. Er füllte seinen Becher, trank und trank. Dann kippte er sich eine ganze Füllung über den Kopf. Mit einem Schlag hatte sich das Blatt zu unseren Gunsten gewendet, und die Zukunft erschien wieder in rosigem Licht. Wir

284

Wie durch ein Wunder entdeckten wir eine allererste grüne Tama-
riske, tief unten am Grunde einer Senke, an deren oberem Rand
wir entlangmarschierten. Hier gruben wir ein zweieinhalb Meter
tiefes Loch – und fanden Wasser (links oben).

Jedes der beiden verdurstenden Kamele, die Roze geholt hatte,
während wir den Brunnen gruben, trank binnen weniger Minuten
100 Liter Wasser (rechts oben).

Achtmal füllte ich den aufgeschnittenen 25-Liter-Kanister, um
ihren ärgsten Durst zu stillen (links unten).

brauchten nichts mehr zu tun, als abzuwarten, bis sich das Brunnenloch langsam füllte. Wir mußten vor allem nicht mehr gegen die Zeit an- und um unser Leben laufen.

Omarjan und Helmut legten sich unter die Tamariske und schliefen bald ein. Ich packte mein Fernglas aus und stieg auf die höchste der umliegenden Dünen. Von dort konnte ich ein gutes Stück des Weges einsehen, den wir gekommen waren. Ich verfolgte mit dem Fernglas die Spur, bis sie sich im Dünengewirr verlor. Von Roze war noch nichts zu sehen, konnte auch nicht, da hätte er fliegen müssen. Ich erwartete ihn in frühestens ein bis zwei Stunden. Nach Sonnenuntergang kam ein leichter Wind auf. Meine ganze Aufmerksamkeit galt dem Himmel. Jede kleinste Veränderung warf sofort die bange Frage auf: Kommt ein *Buran*? Roze hatte weder einen Kompaß noch ein GPS-Gerät dabei. Wenn er in einen Sturm geriet, wie wir ihn nachts erlebt hatten, wäre er mit den beiden halb verdursteten Kamelen verloren. Der Wind wurde stärker. An exponierten Stellen trieb er bereits den Flugsand über die Dünenkämme. Doch der befürchtete Sturm blieb aus. Nach einiger Zeit stieg auch Helmut zu meinem Aussichtspunkt herauf. Gespannt beobachteten wir das Gelände, aus dem Roze kommen mußte. Es begann bereits zu dunkeln, als wir zwischen den Dünen etwas wahrnahmen, das sich bewegte und rasch Gestalt annahm. Roze tauchte mit den beiden Kamelen im Schlepptau auf. Mit bloßem Auge konnte man erkennen, daß sie gesattelt und bepackt waren. Sie bewegten sich sehr langsam und mit vielen Unterbrechungen voran, doch sie kamen stetig näher. Vielleicht witterten die Kamele bereits das Wasser unseres Brunnens, wo ihr Leidensweg ein Ende haben sollte, und die Schritte fielen ihnen deshalb leichter. Wir tanzten vor Freude oben auf der Düne. »Su, Su« –, Wasser, Wasser –, riefen wir ihnen entgegen, bis wir heiser waren. Omarjan war ebenfalls aufgewacht und kam barfüßig zu uns emporgelaufen.

Als sie uns schon so nahe waren, daß wir sicher sein konnten, sie schafften es bis zum Brunnen, stiegen wir hinunter, um alles vorzubereiten. Kurze Zeit später tauchten sie am Rand der Senke auf. Roze führte die beiden Kamele vorsichtig in Serpentinen den letzten Steilhang herunter. Ich hielt den gefüllten Wassersack bereit. Wie hatte ich diesen Augenblick herbeigesehnt, den Tieren das geben zu können, was sie am dringendsten benötigten. Ich lief zum ersten Kamel hin und stellte ihm den gefüllten Behälter vor die Füße. Sein Kopf glitt nach unten, es steckte das Maul hinein, ein kurzes Gurgeln und Glucksen, und in einem Zug war der Sack leer. Ich lief, das Kamel auf den Fersen, zurück zum Brunnenloch, wo Helmut, bis zu den Knien im Wasser stehend, auf mich wartete. Ich hatte den Behälter noch nicht ganz abgestellt, da war auch schon der Kopf des Tiers darin verschwunden. Abwechselnd tranken die beiden Kamele in wenigen Minuten nicht weniger als 200 Liter. Achtmal hatten wir einen aufgeschnittenen Wasserkanister für sie gefüllt. Damit war der Brunnen fürs erste erschöpft. Wir mußten warten, bis sich erneut Wasser ansammelte. Die Tiere jedoch hatten noch längst nicht genug. Sie standen am Rande des Brunnenlochs und blickten erwartungsvoll hinein. Wie bei welken Blumen, die man gießt, konnte man förmlich mit ansehen, wie ihre Lebensgeister zurückkehrten. Nachdem der erste Durst gestillt war, meldete sich der Hunger. Sie hatten tagelang kein Fressen mehr angerührt, jetzt aber machten sie sich über die Tamariske her. Begierig mampften sie die grünen Blätter.

Omarjan hatte indessen trockene Zweige abgebrochen und ein Feuer in Gang gebracht. Mit dem Gepäck kamen auch unser Teekessel und etwas Nahrung. Von Roze erfuhren wir, daß die beiden Kamele noch so dagestanden hätten, wie wir sie verlassen hatten. Unfaßbar. Wo war der phänomenale Instinkt, den man diesen Tieren nachsagt? Die domestizierten Vertreter hatten sich offenbar so an den Menschen gewöhnt, daß sie einfach dort stehen blieben, wo man sie abstellte, obwohl es ihnen möglich gewesen wäre, allein zum Khotan-darya zu laufen. Statt dessen warteten sie geduldig, bis man sie abholte oder

Der Brunnen hatte den völligen Untergang der Karawane in letzter Minute verhindert. Nachdem die beiden Kamele gerettet waren und wir genügend Wasser hatten, ging es auch Omarjan wieder besser (links oben).

Die tiefe Senke mit der rettenden Tamariske. Hätten wir unseren Weg nur um wenige Meter anders gewählt, wir wären ahnungslos daran vorbeigelaufen, und die beiden letzten Kamele wären verloren gewesen (rechts unten).

Roze hatte mit trockenem Tamariskenholz ein Feuer gemacht und den Teekessel darüber aufgesetzt. Voll Dankbarkeit genossen wir den Abend, den uns die Wüste schenkte, ohne Angst und ohne an morgen denken zu müssen (rechts oben).

der Tod sie erlöste. Dabei dachte ich an unser weißes Kamel. Es würde aller Wahrscheinlichkeit nach noch immer an der Stelle sein, an der wir es zurückgelassen hatten. Die war allerdings ein beträchtliches Stück weit weg, etwa zwölf Kilometer zurück. Wir konnten es nur retten, wenn wir morgen früh mit einem der Kamele, mit zwei vollen Kanistern bepackt, zurückgingen. Hin und zurück wären es zwei Tagesetappen. Die Frage war, ob die beiden geretteten Tiere für Extratouren nicht viel zu schwach waren. Wir beschlossen, darüber zu schlafen und erst am nächsten Morgen eine Entscheidung zu treffen.

Es war eine wunderbare Wüstennacht. Die Sterne lächelten uns wieder zu, jedenfalls empfand ich es so. Ich fühlte mich wie im irdischen Paradies. Manchmal fuhr ein Windstoß durch die Tamariske und erzeugte ein feines Rauschen in den Zweigen, das wie Musik in meinen Ohren klang. Wenn ich Durst hatte, brauchte ich nur zum Brunnenloch zu gehen und konnte aus der Quelle des Lebens schöpfen. Ich schlief tief und fest.

Am nächsten Morgen besahen wir uns die Tiere. Sie bestanden nur noch aus Haut und Knochen. Die Höcker waren leer, und ihre Rippen konnte man zählen. Unter diesen Umständen schien es uns zu riskant, in die Wüste zurückzukehren, mit der vagen Hoffnung, das weiße Kamel noch retten zu können. Wir wollten das Leben der beiden letzten Kamele nicht noch einmal aufs Spiel setzen. Schweren Herzens entschieden wir uns, den Marsch nach Osten anzutreten. 20 Kilometer trennten uns noch vom Khotan-darya. Um die Tiere so wenig wie möglich zu belasten, packten wir nur einen vollen Wasserkanister auf. Nachdem die Kamele noch einmal getränkt worden waren, marschierten wir los. Zuvor war Roze auf die höchste der umliegenden Dünen geklettert und hatte einen Tamariskenzweig in ihre Spitze gesteckt. Um den Ort zu heiligen oder als Zeichen des Dankes an die Wüstengeister, die uns noch einmal hatten davonkommen lassen, verriet er nicht.

Das Gehen fiel uns an diesem Tage leicht, wir wußten, nichts konnte uns mehr daran hindern, mit den letzten beiden Kamelen den Khotan-darya zu erreichen. Zwei Stunden gingen wir ohne Unterbrechung, bis wir die nächste grüne Tamariske fanden. Wären wir gestern nur ein kleines Stück weiter links oder rechts gelaufen, dann hätten wir die Senke verfehlt und nichts von der Tamariske darin wahrgenommen. Eine weitere Stunde später erblickte ich mit dem Fernglas die erste Pappel. Ich wich vom Kurs ab und steuerte geradewegs auf sie zu. Sie stand mutterseelenallein im Sand und hatte wunderbare grüne Blätter, an denen wir uns nicht satt sehen konnten. Wie lange war es her, daß wir zum letztenmal einen Baum gesehen hatten? Es war vor 20 Tagen gewesen, als wir in Merket losgezogen waren. Doch nicht nur uns zog der Baum magisch an, auch die Kamele reckten ihre Hälse in die Höhe und versuchten, die grünen Blätter zu erreichen. Roze kletterte gewandt hinauf und brach einige Büschel davon ab, die die Tiere mir aus den Händen rissen. Mit seltsam gewundenen Ästen, die wie Wurzeln aussahen, stand der Baum da, urwüchsig und fest, den schwarzen Stürmen und dem fliegenden Sand trotzend. War es etwa derselbe Baum, in dessen Schatten sich auch Hedin und Kasim ausgeruht und an dem sie vergeblich versucht hatten, einen Brunnen zu graben? Vom Alter her konnte er es gewiß sein. Ich erinnerte mich an eine Stelle, die ich einmal in Saint-Exupérys »Der Kleine Prinz« gelesen hatte. Da ist von einer Blume die Rede, der der kleine Prinz auf seiner Wüstendurchquerung begegnete. Die Blume hatte einmal eine Karawane vorbeiziehen sehen.

»Wo sind die Menschen?« fragte höflich der kleine Prinz.

»Die Menschen?« antwortete die Blume. »Es gibt, glaube ich, sechs oder sieben. Ich habe sie vor Jahren gesehen. Aber man weiß nie, wo sie zu finden sind. Der Wind verweht sie. Es fehlen ihnen die Wurzeln, das ist sehr übel für sie.«

Auf die Pappel folgte wieder Wüste. Ein breiter Dünenwall baute sich vor uns auf, dem wir nicht ausweichen konnten.

Gierig verschlangen die hungrigen Kamele die grünen Pappelblätter, die Roze vom Baum pflückte und mit denen ich sie fütterte.

Wir waren gerade dabei, ihn zu queren, da hörten wir hinter uns einen Donnerschlag, gefolgt von einem tiefen Grollen. Als wir uns umblickten, sahen wir eine pechschwarze Wolkenwand, die über der Wüste hing, genau dort, von wo wir hergekommen waren. Vor uns schien noch die Sonne und zauberte Streiflichter auf die Sandoberfläche. Blitze zuckten vom Himmel, gefolgt von dumpfem Donner. Binnen kürzester Zeit befanden wir uns in einem ausgewachsenen *Buran*. Roze und Omarjan blickten ängstlich zum Himmel. Die Tiere legten sich flach zu Boden, wir taten es ihnen nach und kuschelten uns an ihre Flanken. Schwere Regentropfen fielen vom Himmel, doch lediglich für wenige Minuten, dann war der Spuk vorbei. Nur der Sturm blieb. Er wirbelte den Sand in Fontänen auf, die wie rotierende Säulen über den Sand trieben. Wir liefen gegen den Sturm an. Mit zittrigen Bei-

◀ *Die erste grüne Pappel zog uns magisch an, denn sie verkündete den nahenden Wald des Khotan-darya.*

In meterhohen Spiralen trieb der Wind den Sand über die Oberfläche. Der Himmel verdunkelte sich; von Donnerschlägen begleitet, zuckten Blitze aus den Wolken.

nen folgten die Tiere hinterher. Ich hatte das Gefühl, als würden die Wüstengeister uns noch einmal all ihre Macht spüren lassen, bevor sie uns endgültig entließen.

Dann flaute der Sturm ab, so plötzlich, wie er gekommen war. Die Wolken über uns lösten sich auf, und im Nu trocknete die Sonne den feuchten Sand. Unsere Geduld wurde jedoch noch ein letztes Mal auf eine harte Probe gestellt. Immer neue Dünengürtel bauten sich vor uns auf. Jedesmal glaubten wir, dahinter den Wald des Khotandarya zu erblicken, aber stets sahen wir nur einen nächsten und dann wieder einen. Roze konnte es kaum noch erwarten. Er riß mir das Fernglas aus den Händen und suchte den Gesichtskreis bis zum Horizont ab. Die Pappeln wurden nun häufiger, manchmal standen sie in ganzen

◄ *Nur wenige Kilometer vom Khotan-darya entfernt, gerieten wir in einen Buran. Es war, als ob die Wüste uns noch einmal ihre Macht und all ihre vernichtende Kraft spüren lassen wollte.*

295

Wir hatten gehofft, dem Sturm zu entkommen, aber er war schneller, und als er über uns hinwegfegte, suchten wir Schutz hinter den Kamelen und drückten uns an ihre Flanken.

Gruppen. Die Wüste flachte ganz ab. Nur noch einzelne Dünen ragten daraus hervor. Auf eine der höchsten steuerte ich zu. Als wir an ihr ein Stück hochstiegen, um Ausschau zu halten, stießen wir Freudenschreie aus. Den Horizont bildete nicht mehr – wie zuvor – ein gelb gezacktes Band unfruchtbarer Wanderdünen, sondern ein dunkler, waagerechter Streifen. Der Wald des Khotan-darya! Es war ein feierlicher Augenblick. Andächtig standen wir da. Vor uns lag die Küste, die das Ende des Sandmeeres anzeigte, unser Ziel.

Es dauerte noch fast eine Stunde, bis wir den Waldrand erreichten. Die Pappeln bildeten ein immer dichter werdendes Pflanzengewirr. Ich lief nur noch nach Gefühl, dorthin, wo ich den kürzesten Weg zum Flußbett vermutete. Wir kreuzten erste Fahrzeugspuren. Ich war im Jahre 1989 mit einem Auto vom Mazar-tagh entlang des Flußbettes nach Aksu gefahren, daher wußte ich, daß die Piste hier am linken Ufer nordwärts führte. Damals hatte ich festgestellt, daß es auf der ganzen Strecke nur zwei oder drei offene Wasserstellen

Die abgemagerten und er-▶ schöpften Kamele wankten zwar im Sturm, aber sie fielen nicht.

gab. Die Chancen, auf eine solche zu stoßen, waren statistisch gesehen minimal und kamen eher einem Wunder gleich. Für uns wurde es Wirklichkeit. Der Pappelwald brach ab, wir kletterten die Uferböschung hinunter und standen vor einem Wassertümpel. Im Gegensatz zu Hedin mußten wir nicht einmal das Flußbett überqueren. Es war an dieser Stelle gut zwei Kilometer breit und vollkommen versandet. Später suchten wir die ganze Umgebung ab und wanderten auch zum jenseitigen Ufer hinüber, fanden dort aber nirgendwo Wasser. Wir hatten das Glück, auf die einzige Wasserstelle weit und breit zu treffen. Hedin hatte keine Positionsbestimmung an seinem Rettungspunkt durchgeführt, er konnte es auch gar nicht, weil ihm die notwendigen Instrumente fehlten. Aus diesem Grund ließ es sich nur vermuten, wo genau er das Flußbett erreichte. Ich hatte die betreffenden Positionsdaten aus den Karten errechnet und in das GPS-Gerät als Ziel einprogrammiert. Auf keiner meiner Karten waren Wasserstellen am Khotan-darya eingezeichnet. Mit der Wasserstelle hatten wir überhaupt nicht gerechnet, und es erfüllte uns mit großer Dankbarkeit, daß wir weder danach suchen noch ein weiteres Mal graben mußten.

Nun brauchten wir nichts weiter zu tun, als hier zu warten, bis Keyoum mit den Fahrzeugen auftauchte. Wir hatten uns vage verabredet, irgendwo zwischen 50 und 70 Kilometern nördlich des Mazar-tagh. Er würde uns suchen müssen. Damit die anderen uns leichter finden konnten, entzündeten wir am Abend inmitten des Flußbettes ein Feuer. Roze hatte zwei Kamelladungen Trockenholz herangeschafft. Das Feuer war so groß, daß es weithin sichtbar sein mußte, und wir hatten eine Stelle gewählt, wo das Flußbett kilometerweit einsehbar war. Als es niedergebrannt war, rollten wir unsere Matten aus und legten uns zum Schlafen nieder – im

Respektabstand zum Wassertümpel, um der Mückenplage zu entgehen.

Gegen drei Uhr früh weckte mich Helmut. »Ich habe Motorengeräusche gehört«, zischte er mir ins Ohr. Roze und Omarjan waren bereits aufgesprungen und rannten, mit den Taschenlampen fuchtelnd, hin und her.

Noch ein weiteres Mal hatten wir großes Glück, als wir genau an der Stelle, an der wir das ausgetrocknete Flußbett erreichten, vor diesem Tümpel standen. Es war, wie wir später feststellten, die einzige offene Wasserstelle weit und breit.

Im schwachen Scheinwerferlicht tastete sich ein Fahrzeug im Flußbett entlang. Der Fahrer hatte uns gesehen, denn es hielt direkt auf uns zu. Dann waren sie da. Keyoum und ein ganzes Aufgebot lokaler Honoratioren entstiegen dem schrottreifen Gefährt. Er sei so glücklich, uns gesund wiederzusehen, sagte er zur Begrüßung. Die Freude war ganz unsererseits. Dann berichtete Keyoum, wie schwierig es gewesen sei, uns zu finden. Die Fahrzeuge aus Kashgar seien nur bis zum Mazar-tagh gekom-

◄ *Endlich zeigte sich am Horizont nicht mehr das gelb gezackte Band der Wanderdünen, sondern ein dunkler, waagerechter Streifen. Das war der Wald des Khotan-darya: unser Ziel!*

men, dann hätten sich die Chauffeure geweigert weiterzufahren. Bei den Hirten habe er dann dieses Vehikel gefunden, das in einer Schilfmattenhütte parkte. Zu einem »Freundschaftspreis« sei der Besitzer bereit gewesen, ihn hierherzubringen. Die anderen Männer, darunter ein uniformierter Polizist, mußte er unterwegs anheuern, um das Fahrzeug anzuschieben, wann immer es im Sand steckenblieb – was oft der Fall war.

Keyoum hatte eine Menge Getränke mitgebracht, um das Wiedersehen gebührend zu feiern. Mit der Stille freilich war es vorbei, und die Wüste schien auf einmal weit weg, unsere Erlebnisse nur noch ein Traum. Zwischendurch nahm ich Roze zur Seite und bat ihn, mir noch einmal eines seiner Lieder vorzusingen. Wir suchten uns ein stilles Plätzchen. Ganz in der Nähe schlummerten die beiden vierbeinigen Helden unserer Wüstenreise. Roze saß lange schweigend da, dann stimmte er jenen Gesang an, der uns so viele Tage begleitete und der besser, als jedes Wort es vermag, alle Freude und allen Schmerz ausdrückte. Ich hatte ein kleines Aufnahmegerät daneben aufgestellt, weil ich mir wünschte, etwas von dieser Stimmung zu konservieren. Ich würde die Aufnahme wie ein kostbares Kleinod behandeln und sie mir manchmal zu Hause, wenn ich mich wieder nach der Wüste sehnte, anhören. Sie sollte mich erinnern an das Stück unseres Weges, das wir gemeinsam beschritten hatten. »Die Wüste ist die schönste und traurigste Landschaft«, ließ Saint-Exupéry den kleinen Prinzen sagen. Sie hatte uns alles genommen und uns doch reich beschenkt. Zu Hause, das wußte ich, würde es wieder viele Fragen geben. Ich hörte schon die vorwurfsvollen Stimmen, was so ein Gewaltmarsch durch die Wüste denn für einen Sinn hätte. Die armen Kamele. Ihren Tod bedauerte ich aufrichtig. Ich war immer stolz darauf gewesen, daß auf keiner meiner Wüstenwanderungen zuvor ein Tier zu Schaden gekommen war. Diesmal verlor ich vier auf einmal. Sicher wird man mir vorwerfen können, ich hätte es besser wissen müssen, das abschreckende Beispiel Hedins mußte Warnung genug sein. Doch wenn ich Hedins Geschichte restlos geglaubt hätte, wäre ich nicht losgezogen.

Eine einzelne wilde Pappel ▶ reckt ihre knorrigen Äste aus dem Sand. Der Baum in der Wüste als Metapher für Leben und Tod, Werden und Vergehen.

Warum Hedins Expedition scheitern mußte, erklärte sich nun, rückblickend, durch unsere eigenen schmerzlichen Erfahrungen. Hedin hatte von vornherein keinerlei Chance gehabt. Wieviel Wasser seine Männer am »Langen See« tatsächlich in die Behältnisse gefüllt haben, sei dahingestellt. Fest steht, daß die Kapazität seiner Karawane in bezug auf Wasservorräte noch wesentlich begrenzter war als die unsrige, denn der Schwede führte viel mehr Ausrüstung mit als wir. Wenn man bedenkt, daß er noch zusätzliche Verpflegung für einen mehrmonatigen Aufenthalt in Tibet auf Kamelrücken durch die Wüste beförderte, dann läßt sich ermessen, wie wenig Spielraum für Wasservorräte blieb.

Daneben unterliefen ihm eine Reihe anderer schwerwiegender Fehler: Hedin hatte die denkbar ungünstigste Jahreszeit mit den verheerendsten Sandstürmen gewählt, in der die Kamele vom langen Winter noch geschwächt sind und keine Fettspeicher aufgebaut haben, von denen sie zehren könnten. Die Entfernung von der letzten Wasserstelle am »Langen See« zum Khotan-darya hatte er mit 130 statt der tatsächlichen 175 Kilometer wesentlich unterschätzt – ein fataler Irrtum. Die in Marschtagen aufgeschlüsselten Kilometerangaben des ansonsten so exakten Forschungsreisenden können ohnehin nicht stimmen; entweder waren die Kilometerangaben falsch oder die Anzahl der Tage, die er vom Todeslager bis zum Khotan-darya benötigte.

Zwei seiner Gefährten, Kasim Akhun alias Jolltschi und Mohammed Schah, hat Hedin wider besseres Wissen für tot erklärt, von denen zumindest einer, wie wir herausfanden, mit Sicherheit überlebt hat. Hedin mußte seine aufwendigen

Expeditionen weitgehend selbst finanzieren, durch populäre Reiseberichte für das »große Publikum«, wie er seine Leserschaft bezeichnete. Gut möglich, daß er die beiden »sterben ließ«, weil er glaubte, durch die zusätzliche Dramatik seine Story besser vermarkten zu können.

Widersprüchliches zeigen auch die Motive für den Wüstentrip. Offiziell gab Hedin vor, der Frage nachzugehen, ob das Gebirge am »Langen See« mit dem Mazar-tagh in Verbindung stehe. Doch diese Frage war bereits mit Nein beantwortet, als er das Sandmeer betrat. Das angebliche geographische Rätsel diente ebenso der Rechtfertigung für die tragische Wüstenreise wie der Vorwand, daß es im öden Wüstensand antike Ruinen gebe. Alle diesbezüglichen Geschichten, die Hedin kannte, bezogen sich jedoch auf die Gegend von Khotan und keineswegs auf die wasserlose Extremwüste hier.

Was also war es, was ihn wirklich in die Wüste trieb? Es war die Abenteuerlust, die Sehnsucht nach dem Unbekannten, die er selbst »desiderium incogniti« nannte. Die Suche nach weißen Flecken, an denen die Erde noch jungfräulich war; nach Erlebnissen, die seine bisherige Erfahrungswelt überstiegen.

Und es gab noch einen ganz anderen emotionalen Hintergrund: Hedins tiefempfundene Liebe zu Mille und die unbeschreiblich große Enttäuschung, als er unmittelbar vor dem Aufbruch in Merket erfahren mußte, daß sie sich gegen das lange Warten und für einen anderen entschieden hatte. Hedin, der bis dahin geglaubt hatte, Mille wolle nur seine Verläßlichkeit prüfen, war am Boden zerstört: »Da konnte ich genausogut vor Durst in der Wüste verschmachten ... Die Wogen des Sandmeeres sollten über uns zusammenschlagen!«

Zweifellos hätte es für einen großen Teil dieser Erkenntnisse keiner Wüstendurchquerung bedurft. Doch die Suche nach der Wahrheit hinter Hedins Wüstendrama war nicht mein einziges Motiv. Auch ich kenne den Lockruf der Wüste, die unerklärliche Faszination, die von ihr ausgeht, und bin ihr verfallen. Das Abenteuer, die Unabwägbarkeiten und, zu einem Teil, auch das Risiko als Antwort auf das abgesicherte, genormte Dasein zu Hause sind feste Bestandteile meines Lebens geworden.

Wie immer wird man mich nach meiner Rückkehr fragen, ob ich nach dieser Erfahrung nun endlich von der Wüste genug habe. Ich werde wieder nach Erklärungen und Rechtfertigungen suchen – und es früher oder später trotzdem wieder tun.

Wie Sven Hedin, der sich dieselbe Frage stellen mußte und sie mit den Worten beantwortete: »Und dennoch sehnte ich mich wieder nach der Wüste; ich glaubte, geheimnisvolle Stimmen zu hören, die mir aus ihren Tiefen zuriefen: ›Komme heim!‹«

Zeitablauf der Expedition von Sven Hedin

10. April bis 6. Mai 1895

10. April
Lager 1
Abmarsch von Merket; Hedins Begleiter waren Islam Bai, Mohammed Schah (er war der Kamelführer), Kasim und Kasim Akhun, genannt Jolltschi (er war ortskundig) und acht Kamele. 455 Liter Wasservorräte für 25 Tage kalkuliert.

11. April
Lager 2
Wanderung über hohe Sanddünen.

12. April
Lager 3
Wanderung am Westrand hoher Sanddünen. Ein Brunnen wurde gegraben.

13. April
Lager 4
Wanderung am Westrand hoher Sanddünen.

14. April
Lager 5
Eine Süßwasserquelle gefunden.

15. April
Lager 5
Ruhetag an der Süßwasserquelle.

16. April
Lager 6
Wanderung am Westrand hoher Sanddünen.

17. April
Lager 7
Umrisse eines Bergmassivs wurden von Jolltschi als südlicher Ausläufer des Mazar-tagh identifiziert.

18. April
Lager 8
Mehrere Süßwasser- und Salzwassertümpel gefunden.

19. April
Lager 9
An einem Süßwassersee Richtung Osten entlanggegangen.

20. April
Lager 9
Ruhetag.

21. April
Lager 10
Wanderung zwischen zwei Bergen am Westufer eines langgestreckten Sees (= Tschök Köl). Am Südufer des Sees gelagert (= Tusluk).

22. April
Lager 10
Ruhetag am See. Jolltschi erklärte, daß es bis zum Khotandarya nur mehr vier Tagesmärsche in Richtung Osten seien. Hedin gab den Auftrag, Wasser für zehn Tage mitzunehmen.

23. April
Lager 11
Aufbruch vom Lager 10 in Richtung SO; die letzten
vereinzelten Tamarisken wurden gesichtet. Tagesleistung:
26 Kilometer.

24. April
Lager 12
Die Marschrichtung wurde nach Osten geändert, weil dies
die kürzeste Entfernung bis zum Khotan-darya war. Orkanartiger Westwind.

25. April
Lager 13
Hedin mußte feststellen, daß das vorhandene Wasser nur
mehr für zwei Tage reichte. Offensichtlich waren am
22. April die vorhandenen Behälter für Wasser nicht voll an-
gefüllt, somit also zuwenig Wasser mitgenommen worden.

26. April
Lager 14
Wanderung über sehr hohe Dünen, das Graben nach Wasser
blieb ohne Erfolg. Lagerten unter freiem Himmel; zum letztenmal war die Karawane vollständig beisammen.

27. April
Lager 15
Dünen von bis zu 60 Meter Höhe. Verloren zwei Kamele.

28. April
Starker Sandsturm. Drittes Kamel verloren.

29. April
Ausrüstungsgegenstände wie Decken, Pelze, Teppiche,
Kissen und Kochapparat mit Porzellangeschirr wurden
zurückgelassen.

30. April
Der letzte vorhandene Wasservorrat, ca. zwei Liter, wurde aufgeteilt. Mittags war der letzte Tropfen Wasser verbraucht.

1. Mai
Die Männer tranken Blut eines getöteten Hahns; Islam und Jolltschi auch Kamelurin.
Todeslager! Mohammed Schah und Jolltschi wurden im Todeskampf im Lager zurückgelassen, ebenso die gesamte noch vorhandene Ausrüstung. Nachtmarsch der übrigen Teilnehmer.

2. Mai
Nachtmarsch wegen zu großer Hitze am Tag. Eine Tamariske gefunden, jedoch kein Wasser vorhanden. Islam Bai und alle Kamele wurden zurückgelassen.

3. Mai
Tagsüber im Sand eingegraben; Nachtmarsch Hedins mit Kasim.

4. Mai
Nachtmarsch mit Kasim, später hat Hedin auch Kasim zurückgelassen. Dieser kam dann aber wieder nach. Fußspuren im Sand stellten sich als die eigenen heraus: Die beiden waren im Kreis gelaufen.

5. Mai
Kasim blieb erneut zurück; Hedin kam bis zu dem ausgetrockneten Flußbett des Khotan-darya und fand dort einen rettenden Wassertümpel.

6. Mai
Hedin ging zu Kasim zurück, um ihm in seinen Stiefeln Wasser zu bringen, und fand ihn im Morgengrauen.

Zeitablauf der Expedition von Bruno Baumann

8. bis 27. April 2000

8. April

Lager 1 / zurückgelegte Entfernung 12,0 km /
Gehzeit 18.00–21.00 Uhr
Abmarsch von Merket: Baumanns Begleiter waren der
Österreicher Helmut Moser und die drei Einheimischen
Saud und Roze, beide Kamelführer, und Wang sowie sechs
Kamele. Leichter Sandsturm; zuerst über staubige Wege,
dann durch Sumpf und später in Sand.

9. April

Lager 2 / 18,2 km / 11.30–19.30 Uhr
Zuerst über Sand, dann Sumpf, später Dornbuschsteppe,
danach wieder Sand. Brunnen gegraben mit Erfolg.

10. April

Lager 3 / 21,3 km / 11.15–19.45 Uhr
Zunächst über Sanddünen, dann Dornbuschsteppe, später
über ausgetrockneten Sumpfboden. Saud wurde von einem
Kamel in den Rücken getreten.

11. April

Lager 4 / 22,2 km / 11.00–20.00 Uhr
Zuerst über ausgetrockneten Sumpfboden, dann über Sanddünen; am Nachmittag starker Sandsturm.

12. April
Lager 5 / 20,5 km / 12.15–20.45 Uhr
Die ganze Strecke wanderten wir durch eine Sandwüste.
Vor Abmarsch einen Brunnen gegraben, mit Erfolg. Abends
waren die Kamele schon sehr müde.

13. April
Lager 6 / 20,9 km / 11.00–21.00 Uhr
Den ganzen Tag hatten wir Sandsturm und nur wenig Sicht.
Saud wurde von einem Kamel am Knie getreten und recht
schwer verletzt.

14. April
Lager 7 / 19,9 km / 10.30–20.45 Uhr
Zuerst über Sanddünen, dann ausgetrockneten Sumpfboden.
Der Sandsturm von gestern dauerte bis heute nachmittag an.
Vor Abmarsch erfolglos einen Brunnen gegraben. Am Nach-
mittag wieder einen Brunnen gegraben, diesmal mit Erfolg.

15. April
Lager 8 / 15,0 km / 11.15–16.00 Uhr
Zuerst über ausgetrockneten Sumpfboden, dann Sand und
später fester Sandboden. Ankunft in Tusluk. Bei Salzmän-
nern schlugen wir unser Lager auf. Saud und Wang verließen uns hier und reisten nach Kashgar zurück. An Stelle
von Saud kam Omarjan als neuer Kamelführer dazu.

16. April
Lager 8 / 0 km
Rasttag in Tusluk. Zum letztenmal gab es Wasser, soviel wir
wollten, und frisches Futter für die Kamele.

17. April
Lager 9 / 18,2 km / 13.15–21.30 Uhr
Von heute bis zum Ende der Expedition durch die Wüste
gingen wir ausschließlich über Sand. Wir trafen vier selt-

same Männer am Rande der Wüste, daher haben wir nachts unser Lager bewacht.

18. April
Lager 10 / 14,5 km / 12.30−20.30 Uhr
Sehr hohe Sanddünen, den Kamelen Wasser gegeben.

19. April
Lager 11 / 15,0 km / 12.30−21.30 Uhr
Die Kamele bekamen 50 Liter Wasser. Wieder sehr hohe Dünen, um 16 Uhr stürzte ein Kamel von einer sehr steilen Düne, die Bergung dauerte zwei Stunden.

20. April
Lager 12 / 17,3 km / 11.30−21.00 Uhr
Die Dünen waren an diesem Tag nicht so hoch und von Westen nach Osten gerichtet. Kamele zeigten Ermüdungserscheinungen.

21. April
Lager 13 / 17,6 km / 11.30−21.00 Uhr
Die Hälfte des Weges zum Khotan-darya war zurückgelegt (Point of no return). Vor dem Abmarsch den Kamelen 50 Liter Wasser gegeben. Am Abend und in der Nacht tobte ein *Kara Buran* über das Lager.

22. April
Lager 14 / 16,6 km / 12.00−21.00 Uhr
Unser »Kleines Kamel« war sehr schwach, wir mußten ihm Wasser geben, dann erholte es sich. Große Hitze und viel Staub als Folge des *Kara Buran*.

23. April
Lager 15 / 16,8 km / 12.00−21.00 Uhr
Den Kamelen erneut Wasser gegeben, trotzdem brachen zwei von ihnen immer wieder zusammen, kamen aber den-

noch bis ins Lager. Zuerst große Hitze, dann kam ein leichter Sandsturm auf.

24. April
Lager 16 / 15,0 km / 11.30–21.30 Uhr
Den Kamelen 25 Liter Wasser gegeben, doch sie waren schon sehr schwach. Wir mußten zuerst »Niki« in der Wüste zurücklassen, dann jenes Tier, das vor einer Woche von einer Düne abgestürzt war.

25. April
Lager 17 / 14,6 km / 10.30–19.00 Uhr
Den Kamelen Wasser gegeben; später das »Kleine« in der Wüste zurückgelassen, ebenso Zelte und die gesamte Küchenausrüstung.

26. April
Lager 18 / 14,5 km / 10.00–17.00 Uhr
Omarjan lief morgens in einem Anfall von Wüstenkoller aus dem Lager davon und mußte von Roze zurückgeholt werden. Das »Weiße Kamel« in der Wüste zurückgelassen; später auch noch die beiden anderen Kamele und die gesamte Ausrüstung. Erste Tamariske gesichtet. Als wir danach Wasser gefunden hatten, holten wir die beiden Kamele und die Ausrüstung wieder.

27. April
Lager 19 / 20,0 km / 9.30–17.00 Uhr
Gewitter und Sandsturm zu Mittag, doch am Nachmittag erreichten wir das Flußbett des Khotan-darya.

Auswahlbibliographie

Werke von Sven Hedin

Reisen mit Sven Hedin, F. A. Brockhaus, Wiesbaden 1968.
Durch Asiens Wüsten, 2 Bde., F. A. Brockhaus, Leipzig 1899.
Mein Leben als Entdecker, F. A. Brockhaus, Leipzig 1930.
Im Kampf mit der Wüste und dem Tod, F. A. Brockhaus, Leipzig 1994.
Meine Hunde in Asien, F. A. Brockhaus, Wiesbaden 1953.
General Prschewalskij in Innerasien, F. A. Brockhaus, Leipzig 1922.
Transhimalaja, F. A. Brockhaus, Leipzig 1909.
Große Männer, denen ich begegnete, 2 Bde., F. A. Brockhaus, Wiesbaden 1951 und 1952.
Eroberungszüge in Tibet, F. A. Brockhaus, Leipzig 1940.
Geographisch-wissenschaftliche Ergebnisse meiner Reisen in Zentralasien, Ergänzungsheft Nr. 131 zu Petermanns Mitteilungen, Gotha 1900.

Weiterführende Literatur

Baumann, Bruno: Takla Makan – Mein Weg durch die Wüste des Todes, Herbig, München 1990.
ders.: Gobi – Durch das Land ohne Wasser, Herbig, München 1995.
ders.: Abenteuer Seidenstraße, Herbig, 2. Aufl., München 2000.
Blackmore, Charles: Durch die Wüste des Todes, Lübbe, Köln 1997.

Hedin, Alma: Mein Bruder Sven, F. A. Brockhaus,
Leipzig 1925.
Dirks, Wolfram: Sven Hedin – Ein Mensch im Widerspruch,
Wiesjahn GmbH, Berlin 1996.
Hess, Willy: Die Werke Sven Hedins, Die Sven Hedin
Stiftung, Stockholm 1962.
Stein, Aurel: Ruins of Desert Cathay, 2 Bde., Nachdruck,
London 1968.
Tichy, Herbert: Was ich von Asien gelernt habe, Orac,
Wien 1984.
Wennerholm, Eric: Sven Hedin, F. A. Brockhaus, Wiesbaden
1978.

MALIK

Bruno Baumann
Kailash

Tibets heiliger Berg. 375 Seiten, durchgehend farbig
bebildert. Gebunden

Mit ihren 6714 Metern ist die Eispyramide des Kailash
und ihre Umgebung im Westen Tibets eine unvergleich-
liche Naturschönheit. Für vier Religionen stellt dieser Berg
das wichtigste Pilgerziel dar: für Buddhisten, Hindus, Jain
und Bön.

Bruno Baumann, einer der besten Tibet- und Himalaya-
kenner, hat sich dem Berg über fünfzehn Jahre immer
wieder genähert: auf abenteuerlichen Routen, aus den
vier Himmelsrichtungen kommend bis zu den nur schwer
zugänglichen Quellen der vier bedeutenden Flüsse Asiens,
des Indus, Brahmaputra, Sutley und Karnali. Auch auf
spiritueller Ebene hat Baumann das Geheimnis dieses
besonderen Berges erfahren. Ganz in der Tradition der
Pilger vollzog er dreizehn jener rituellen äußeren Um-
wandlungen des Kailash, bevor er schließlich in den heilig-
sten inneren Kreis eintrat.

Bruno Baumanns Buch dokumentiert seine außergewöhn-
lichen Reisen und zeigt den überwältigenden landschaft-
lichen und kulturellen Reichtum Tibets.

02/1002/01/L.